佐藤公治
Sato Kimiharu

ヴィゴツキーの思想世界

その形成と研究の交流

新曜社

はじめに

今からちょうど八十年前に、三十七歳の若さでこの世を去った心理学者がいる。ロシアで生まれ、ロシアから新しい心理学を生み出していこうとしたヴィゴツキー、その人である。心理学の世界では、研究のテーマや話題になる人物が短い周期で変わることが多い。その中で、亡くなってから八十年も経っている人の研究が再び注目されることはきわめてまれである。

それではどうして、今、ヴィゴツキーなのだろうか。この再評価の動きの背景には、人間と人間精神の見方についての反省と転換が起き始めていることがある。人間を社会的存在としてみることの必要性に気付き始めたということで、彼は人間精神を正しくとらえていくためには、心理学はどのような学問であるべきかということを問題にしてきた。今日でもその新鮮さは失われていない。彼が指摘したことから、心理学の人間研究としてとるべき方向が明らかになってくる。

そこで、ヴィゴツキーの理論をどう読んだらよいのか、そのスタンスが問われることになる。「これがどうしてヴィゴツキーと関連するの？」と、疑問を持たざるを得ないようなヴィゴツキー研究があるのも事実である。あまりにもヴィゴツキーの考えを拡張してしまった結果である。もちろん、ヴィゴツキー理論を固定化してしまうのではなく、彼が解かなかったことも含めて、ヴィゴツキー理論をどう展開していくかということは、我々に課せられた課題である。だが、そのためには、まずヴィゴツキー理論をどう読むべきか、彼が一連の研究を通して何を言いたかったのかを明確にしておくことが必要である。

本書ではヴィゴツキーが人間精神についてどのような思想を持っていたのか、そして彼の人間についての思想がどのような形で形成されていったのかを明らかにしていく。ここで主に焦点をあてるのは、彼が直接、間接に関わりを持っていた多くの研究者、思想家であり、文学と芸術を論じ、またそれらを実践してきた人たちとの交流である。ここで登場してくる人たちの中でも特に注目したのは、哲学者のグスタフ・シペート、言語学者のヴィルヘルム・フォン・フンボルト、映画製作者のセルゲイ・エイゼンシュテイン、心理学者のクルト・レヴィンである。この人たちについては、レヴィンを除いて心理学の世界では取り上げられることはほとんどない。だが、彼らの研究や思想を詳しくみていくと、ヴィゴツキーに与えた影響が明らかになってくる。ヴィゴツキーは心理学とは違う分野の優れた人たちと積極的に関わり、その人たちとの対話から多くのことを吸収し、自己の思想を形成していった。このような思想的対話の様子をつぶさにみていくことで、ヴィゴツキーが人間精神に対して持った思想をより鮮明に描いていくことができる。

今日、ヴィゴツキーをめぐって様々な研究の展開がある。社会・文化的アプローチ、歴史・文化的アプローチ、さらには活動理論としてヴィゴツキー理論を読もうという動きである。たしかにヴィゴツキーについては、人間精神に社会・歴史的な視点を取り入れた人として人口に膾炙している。彼の研究とその特徴を一言で言えばそういうことになるかもしれない。彼の精緻な理論構成によって人間を社会的存在としてみることの必要性に我々は気付き始めたし、このような人間をとらえていくための基本的な枠組みの変化は、心理学のあるべき姿に近づき出したと言ってよいかもしれない。

だが、ヴィゴツキーの研究を社会・歴史的研究という視点だけでみたり、活動理論として論じてしまうと、彼が心理学で目指そうとした本当のことがみえなくなってしまう。何故ならば、彼が最終的に目指そうとしたのは、人間の意識の解明にあったからである。彼は人間の精神をすべて社会・文化的なものによって作られるとは考えなかったし、人間の内的な精神世界をこれらの外的諸変数に還元することもしなかった。彼は、人間の精神は社会・文化的なものの影響を受けると言いながらも、個人の意識世界というものの存在を担保しておくことを忘れなかった。ヴィゴツキーの代表作であり、彼の基本的な考えが凝縮している『思考と言語』も、思考するという活動を通して人間の意識を解こうとしたものであった。そこでは、ウイリアム・ジェームズやジグムント・フロイト、その他多くの研究者が問題にしてきた意識研究とは別の形で、人間の意識の本来の姿を描き出そうとした。彼にとっての心理学研究の究極の課題は、社会・歴史的な存在である人間が社会・文化という様々な外的存在と関わり、それらを自己の内部へと取り込み、変形をさせて自己のものにしていくことで、意識世界を形成していく過程を明らかにすることであった。

この意識の生成過程には様々なことが関わっている。だから人間の意識をとらえるために意識そのものを実在論的に論じてしまうと、これまでの心理学や哲学の多くがとってきたように意識の世界そのものを完結させ、それ自体を閉じたものにしてしまうことになる。ヴィゴツキーはこのような観念論に陥らないために、様々な諸変数との関係、多様なシステム的連関の中で意識が生まれ、作られていくと考えた。彼が言う「心理システム論」である。彼は言葉や道具という物質的なもの、外的なものと関わりながら内的な世界を作っていく人間精神を、意識の問題として描こうとした。人間精神は単一の構造や機能、その変化で説明することはできない。様々な内的、外的な諸変数の機能的な相互関係の中で精神活動は生まれ、また変化をしていく。これが、ヴィゴツキーの人間精神についての基本的な理論枠組みである。その思想は、個々の著書、論文を超えて一貫していると言ってよいだろう。これが本書でヴィゴツキーを読んでいくうえでとっている、基本的な視点である。

ヴィゴツキーが人間精神の心理学的問題としてはじめに取り組んだのは、文学作品とその分析を通してみえてくる人間の精神世界の姿であった。彼は学生時代に論攷「ハムレット論」をまとめ、そしてこれに続いて、ロシア・フォルマリズムの文学研究と格闘する中で彼独自の文学の世界に表れた人間精神の有り様を『芸術心理学』で描き出した。このようなヴィゴツキーが行った芸術に対する心理学研究も、多くの文学や芸術の分野の研究者、そして芸術家との交流を通して産み出されていったものである。

ヴィゴツキーが本格的に心理学研究に着手したのは二十歳台後半からで、言葉という文化的道具を仲立ちにしながら人間が思考活動を展開していることに着目し、ここから意識を解明していくための科学的研究の突破口が得られると考えた。この研究は最終的には『思考と言語』に結実していくが、このような彼の言語研究を考えていく上で欠かせない存在に、シペートという研究者がいる。この特異な心理学者であり、哲学者であった人物は、言語についても独自の論を展開していた。ヴィゴツキーはこのシペートの言語論を部分的に参照しながら、シペートとは異なった言語発達の考えを展開していった。シペートとヴィゴツキーとの関係については最近の研究で注目され、また詳しいことが明らかになってきつつある。さらに、ヴィゴツキーの言語論を考える時、シペートも影響を受けたフンボルトというドイツ・ロマン主義言語論の流れをくむ人物の存在についてみていく必要がある。ヴィゴツキーはフンボルト言語学の成果を享受し、またそれらを批判的に論じることを通して、言語研究を展開していった。

　ヴィゴツキーが人間の精神的活動を論じていく時いつも念頭に置いていたのは、文化的道具が果たしている役割であった。人は文化的道具を媒介にしながら外部の対象に働きかけ、またそれらを理解し、自分の考えをまとめ、さらには外に向けて表現行為として展開している。これが自己の精神世界を形成していくことであり、それを支えているのが文化的道具である。この文化的道具の中心にあるのは、人間の場合は言語であるが、言語以外に視覚情報や映像も文化的道具の働きをしている。これらは、人間の内的世界を形成していく役割を持っているという意味では心理的道具にもなっている。ヴィゴツキーは人間精神を論じていく時に、言語以外のものにも幅広く研究の関心を広げていた。彼は映画の視覚的映像や演劇の世界にみる情動表現などにも深い関心を寄せていた。そこには、親しい友人の映画監督のエイゼンシュテインの存在が大きく関わっていた。ヴィゴツキーはアレクサンドル・ルリヤも交えて、エイゼンシュテインと映像心理学についての共同研究を行っていた。これはヴィゴツキーの研究者としてのもう一つの姿でもあった。

　ヴィゴツキーの心理学研究にはゲシュタルト心理学の影響が色濃く表れている。彼のゲシュタルト心理学への関心の背後には、人間を単一の変数で論じてしまう要素主義的な心理学や条件反射による精神反射学は人間精神の本質をとらえそこなっているという批判があった。ヴィゴツキーは、多様な機能の連関として人間の精神的営みをみていくことで、新しい心理学を構築しようとした。特にゲシュタルト学派のレヴィンとの研究の交流は、後半のヴィゴツキーの研究を豊かなものにしていった。その背景には障害児心理学についての共通の問題関心を持っていたことがあるが、ヴィゴツキー自身は臨床的な問題に早い時期から取り組んでおり、それを生涯続けていた。たとえば、晩年の精神障害の問題には情動と人格との間の多様な関係をみていくという発想があり、それを彼は「人格」と呼んでいたが、ここにも、人間の現実の姿をみていこうとする彼の姿勢が表れている。

このように、ヴィゴツキーは人間と人間精神を多様な視点から論じていた。特定の問題に特化して扱ってはいけないのであり、広い問題圏の中で彼の研究を語らなければならない。フランスの哲学者ジル・ドゥルーズの言い方を借りるならば、ヴィゴツキーの思想は「脱領土化」を目指したものである。つまり、ある特定の時代の、ある特定の出来事を説明するための個別の領土を設定して、そこで使える説明装置を提示するのではなく、広く普遍的な問題に通底し得るような問題圏を設定したからである。あるいはヴィゴツキーは自己の考えを固定化してしまうのではなく、その当時の他の思想家との絶え間ない出会いと接続の中で、自己の思想を展開できる幅の広さがあった。まさに他者との相互作用によって自己の思想を生成変化させていく多様性があったのである。そのような人物の思想を考えていくためには、他者と対話させることがふさわしいだろう。彼が一連の研究で明らかにしようとした問題圏が何であったのかを、人間精神を論じてきた重要な研究者との対話の形をとってみていくことによって、より鮮明にしていくことが可能になる。

ヴィゴツキーの研究者としての活動期間は学生時代を含めてもおよそ二十数年間で、本格的な心理学研究を開始したモスクワ大学の心理学研究所の研究に限ると十年間しかない。だが、彼のこの短い研究期間は実に濃密な時間であって、そこで実に多くの研究成果を出し、また多くの研究者と深い交流を行っていた。

以下、本書の内容と構成を簡単に述べておく。

第1章は、ヴィゴツキー研究の今日の動向と、ヴィゴツキーに改めて注目を向けるようになった研究の背景、およびその意味について確認をする。後半部分では、ヴィゴツキーの研究の動きをいくつかの段階に分けて簡単に整理をして、後に続く章の内容を理解していくための基本的な知識を示しておく。

第2章と第3章は、ヴィゴツキー初期の代表的な研究である「文芸学」と「芸術心理学」を扱う。第2章は、彼の『芸術心理学』とその背景にあるものを取り上げる。ここでは、彼のロシア・フォルマリズムに対する批判的態度とそれを背景にした新しい芸術論、そして具体的な文学作品の分析・解釈の特徴についてみていく。そして、ヴィゴツキーの芸術心理学を理解していくために見逃せないものとして、ロシア・フォルマリズムとは一線を画していたもう一つの文学研究と文学運動であるアクメイズムとの関わりを取り上げる。特にオシップ・マンデリシュタームとの交流が彼の文学研究、さらには言語研究にも影響を与えていた。

第3章は、ヴィゴツキーが学生時代にその第一稿をまとめ、最終的にはそれらに手を加えて『芸術心理学』に収められた「ハムレット」論をみていく。一見すると、一つの戯曲の作品分析に過ぎないものだと思われてしまうが、彼がこの作品の分析を通して語っていることは、人間精神の中にある表と裏の二つの側面であり、明るい光と暗い闇の二重性であり、多元的に人間を考えていく姿勢である。ヴィゴツキーは人間を考える時に、決して一つの視点だけで論じることはなかった。この考え方の原初的なものは、学生時代にまとめた『デンマークの王子ハムレットについての悲劇』に求めることができる。

第4章では、ヴィゴツキーの研究を考えた時、意外とも思われる人物との交流を取り上げる。ロシアを代表する映画製作者のエイゼンシュテインである。ヴィゴツキーは言語に主たる関心を寄せていたが、同時に映像的思考の問題をエイゼンシュテインと共に研究をしていた。特に、この章ではヴィゴツキーの研究がエイゼンシュテインに与えた影響についてみていく。

第5章は、言語をめぐってヴィゴツキーがシペートから受けた影響と、ヴィゴツキーがいかにしてシペートの言語論を克服して独自の言語論を展開していったかを論じている。シペートについては従来までのヴィゴツキー研究ではほとんど出てくることがない人物であるが、ヴィゴツキーの言語研究を考えるうえではシペートは見逃すことができない存在である。ここではさらに、シペートの言語論の基礎になっていたフンボルト言語論もヴィゴツキーのことばと対話をめぐる議論に影響を与えていたことをみていく。

第6章は、ヴィゴツキーとゲシュタルト心理学との関わりである。ヴィゴツキーの心理学がゲシュタルト心理学の研究を積極的に摂取していたことはよく知られている事実であるが、その内容を詳しくみていくと興味深い事実がいくつか出てくる。特にレヴィンと交わされた研究交流は、ヴィゴツキーの後期の研究に大きな影響を与えていた。

本書では、各章の冒頭でヴィゴツキーと他の研究者との架空の対談を載せている。もちろん、これらはあくまでも完全に架空の対談であるが、この対話でヴィゴツキーがそれぞれの章で問題にしたかったことのエッセンスが表れてくる。その意味では、この架空の対談は決して荒唐無稽なものではなく、対話者同士の思想を反映したものである。

第2章からは本文の内容を補足するために注を加え、それらを章末に載せている。本文中の氏名と文献の表記は、外国人名についてはカタカナ表記とし、初出のみ括弧で原綴りを附す。邦訳のある著書名については、カタカナ表記とする。ロシア研究者の日本語人名表記で、○○ス（ツ）キー、あるいは○○ス（ツ）キイについては表記の仕方が統一されていないために、ここでは次のように表記する。ロシア文学の関係者、たとえばシクロフスキイ、ジルムンスキイなどは文学研究者が広く用いている○○ス（ツ）キイの表記を用いる。それ以外の心理学者、教育学者など、たとえばヴィゴツキー、ブロンスキー、ペトロフスキーなどは○○ス（ツ）キーと表記する。文献は巻末に文献欄として、各章ごとにまとめて載せる。

目次

装幀＝新曜社デザイン室

第1章　ヴィゴツキー、その研究と生涯

＜架空の対談＞

V：ヴィゴツキー、L・S／Dav：ダヴィッド・ヴィゴツキー、D・I／Do：ドプキン、S・F

V：ダヴィッド、あなたとは従兄弟という間柄のこともあって、少年時代から親しくしていましたね。私より三つ年上でしたので、兄のような存在でした。

Dav：そうだね。文学の問題なども一緒に考えたり、あなたがエスペラント語に興味を持ち始めたのは多分に僕の影響かもしれないな。

V：私は私立のギムナジウムに行き、あなたは入学が難しい官立のギムナジウムで学んだように、あなたは私の目標でした。同時に、どこか違うことをしたいという気持ちもあった。あなたはペテルブルグ大学に行き、私はモスクワ大学を選んだというのもその表れでしょう。

Dav：だけど、大学を終わると共にゴメリに戻って、一緒にゴメリのいくつかの学校で文学の授業などもやった

し、出版社を作って詩集を出したりもしたね。

Do：私はヴィゴツキー、あなたの三つ年下でしたが、ユダヤ史の研究サークルで一緒に勉強をして親しくなりました。そして歴史や文学のことなども年齢の差などは関係なく、一緒に楽しく議論しました。

V：そうだね。私たち三人は文学という共通の問題で結ばれて、文芸運動などにも熱を入れたものだ。

Do：私がよく憶えているのは、ヴィゴツキー、あなたがプーシキンやチュッチェフの詩が好きで、特にチュッチェフの詩をかなり熱愛していたことです。

この章ではじめに、今日の心理学でヴィゴツキーに再び注目が集まっている背景に何があるのかを確認する。その主な理由は、心理学に認知心理学が登場して人間の高次な精神活動についての本格的な議論が始まり、改めて人間精神の特異性と、人間の精神形成に関わっているものが何であるかが議論されるようになったからである。そこでは、人間の知的活動を支えている文化という、人間に特有な外的な諸変数の存在に注目が集まり、それらとの関わりの中で人間は活動しているということを考えなければならなくなった。この問題にいち早く取り組み、精緻な理論構成を行ったのがヴィゴツキーであった。

そして、もう一つ、欧米の研究者の注目がヴィゴツキーに集まるきっかけを作ったのは、ヴィゴツキーの研究を紹介し、その重要性を伝えたマイケル・コール（Cole, M.）やジェームス・ワーチ（Wertsch, J. V.）、さらにはジェローム・ブルーナー（Bruner, J.）といった北米の研究者たちであった。日本では、ヴィゴツキーについては欧米に先立って翻訳などを通して教育学者の間では早くから知られていたが、それも一部の研究者にとどまっていた。それが心理学の分野でも大きく関心が広がったのは、ここ四半世紀のことである。そこには、心理学理論として君臨してきたピアジェの発達理論の見直しという動きも多分に関わりがあった。本章の後半では、ヴィゴツキーの研究の展開と彼の主な経歴についてみていく。特に後半のモスクワ大学・心理学研究所（正式にはモスクワ大学・附属実験心理学研究所）の十年間は、実に多彩な研究を行い、多くの研究成果を出した豊潤な時期であった。

1　ヴィゴツキー再評価の動き

(1) 認知心理学における文化への注目とコールの存在

今、ヴィゴツキーの心理学は欧米、そして日本でも取り上げられることが多くなっている。再びヴィゴツキーの理論に注目が集まっている背景には、１９７０年以降急速に発展した認知心理学とその後の情報処理的アプローチの発想に基づいた、認知心理学研究の見直しの議論がある。ウルリック・ナイサー（Neisser, U.）が１９６７年に『認知心理学』を出して新しい心理学の登場を宣言し、その後１９７０年から本格的な人間の理解と知識形成の問題を正面から扱う研究が始まった。認知心理学は実に多くの研究成果を生み出し、単に心理学という学問分野を超えた学際的な認知科学としても発展している。そこでは人間の問題解決や知識・理解の過程を内的な情報処理過程とみなし、もっぱら人間の内部で行われる心的過程とそこにおける「振る舞い」として論じられている。

ところが、認知心理学や認知科学の研究が進むにつれて、人間とコンピュータとの違いが議論されるようになり、１９８０～９０年代からは、私たち人間は自分たちを取り囲んでいる社会や文化、あるいは他者との関わりを通して知的活動を展開しているという主張が出てくるようになる。たとえば、日常生活の中で営まれている人間の知的活動を現実の場と状況の中でとらえようとするジーン・レイヴ（Lave, J.）をはじめとする人類学者たちの研究は、心理学に新しい発想をもたらすことになった。これらは社会文化的アプローチや状況論的アプローチと言われているが、このような新しい視点で人間の活動をみていこうという動きが出てきたことで、ヴィゴツキーの心理学が再び注目されることになったのである。

あるいは、文化と認知的活動の問題を、これまでの異なった文化を比較するという文化間比較の発想ではなく、文化的諸変数が特定の文化に所属している人間の認知的活動にどう作用しているかを解き明かそうという研究や、文化的機能を直接問題にしようとする研究が登場したのも、ヴィゴツキーへの関心を高めることにつながった。

このような研究の背景には、ヴィゴツキーの影響を受けて新しい研究スタイルで研究を発展させていこうという動きがあった。その先駆けとなったのが、コールとシルヴィア・スクリブナー（Scribner, S.）の、アフリカのリベリアで行った研究をまとめた『文化と思考』（1974）である。この研究は、人間の精神とその実態を、文化的諸変数と深く関わりながら展開している日常の「文化的実践（cultural practice）」から明らかにしようとした労作である。あるいは、スクリブナーとコールが同じくリベリアで行った『読み書きの研究（The Psychology of Literacy）』（1981）も、日常生活で使われている言語と読み書き能力を、その地に住んでいる人たちの言語的使用に関わる文化・歴史的背景の中で議論することの必要性を明らかにした。リベリアのヴァイ族は日常生活の中ではヴァイ語という独特の言語を使用し、宗教行事ではアラビア語、学校教育では英語を使用している。このような言語環境の中で、彼らが日常生活の中で主に用いている言語使用の違いが言語的類推能力や記憶能力といった特定の認知能力の促進に関わっていた。このような一連の研究の背景には、コールがアレクサンドル・ルリヤ（Luria, A. R.）の所で学び、ヴィゴツキーの理論に触れたことがある。ルリヤとヴィゴツキーが中央アジアで行った認識能力の民族的調査で明らかにしたことは、その地に住んでいる人たちの文化的背景を十分に考慮することなく教育改革を行っても、その効果はきわめて限定的にならざるを得なかったということがあった。この研究の結論が、コールたちの認識特性や実践的活動を文化的背景のもとで考えていくという文化的実践の理論に発展していったのである。その後、欧米にヴィゴツキーの思想を定着させるのに決定的な影響を与えたのがコールの「文化心理学」の考えで、それを具体的にまとめたのが『文化心理学』（1996）である。

（2）ヴィゴツキー研究の先駆者——ブルーナー

ブルーナーがヴィゴツキーに向けた関心も、欧米のヴィゴツキー再評価の動きとして無視することはできない。ブルーナーは早い時期からヴィゴツキーの重要性に気付いており、ヴィゴツキーから多くのアイデアを得ていたことを彼の自叙伝的な著書で吐露している。『可能世界の心理』（1986）の第5章「ヴィゴツキーのインスピレーション」では、ブルーナーが初めてヴィゴツキー心理学のことを知ったのは1960年前後からで、その後ルリヤとの交流が始まり、ルリヤを通してヴィゴツキーの理論を深く知るようになったことが書かれている。彼の研究がヴィゴツキー的視点に基づいたものであることも、この著書では述べている。ブルーナーはヴィゴツキーが「発達の最近接領域論」で展開した理論を、学習におけるチューターの役割や「足場作り（scaffolding）」、「意識の貸与（loan of consciousness）」といった用語を使いながら、より具体的な指導の形態に定式化してみせた。このように、ブルーナーの研究がヴィゴツキーの考えに強く影響を受けていたことが分かるし、またヴィゴツキーの理論をいわばアメリカナイズした形で作り直そうとした。そして、この章の最後をブルーナーは次の言葉で結んでいる。「彼の研究から長年インスピレーションを受けてきて、あらためてその研究を振り返ってみると、自然の被造物であるばかりでなく文化の被造物でもある人間を理解する、その方法を見出すのに、いまだ必要な挑発を彼はあたえてくれていると思う。」（邦訳 p.126）。あるいは、この本よりも少し前にブルーナーが書いた『心を探して』（1983）でも、ヴィゴツキーの言語と思考の間の弁証法的関係、つまり思考活動を支え、世界についての理解と表現手段としての言語、そして思考の器として働いている言語の考えに刺激されながら言語習得の新しい理論である「言語習得援助システム（ＬＡＳＳ）」を出したことを語っている。ブルーナーは、言語、思考、意識、そして教育の問題を解いていく上での大きなヒントをヴィゴツキーから得ていた。

ブルーナーの研究には、ヴィゴツキーの理論を独自な形で発展させていこうという彼の研究のスタイルと課題があった。たとえば、ローズ・オルヴァー（Olver. R. R.）、パトリシア・グリーンフィールド（Greenfield. P. M.）らと共にブルーナーが西アフリカのセネガルで行った大規模な比較文化的研究（『認識能力の成長』1967）は、直接的にはピアジェの言う認知発達には文化変数、特に学校教育の役割が大きく作用していることを検証しようとしたものであり、この本の冒頭の献辞にもピアジェを讃える言葉が書かれてはいる。だが、実際の研究のテーマはヴィゴツキーの発達・教育の思想に基づいたものであった。事実、この本の序文ではルリヤとアレクサンドル・ザポロジェッツ（Zaporozhets, A. V.）を米国に客員教授として招いたり、彼自身も旧ソビエトを短期間ながら訪問して研究交流を深めたことを述べている。

ブルーナーがヴィゴツキーの研究の重要性をいち早く見抜いた先見性は、ヴィゴツキーの『思考と言語』の最初の英語訳が1962年に出された時に、彼が序文として書いた内容に表れている。つまり、ヴィゴツキーによって心理学は条件反射学や行動主義心理学の呪縛から脱することができたと言う。もっとも、オイゲニア・ハンフマン（Hanfmann, E.）とゲルトルード・ヴァカー（Vakar, G.）による『思考と言語』のこの最初の英語訳は誤訳があったり、内容としても不完全なもので、ヴィゴツキーの研究を理解するためには問題が多かった。そして、ブルーナーはこの二十五年後に出されたヴィゴツキー著作の英語版としては完成度の高い、全6巻の『ヴィゴツキー著作集』（The collected works of L. S. Vygotsky, 1987-1999）の第1巻に再び序文を寄せて、ヴィゴツキーの人間理解研究の多面性を指摘している。ブルーナーは、ヴィゴツキーが心理学者であるだけでなく、人間文化の表現者と創造者としての人間を深く究明していこうとする文化的理論家という姿を見出すことができると言う。そして、ブルーナーはこの序文の中で、ヴィゴツキーの研究が多面的な側面を持ち、ヴィゴツキーは様々な分野の研究者と関わる中で人間理解のための理論構築を目指していったことを指摘している。

ブルーナーがこの序文の冒頭でも述べているように、ルリヤ（1976, 1979）を通して得られたヴィゴツキーとソビエト心理学についての情報、コールとワーチの二人によるヴィゴツキー研究によって、英語圏におけるヴィゴツキー理解は大きく進むことになった。ヴィゴツキーの思想が正確に紹介されていく上で大きな貢献をしたのは、1978年にコールとヴェラ・ジョン＝スタイナー（John-Steiner, V.）らの翻訳と編集によってヴィゴツキーの主要著作を抜粋する形でまとめられた"Mind in society"であり、1986年のアレックス・コズリン（Kozulin, A.）と1987年のノリス・ミニック（Minick, N.）による、二つの『思考と言語』の新しい英語版である。

（3）ワーチのヴィゴツキー研究

コールがソビエト時代にモスクワに留学し、ルリヤを通してヴィゴツキーの思想を学んだと同じように、ワーチは、ウラジミール・ジンチェンコ（Zinchenko, V. P.）のもとでヴィゴツキーの理論を学んでいる。そして、ワーチは1985年に二つの重要な著書を出している。一つは現在でも引用されることが多い"Vygotsky and social formation of mind"で、もう一つはヴィゴツキーの理論を主に記号論の視点から論じた国際会議をまとめた"Culture, communication and cognition"である。その後もワーチはヴィゴツキーの理論の紹介と、彼独自のヴィゴツキー理論の新たな展開を試みている。たとえば、ヴィゴツキーの言語の研究をミハイル・バフチン（Bakhtin, M. M.）の言語理論によって補完・拡充することを試みたり、『心の声』（1991）では、心理的道具としての言語だけでなく、技術的道具といった様々なタイプの道具を論じてヴィゴツキーの文化的道具論の理論的拡張を試みた。また、その後の『行為としての心』（1998）では、ヴィゴツキーの理論を人間精神の社会・文化的な接近としてとらえる立場から問題群を整理した上で、新たにナラティヴ（物語）の活動と歴史の生成を文化的道具論に加えることで、歴史についての主体的な理解と歴史の創造者としての主体の役割の問題を論じている。ヴィゴツキーが人間の発達を他者や社会・文化的なものを自分のものとしていく内化の過程として論じたことを、さらに分析的、あるいは多様な視点を加えて精緻化することを試みたのである。さらにワーチは、ヴィゴツキーの理論を国際的な紛争地における民族対立の背景にある民族的アイデンティティ形成の問題にも拡張している（たとえば Wertsch, 2002; Karumidze & Wertsch, 2005）。

（4）文化歴史的活動理論とその他のヴィゴツキー研究

ここまでは北米のヴィゴツキー研究者についてみてきたが、1990年代後半さらには2000年代に入ってから、ヴィゴツキーの心理学は北欧、スペイン、イタリア、さらには南米といった他の地域でも大きく展開をしていくことになる。ヴィゴツキーの心理学には実に多面的な側面があり、彼自身も今日で言うマルチタレントであったため、彼の研究については様々な視点から論じられている。たとえば、ヴィゴツキーの理論の発展と拡張を目指して編まれたピーター・ルロイド（Lloyd, P.）とチャールズ・フェルニホウ（Fernyhough, C.）の編集になる全4巻、80の論文で構成された論文集（Lev Vygotsky: Critical assessment, Vol.1-4, 1999）の内容をみても、実に様々な観点からヴィゴツキーの理論が論じられ、またヴィゴツキーとの関連で多くの研究が展開されていることが分かる。

近年のヴィゴツキー研究の動きとしては、北欧を中心とした、ヴィゴツキーの同僚で独自の発展を目指したアレクセイ・レオンチェフ（Leont'ev, A. N.）の活動理論を基礎にして、ヴィゴツキー理論の発展を目指そうという取り組みがある。人間精神を実践的活動という視点から論じていくことで、社会システムの形成と社会変革の基本的単位を集合的な実践の活動に求めていこうという考え方である。ユリア・エンゲストローム（Engeström, Y.）らの活動理論・発達的ワークセンターにおける一連の研究、デンマークのセス・チェイクリン（Chaiklin, S.）、マリア・ヘデゴール（Hedegaard, M.）、あるいは英国のハリー・ダニエル（Daniels, H.）らの研究は、ヴィゴツキー研究の中でも活動理論を基礎にしており、文化歴史的活動理論としてまとめることができる。ニューヨークのロイス・ホルツマン（Holzman, L.）の研究も、ヴィゴツキーの考え方の中でも実践による変革を重視しており、北欧のいわゆる活動理論とは別な形で理論研究というよりは社会的実践を志向したものである。その他、北米・西海岸のバーバラ・ロゴフ（Rogoff, B.）や中西部のキース・ソーヤー（Sawyer, R. K.）らも、独自の視点からヴィゴツキー研究を展開している。

2　ヴィゴツキーの生涯と研究、その略伝

この節では、ヴィゴツキーの三十七年間の生涯と研究の歴史を概観する。ヴィゴツキーの経歴を述べたものは既にいくつか出版されている。ファン・デル・ヴェーア（van der Veer, R.）とヤーン・ヴァルシナー（Valsiner, J.）の"Understanding Vygotsky"（1991）、アレクサンダー・レオンチェフ（Leont'ev, A. A.）の『ヴィゴツキーの生涯』（1990）である。前者はヴィゴツキーの研究活動を時間軸に沿って実に克明に紹介しており、ほぼヴィゴツキーの経歴を網羅している。また、後者は決して大部のものではな

いが、ヴィゴツキーの研究とその経過がいくつかの重要なテーマに絞って書かれており、その内容もユニークである。また、最近では、アントン・ヤスニツキー（Yasnitsky, A.）がヴィゴツキー派の形成にまつわる歴史的経緯をまとめている（2009, 2011）。ロシアの心理学史をまとめたアルトゥール・ペトロフスキー（Petrovsky, A. V.）の『ソビエト心理学史』（1967）とダヴィッド・イョラフスキー（Joravsky, D.）の"Russian Psychology"（1989）は、ヴィゴツキーについてかなりの分量を割いて紹介している。

以上のヴィゴツキーの研究の経歴と生涯を述べたものについてみていくと、ファン・デル・ヴェーアとヴァルシナーのものはヴィゴツキーに関することを網羅的に書いているが、ヴィゴツキーの思想形成に与った他の研究者については簡単に触れているだけである。また、ヤスニツキーのものもヴィゴツキー派の形成に限定していることもあって、ヴィゴツキーと深い関わりがあり、彼に影響を与えたロシア文学者や哲学者の存在については語られていない。また、ロシアの心理学史をまとめた二つの著書も、マルクス主義心理学を標榜した研究を前提にしながらヴィゴツキーのことを書いているために、ここから外れる研究者についての言及はない。

ヴィゴツキーの経歴についてここで主に参考にするのは、ワーチ（1985a）の"Vygotsky and social formation of mind"の第1章、The man and his theory だが、カール・レヴィチン（Levitin, K.）の『ヴィゴツキー学派――ソビエト心理学の成立と発展』（1983）、ファン・デル・ヴェーアとヴァルシナーの"Understanding Vygotsky"（1991）、レオンチェフ（Leont'ev, A. A.）の『ヴィゴツキーの生涯』（1990）、さらには山崎史郎の『児童青年期カウンセリング――ヴィゴツキー発達理論の視点から』（2005）の「補章・ヴィゴツキーの生涯と精神形成」も一部参考にする。レヴィチンには、ヴィゴツキーの友人のセミョン・フィリッポヴィチ・ドブキン（Dobkin, S. F.）の回想録も収められており、友人からみたヴィゴツキーの実像の一端を知ることができる。また、短い論文であるが、ヤスニツキー（2012）がヴィゴツキーの生涯を、研究を中心に簡潔にまとめており参考になる。

ワーチ（1985a）はヴィゴツキーの経歴をモスクワ大学の心理学研究所で研究を開始する前と後の二つの時期に大きく分けているが、ここでも彼の時代区分を参考にする。

（1）第一期――1896年～1924年

（i）少年期とギムナジウム時代

ヴィゴツキーは、ベラルーシのミンスクの近くのオルシャで1896年11月17日（ロシアで当時使われていた暦では11月5日）、八人兄弟の第二子として生まれている。ヴィゴツキーが一歳の時にはゴメリに移住し、この地で大学入学まで過ごしている。ベラルーシはユダヤ系の住民が多く住んでおり、ヴィゴツキー自身も東方ユダヤ人のアシュケナージに属する家系のユダヤ人であった。父親はハリコフ商科大学を卒業し、クラコフのウクライナ財務局に勤務したり、ゴメリの銀行の主任をした銀行員である。父親は1930年代まで存命で、モスクワの興業銀行の支配人を務めたりしていた。母親は教員志望だったが、子どもの養育に専念し、ヴィゴツキーが亡くなった後も存命であった。このように、ヴィゴツキーが育った家庭環境は経済的には比較的裕福で、文学を愛する文化水準の高い家庭であった。

ヴィゴツキーは少年時代は家庭教師について学び、卒業までの二年間をユダヤ人の師弟が多く学ぶゴメリの私立ラトネール・ギムナジウムに通っている。ギムナジウム入学前の一年間、家庭教師であったソロモン・アシュピッツ（Ashpiz, S.）から指導を受けているが、この人の存在がヴィゴツキーが知的好奇心の強い人間に成長することに大きく貢献したようだ。ギムナジウムではドイツ語、フランス語、ラテン語などを学び、自宅では英語や古代ヘブライ語などの勉強もしている。ヴィゴツキーはユダヤ文化やユダヤ民族の歴史、ユダヤの民話などにも興味を持ち、学校でもユダヤ史を学んでいる。また、エスペラント語を学んでもいるが、これは従兄弟で三歳年上のダヴィッド・イサコーヴィチ・ヴィゴツキー（Vygotsky, D. I.）の影響だと言われている。ダヴィッドはペテルブルグ大学に進学し、後に言語・文学研究者になっている。彼はフォルマリストでもあった。ヴィゴツキーとダヴィッドとは仲が良かったようで、ヴィゴツキーの言語学や文学への関心も、従兄弟のダヴィッドの影響を少なからず受けていた。本書の第3章でもふれるが、実際、彼が学生時代にまとめた『ハムレット』の原稿を出版社に持ち込んで仲介の労をとったのもダヴィッドであったし、ヴィゴツキーが大学を卒業してゴメリの師範学校、その他の学校で教員をしていた時も、そこでダヴィッドと一緒に文学を教えている。

ギムナジウム時代のヴィゴツキーは文学や演劇に没頭し、友人とハムレットの上演をしたりしている。このことは彼が大学生の時に書いた『ハムレット』とも無縁ではないし、彼の演劇への強い興味はずっと後まで続いている。だから演出家のコンスタンチン・スタニスラフスキー（Stanislavsky, K.）との交流や、映画製作者のセルゲイ・エイゼンシュテイン（Eisenstein, S. M.）との間に深い交友を結ぶようになるその素地は、既にこの時期からあったと言ってよい。

この時期で最も注目しておきたいのは、ヴィゴツキーがいくつかの文学作品を愛読していたことである。

それはアレクサンドル・プーシキン（Pushkin, A. S.)、フョードル・チュッチェフ（Tyutchev, F. I.)、そしてロシア象徴主義（アクメイズム）の詩人であるオシップ・マンデリシュターム（Mandelschtam, O. E.)、アレクサンドル・ブローク（Blok, A. A.)、ニコライ・グミリョーフ（Gumilev, N. S.）といった人たちの作品である（友人のドプキンの発言。レヴィチン, 1983. 邦訳 p.40）。特に、チュッチェフの詩はヴィゴツキーの『ハムレット』を理解する上で欠かすことができないもので、ヴィゴツキーはハムレットに、チュッチェフの詩の中にあるロシア的人間の本質を重ねている。ヴィゴツキーがギムナジウムの生徒であった時からこのような作品を愛読していたことは、彼の驚くべき炯眼という外はないし、そのことが彼の初期の文学研究と芸術心理学の研究のための「土台」となっていたことに、改めて彼の早熟さと天才ぶりを感じる。

(ii) 学生時代

ヴィゴツキーは1913年にゴメリのギムナジウムを金メダル（首席）で卒業し、モスクワ大学に入学する。帝政ロシアの時代にはユダヤ人の抑制策のためにユダヤ人の大学入学が制限され、抽選が行われていた（ユダヤ人は3％しか大学入学は許されていなかった）。彼は運良くモスクワ大学医学部に入学する。これは親の希望でもあったが、ユダヤ人の職業として医者は良い方であった。ヴィゴツキー自身は歴史や哲学に興味を持ち、歴史・文学部を希望していたが、これらは中学校の教員養成コースで、帝政ロシアではユダヤ人は教員になれなかったので諦めることになった。ヴィゴツキーは医学部には一ヵ月間いただけで法学部に移籍している。この時期、ユダヤ人は公務員になれず判事になることは禁止されていたが、弁護士の資格は与えられていたのでヴィゴツキーは法学部に籍を置いたのである。だが、彼の関心は法律ではなく、文学、哲学や心理学、そして歴史学といったものであった。彼は法学部に籍を置きながら、もう一つの大学であるシャニャフスキー人民大学（Shanayvsky People's University）に通って歴史学と哲学を学んでいる。この大学はリベラリストの将軍、シャニャフスキーによって設立された大学であるが、反ロシア皇帝専制運動の中でモスクワ大学を追われた教員たちによって創られ、有力な教授連中がここに集まっており、モスクワ大学よりも面白い教育・研究機関とも言われていた（この大学はモスクワ市から認められたシャニャフスキー市立大学となっている）。ヴィゴツキーはここで心理学、哲学、文学等を学んでいる。特に、ここで注目しておくべきなのは、教員であったグスタフ・シペート（Shpet, G. G.）から哲学と心理学を、そしてパーヴェル・ブロンスキー（Blonsky, P. P.）から教育学と心理学を学んでいることである。この二人はいずれもキエフ出身で、シペートが少し年上である。シペートがはじめにこの大学で教員をしていた時に、同郷のブロンスキーもこの教員に加わるようになったのである。さらに、シペートはヴィゴツキーが心理学研究所に研究員としてやって来る前まで、この研究所に在籍しており、ブロンスキーも１９３０年からはこの研究所の研究員になっている。このように、彼らは、ヴィゴツキーと学生時代、そして心理学研究所でも関わりを持っていた人物たちである。ヴィゴツキーはシペートから哲学、心理学、言語学と文学理論などを広く学んでいる。また、ヴィゴツキーはブロンスキーからは教育学的視点の多くを学んでいる。特にブロンスキーの「児童学」研究はヴィゴツキーに継承されている。ヴィゴツキーが１９２６年に書き、翌年に出版された『教育心理学講義』には、ブロンスキーの考えを反映した部分が多くみられる。ヴィゴツキーの死後、彼の理論は「児童学批判」の攻撃を受けてしまい、ヴィゴツキー派の研究活動は一時否定されることになるが、「児童学」の考えはブロンスキーから受け継いだものであった。このように、モスクワの大学時代に学んだことが、ヴィゴツキーの理論形成にとって重要な意味を持っていた。

(iii) ゴメリにおける教員時代

ヴィゴツキーは大学を終えた後、故郷のゴメリに戻った。その年1917年に革命が起きているが、この頃のヴィゴツキーの様子についてはあまり良く分かっていない。革命後も数年間は、ゴメリで平穏な教員時代を過ごしていたようだ。中学校の生徒に教えたり、職業技術学校では文学を講義している。また、美術学校やその他の教育機関で美学や美術史、文学などを教えている。その時には従兄弟のダヴィッドと一緒に授業をしている。ヴィゴツキーはゴメリ時代の後半には師範学校の教員の仕事をしているが、あわせて幼稚園教員養成所で心理学や論理学を教えている。このような教員としての活動だけでなく、文芸評論の仕事や演劇の運動にも関わるといった多彩な活動をしている。ゴメリの師範学校では心理学の実験室を組織し、心理学の研究も行っているが、ここで彼が行った講義をまとめたのが先の『教育心理学講義』である。

ヴィゴツキーはその後モスクワ大学の心理学研究所に赴任するが、それまでの大学卒業からの七年間に、詩や小説、哲学書など相当な分野の本を読みこなし、また文芸運動も行っていた。従兄弟のダヴィッド、そして子どもの時からの友人のドプキンと共に出版社を作って、詩集や翻訳などの出版活動も行っている。しかし、革命期の混乱で印刷用の用紙の入手が困難だったこともあって、すぐに閉鎖してしまう。1920年にダヴィッドはモスクワに出て、出版の仕事や作家活動を始め、同じ年にドプキンもゴメリを離れ、モスクワへ行っている。ヴィゴツキーだけがゴメリに残ったが、この1920年に結核に罹ってしまい、短い期間療養している。ヴィゴツキーは１９２４年にローザ・スメホワ（Smekhova, R.）と結婚し、この年にモスクワの心理学研究所に移った。ローザは少し遅れてモスクワにやってきて、同じ研究所の中のアパートで生活を始めている。この１９２４年は、ヴィゴツキーにとっては大きな転換点になった年であった。

（２）第二期――１９２４年〜１９３４年

ヴィゴツキーがモスクワ大学の心理学研究所に移る大きなきっかけとなったのは、１９２４年のレニングラードにおける第二回全ロシア精神神経学大会における彼の発表、「反射学的研究と心理学的研究の方法論」であった。ここで彼は、ウラジミール・ベヒテレフ（Bekhterev, V. M.）に代表される精神反射学だけでは行動を理解できないことを指摘し、また他方では、主観的な意識研究だけでは客観性に欠けていて不十分であることを論じ、意識を客観的に研究する方法として両方をいかに扱うべきかを考察している。これはきわめてやっかいな問題であるが、ヴィゴツキーが生涯をかけた意識論の問題であった。また、この研究報告は直ちに問題の解答を出せるようなものではなかったが、反射学の問題点を鋭く突いていた。

ヴィゴツキーがこの報告で強調したことは、反射学は人間の思考を十分に考慮していないことと、人間の場合は思考によって反射の流れを大きく変えていることであった。そして人間の行動と意識を考えた時、社会的活動としての言語とその役割を考慮することが決定的に重要であることも指摘した。この報告は、モスクワ大学・心理学研究所の所長、ニコライ・コルニーロフ（Kornilov, K. N.）の、パブロフ反射学やベヒテレフ精神反射学ではなく、行動による反応を人間心理の研究の方法として位置づけるという考えとも一致するところがあって、注目されることになった。当時の心理学研究所は新しい心理学研究を展開するための模索の時期にあった。研究所の六部門のうち、第一部門である一般実験心理学は所長のコルニーロフ自身が主導していたが、上級研究員にルリヤがおり、ルリヤがこの部門の研究員の人選を行っていた。アレクセイ・レオンチェフは、ヴィゴツキーよりも半年前に研究所に赴任してきていた。ヴィゴツキーは1924年からここに赴任し、新しい研究を展開することになった。この時、ヴィゴツキーは二十八歳、ルリヤは二十二歳であった。レオンチェフはヴィゴツキーより一歳年下の二十七歳で、この若い三人によって、いわゆる「トロイカ体制」が組まれ、研究が進められることになる。これを称して「ヴィゴツキー学派」と言われることもある。

この精神神経学大会でのヴィゴツキーの発表は、コルニーロフ編の『現代心理学の問題』（1926）に同じ題名でまとめられている。その一部がアレクサンダー・A・レオンチェフの『ヴィゴツキーの生涯』でも紹介されている（邦訳 pp.54-55）。そして、この論文の全文は中村和夫（1985）がいち早く日本語に訳しているし、ファン・デル・ヴェーアとヴァルシナー（van der Veer & Valsiner, 1994）の英語訳もある。

ヴィゴツキーの心理学研究所を中心にした十年間の研究はきわめて生産的で、多くの著書、論文を出していることは周知の通りである。彼が心理学研究所で取り組んだのは、マルクス主義に基づく科学的心理学についての理論と方法論の確立であり、もう一つはソビエト政権下における教育改革の仕事であった。後者の仕事の一つが、ルリヤと共に心理学研究所の仕事として行った中央アジアにおける民族調査である。これは、地域住民の教育改革による認識の変化を調査したもので、近代化に向けた教育改革の可能性を追求したソビエト政権が求めた調査研究であった。後者のもう一つの彼の研究課題は、障害児に関するいわば援助（介入）教育による横断的な発達研究であり、これはヴィゴツキーが最後まで取り組んだ課題であった。

前者については、前任の研究所長であったゲオルギー・チェルパーノフ（Chelpanov, G.）が主導してきたヴィルヘルム・ヴント（Wundt, W. M.）の意識心理学に基づいた観念論的な心理学研究に代わって、新しく所長になったコルニーロフが唱える行動反応による科学的心理学を確立することが大きな課題であった。もっともコルニーロフの「反応学」については理論的にも方法論的にも曖昧な部分が多く、実際の研究はヴィゴツキーらのいわゆる「三人組」の若手の研究者によって具体化が目指されることになった。

ヴィゴツキーは1926年に再び結核で入院をしているが、その時にも長大な論文の「心理学の危機の歴史的意味」を書いている。そして同じ年に、ゴメリの教師時代の講義ノートをもとにした『教育心理学講義』を刊行している。その前年の1925年には、『芸術心理学』をまとめている。

1920年代の後半からヴィゴツキーはソビエト各地を講演して回ることを始め、地方の大学にも滞在しながら研究交流等を活発に行っている。1931年にウクライナ心理神経研究所の心理学部門がヴィゴツキーのグループに研究参加を要請してきて、何人かがクラコフ市に移動している。ヴィゴツキー自身はクラコフに定住はしなかったが、彼らのことをクラコフ学派と言うのもここに由来している。ヴィゴツキーはクラコフとモスクワの間を行き来しながら、高次精神機能の障害、特に脳損傷と言語の関係の解明のために医学的知識を吸収すべく、モスクワとクラコフの医学部に入学している。学生時代にはすぐに医学部を辞めて法学部に移籍したヴィゴツキーであったが、改めて医学部に籍を置いたということである。クラコフでは１９２９年に失読症の研究などを行っている。モスクワでは、大学と研究所で講義と講演を精力的に行っている。

ヴィゴツキーは１９３０年から亡くなる１９３４年までの間に執筆を加速させている。『高次精神機能の発達史』（1930-31）（邦訳『文化的・歴史的精神発達の理論』）、『行動の歴史についての試論――猿・原始人・子ども』（1930、ルリヤとの共著）（邦訳『人間行動の発達過程――猿・原始人・子ども』）、『子どもの想像力と創造』（1930）（邦訳『子どもの想像力と創造』）、『思春期の児童学』（1930-31）（邦訳『思春期の心理学』）、『児童学講義』（1932）（邦訳『新・児童心理学講義』、および『「人格発達」の理論』）、『子どもの心はつくられる・ヴィゴツキー心理学講義』（1932）、『教授・学習過程における子どもの知的発達』（1935）（邦訳『「発達の最近接領域」の理論――教授・学習過程における子どもの発達』）などの著書である。その他、彼の心理学説に関する論文、草稿をまとめた「心理学論集」（邦訳『ヴィゴツキー心理学論集』）、「障害児心理学と障害児教育に関する多数の論文」（後に『ロシア語版ヴィゴツキー著作集第6巻』、邦訳『障害児発達・教育論集』）などがあり、またピアジェ（Piaget, J.）の『幼児の言語と思考』（邦訳、大伴『児童の自己中心性』）のロシア語版への長い序文、同じくウォルフガング・ケーラー（Köhler, W.）の『類人猿の知恵試験』のロシア語版への序文、クルト・コフカ（Koffka, K.）の『児童精神発達の原理』ロシア語版への序文、カール・ビューラー（Bühler, K.）の『幼児の精神発達』のロシア語版への序文などを書いている。そして、何と言っても、彼の主著である『思考と言語』を死の直前に完成させている（死の直後に刊行された）。未完に終わった情動に関する一連の草稿（邦訳『情動の理論』）を残して、彼はこの世を去っている。

（3）ヴィゴツキー死後のヴィゴツキー派

ヴィゴツキーはルリヤ、アレクセイ・レオンチェフなどと共に共同研究を展開し、いわゆるヴィゴツキー派を構成した。ヴィゴツキーの死後も、ルリヤ、レオンチェフが彼の思想を継続し、また彼らの弟子たちがその後に続いている。ヴィゴツキーの死後のヴィゴツキー学派についてふれておくべきこととして「児童学批判」がある。この政治的な圧力による「児童学批判」のために、ヴィゴツキー自身の著書は不当な攻撃を受けて一時は発禁処分になり、ヴィゴツキー派の研究も大きな制約を受けてしまった。

この「児童学批判」というのは、次のようなことである。ヴィゴツキーが1934年に亡くなった三年後に、ソビエト連邦共産党（ボリシェビキ）は中央委員会決定として4月7日付の通達を出した。正確には、「教育人民委員部のシステムにおける児童学の歪曲」という通達文書である。この通達で指摘されているのは、いわゆる「児童学者」という研究者が学校の現場に多数入ってきて、教育の役割を軽視し、教育上の問題をもっぱら児童の能力に帰因させるような言い方をしたり、教育の制度や教育内容を十分に考慮することなく安易に親や子どもにアンケート調査や知能テストを実施したというのである。このような「児童学者」は子どもの特性や能力を過剰に重視する西欧のブルジョア学問に毒されていて、ソビエト政権が目指す教育によって共産主義社会の建設を目指す目標にとって多大な弊害をもたらしたと主張した。その背景には、教育学者の勢力分野の巻き返しという政略的な意図があったと言われている。

このような「児童学批判」の対象になったのがヴィゴツキー、そしてブロンスキーの考えであった。そしてこの攻撃は、ヴィゴツキーなき後のヴィゴツキー派にまで及んでいる。「児童学批判」が糾弾した内容はほとんどが「でっち上げ」や、難癖をつける類いの学問的な根拠のないものであった。たとえば、代表作である『思考と言語』でヴィゴツキーが個人の意識世界を解明するために、思考と言語という二つの側面を通して明らかにしようとしたことは、レーニンの反映論に反していると批判する。あるいは、概念の発達や知識の獲得に関して、学校で教える内容の科学的概念を児童・生徒が習得していくためには、単に教師がこれらの知識を一方的に教え込むだけではだめで、児童・生徒の生活体験に基づいた生活的概念と関連づけて教えることが大切であるとヴィゴツキーは主張したが、これも教育の役割を軽視したものだと糾弾する。ヴィゴツキーは教えるという教育と生徒が学ぶということをワンセットに考えるべきだと言ったのであり、決して教育の軽視などを言ってはいない。あるいは、ヴィゴツキーは語学の天才で、英語、ドイツ語の文献なども使っていたことをもって西欧のブルジョア主義に毒されていると批判したが、全く的外れのものであった。

特に、この児童学批判で批判の対象になったこととして、ヴィゴツキーが個人の内面世界や意識世界の解明のために出した「心的体験」がある。これは環境＝教育の重要性を個人の心理的なものに歪曲した反動的な考え方だとして、強く非難されたのである。しかし、ヴィゴツキーの「心的体験」は人が環境の影響を受けながらそれを個人として意味づけ直し、自己の意識や人格として作り上げていくことの指摘であり、心理学研究としても重要な問題を提起したものである。「児童学批判」としてヴィゴツキー派を糾弾した者たちは、レーニン反映論の盲信者であったと言えるだろう。「児童学批判」は当時の体制の権力を利用して行われ、ヴィゴツキーらの著作は発禁処分となり、ヴィゴツキー派はモスクワから追放されて、ウクライナのハリコフで細々と研究活動を続けることになる。

ヴィゴツキーの理論を口にすることができ、著書が再び世に出て読むことができるようになったのは、1970年近くになってからである。ヴィゴツキーの死後に起きた「児童学批判」については、日本の数名の教育学者によって研究が行われている。ヴィゴツキーの著書の中で検閲によって削除された「児童学」に関する記述部分、いわゆる墨を塗られた部分がどこであるかが、最近分かってきた。たとえば、土井捷三と神谷栄司（2003）によるヴィゴツキーの『教授・学習過程における子どもの発達』（1935）に収められている二つの論文「学齢期における教授・学習と知的発達の問題」（1933-34）、「就学前期における教授・学習と発達」（1935）は、1996年にロシアで編集されたものを使っているが、この新しい邦訳ではどこが削除されたのかが分かるようになっている。基本的には「児童学」に関する記述部分は一貫して相当の分量が削られている。

さらに、ヴィゴツキーと「児童学批判」を論じたものに所信一（1994）と百合草禎二（2005）の論文がある。今日ヴィゴツキー理論に注目が集まっていることを考えると、およそ三十年という空白期間を生んでしまった「児童学批判」は実に不幸な出来事であった。

ここでは、ヴィゴツキーの著書、論文については主要なものしかあげることができなかった。ヴィゴツキーの著作一覧については、古くは柴田と森岡・訳の『子どもの知的発達と教授』（1975）の巻末に「ヴィゴツキーの著作文献目録」がつけられている。また、新しいものでは、柴田と宮坂・訳の『ヴィゴツキー心理学論集』（2008）の巻末に「ヴィゴツキー文献目録」がある。ヴィゴツキーのさらに詳しい文献情報としては、ファン・デル・ヴェーアとヴァルシナーの“Understanding Vygotsky”（van der Veer &

Valsiner, 1991）の参考文献の中にあるヴィゴツキーの著書・論文一覧も役に立つ。

第2章　ヴィゴツキーの『芸術心理学』――ロシア・フォルマリズムを超えて

<架空の対談>

V：ヴィゴツキー、L・S／M：マンデリシュターム、O／Z：ジルムンスキイ、V

V：私が『芸術心理学』を書いた当時はロシア・フォルマリズムの運動が盛んで、この動きを無視して文学研究を語ることはできませんでした。ですが、私はこのフォルマリズム運動とは一定の距離を置きました。フォルマリストの作品の形式分析を重視して作品の内容や読者の反応を軽視するような姿勢には疑問を持ち、批判的でした。

M：私もロシア・フォルマリズムの運動が起きる少し前から、ロシアの文学と言語研究の伝統としてあったロシア・シンボリズムの表象主義や観念主義を克服して、言葉の持っている具象性を最大限尊重するような運動を、詩学を中心に行ってきました。

V：マンデリシュターム、あなたが中心になって進めてきたアクメイズムの運動に私が惹かれた点は、文学的伝統と文学を歴史・文化的視点を重視して論じたところでした。この考え方は、私がロシア・フォルマリズムの問題点を指摘する上でも参考になるものでした。私もあなたの詩集の『石』についての書評を書きました。

Z：私も一時はロシア・フォルマリズムの運動に参加し、「オポヤズ」のメンバーでしたが、フォルマリストが文学作品の構造を重視する姿勢には疑問を感じ、内部から批判もしました。結局、私は「オポヤズ」から脱退しました。私もマンデリシュタームの詩作に批判的な声が出た時には、あなたを擁護しましたし、ヴィゴツキーと同じように詩集『石』についての書評を書きました。

M：私とジルムンスキイとは高校時代の同級生でしたし、ヴィゴツキー、あなたも含めて三人は共通の友人でした。このような交流を通して、文学研究でも共通の問題意識を作ったと思います。

V：そうですね。マンデリシュターム、あなたとは親しい関係でした。あなたが反革命分子とされ、流刑の罪の汚名を着せられる直前に、私はあなたのアパートを訪ねたものです。

この章では、ヴィゴツキーの初期の代表作である『芸術心理学』を取り上げる。この著書では芸術について多岐にわたる問題が議論されている。『芸術心理学』は四部によって構成され、前半の第1部と第2部の四つの章では、その当時あった複数の文学理論を批判的に検討しながら文学研究についての基本的立場が展開されている。ここで主に批判の対象として取り上げているのはロシア・フォルマリズムである。ヴィゴツキーはフォルマリズムを批判しながら文学作品の形式的構造に依存する文学理論ではなく、読者が作品と対峙して主体的に意味世界を形成していくことを重視した芸術理論を提案している。

後半の第3部・美的反応の分析は、複数の文学作品についての分析と解釈である。この「美的反応」というタイトルから分かるように、ヴィゴツキーは読者が作品を通してどのような解釈と芸術的感動を持つのか、それが問題の中心であると考えた。この第3部にはヴィゴツキーが以前に書いた『デンマークの王子ハムレットについての悲劇』(以下、『ハムレット』と略)の要約版も収められている。特にこの『ハムレット』はヴィゴツキーの文芸論としてだけでなく、彼の人間精神に対する基本的な姿勢が示されている。第4部は、読者や観客の情動的なものを喚起し、カタルシスとしての役割を持ったものとして芸術作品を論じ、そして演劇や美術、建築を含めて、広く芸術を心理的な側面から論じている。

本章では、前半部分にあたる第1部と第2部を取り上げ、後半の第3部以降は次の第3章でみていく。

1 『芸術心理学』の特徴

(1)『芸術心理学』の誕生とその背景

『芸術心理学』はヴィゴツキーが二十九歳の1925年に完成し、彼の学位論文となったものである。[1]だが、この本が日の目を見るのは、四十年後の1965年である。第二版が1968年に出ているが、日本語で読めるものはこの版である。[2]その後も版は重ねられている。何故、この本が長い間出版されないままだったのか、その正確なことは不明だが、ヴィゴツキー自身が内容的に不十分で、出版を控えていたとも、1925年以降は本格的な心理学研究を開始したために中断してしまったとも言われている（『芸術心理学』第二版のアレクセイ・レオンチェフの序文）。だが、ヴィゴツキー自身は出版の希望を持っていた。ヴィゴツキーがサハロフに宛てた1926年2月15日付の手紙には、出版社とも出版の合意はできていたと記されている（van der Veer & Valsiner, 1991, p.19）。長い間出版されないままになったのは、この本の前半部分はフォルマリズムについての議論がかなりの分量で書かれており、1926年頃から次第にフォルマリズム運動に対する批判と攻撃が強くなってきて出版ができない雰囲気になってしまったこともあっただろう。そのためにヴィゴツキーは外国で英語版として出版することも考えていたようだが、それも実現しなかった。

『芸術心理学』はヴィゴツキーの死後三十数年たってようやく出版されたが、この原稿は一時行方が分からなくなっていた。この原稿が映画製作者のエイゼンシュテインの書斎にあったのを発見したのは、記号学者で映像文化にも造詣が深いヴャチェスラフ・イワーノフ（Ivanov, V. V.）である（van der Veer & Valsiner, 1991, p.46）。イワーノフは『芸術心理学』の編者として詳しい注解を加えている。[3]

『芸術心理学』が書かれた当時、フォルマリズム運動が文芸学の中では盛んで、当然のことながらヴィゴツキーもロシア・フォルマリズムの問題について言及することが求められていた。もっとも彼の文芸学の立場はフォルマリズムには批判的で、フォルマリズムと一定の距離を置くアクメイズムの考えに近かった。

ヴィゴツキーは学生時代に『ハムレット』を書いている。彼の『ハムレット』は内容的にはシンボリズムの影響を受けたものである。また、彼が学生時代に熱愛していた哲学的詩人・チュッチェフの思想がハムレットの解釈には色濃く反映されている。これらはフォルマリズムとは一線を画すものであった。『芸術心理学』の第3部には『ハムレット』がきわめて短く要約された形で収められているが、元のものとは内容的にも、分析の視点でもかなり異なっていて、明らかにロシア・フォルマリズムを意識した内容になっている。

(2)『芸術心理学』のメッセージ――人間心理の探究

ヴィゴツキーは『芸術心理学』で文学を論じる中で、何を言いたかったのだろうか。そこにどのような人間精神についての心理学的メッセージがあるのだろうか。『ハムレット』と『芸術心理学』は文学作品を論じたもので、ヴィゴツキーの心理学研究とは関係のないものとして扱われることがある。モスクワ大学・心理学研究所で1924年から本格的に心理学研究を開始した十年間が、彼の心理学の研究であるとする考え方が強い。ヴィゴツキーの著書を体系的にまとめた英語版の "The collected works of L. S. Vygotsky" 全6巻でも、『ハムレット』と『芸術心理学』の二つは入っておらず、第6巻の最後に演劇論についてまとめた論文「俳優の創造的活動についての心理学的問題(On the problem of the psychology of the actor's creative work)」が収められているだけである。ヴィゴツキーの主要論文を一冊にまとめたファン・デル・ヴェーアとヴァルシナー(van der Veer & Valsiner, 1994)の "The Vygotsky reader" にも入っていない。

このように、ヴィゴツキーの初期の二つの著書については、心理学研究ではなく文芸学の研究であるということで、ヴィゴツキーの心理学の対象にはならないことが多かった。日本でも事情は同じで、これまで『芸術心理学』を積極的に取り上げることは少なかったし、ましてや『ハムレット』は、ロシア文学者の興味の対象にはなっても、心理学者が注目することはわずかであった。[4]

アレクサンダー・レオンチェフ（Leont'ev, 1990）は『ヴィゴツキーの生涯』で、『ハムレット』の文体も、芸術的分析の奥深さと洞察力の鋭さも高く評価しながらも、ここからは彼の将来の心理学に関する仕事を予知するような言葉は一つも見当たらないとさえ言っている。だが、この批評は正しくない。何故ならば、シェイクスピアが描いた「ハムレット」は、ヴィゴツキーが指摘しているように、人間と人間心理の中にある二重性、つまり明と暗、昼と夜、生と死、さらには言葉と沈黙の世界であり、ただ沈黙するしかない、言葉に出してはいけない世界である。シェイクスピアは、そこから生まれてくる矛盾と葛藤が人間心理の現実であり、現実の世界に通底するものとして見事に描いている。ここを読み落としてしまっては何の意味もないとヴィゴツキーは言った。ヴィゴツキーはここで、通常の心理学の手法を使わなかっただけである。

ファン・デル・ヴェーアとヴァルシナー（van der Veer & Valsiner, 1991）、ニコライ・ヴェレソフ（Veresov, N., 1999）は、『芸術心理学』、そして『ハムレット』をヴィゴツキー心理学の出発点に据える。彼らはこの二つの著書には、ヴィゴツキーが生涯心理学研究で問い続けた問題の基本的姿があると言う。ファン・デル・ヴェーアとヴァルシナー（1991）は、ヴィゴツキーが『芸術心理学』の中で彼の中心的課題であった文化的存在としての人間、個人と社会・文化の間で展開される弁証法的関係を、文学を使って論じていたと言う。文学は「複合的な文化装置」なのである（p.34）。ヴィゴツキーは文学を通して社会・

文化的側面を問題にした。これは明らかに、文学研究を超えたヴィゴツキー理論の主要なテーマであった。コズリンも"Vygotsky's psychology: a biography of ideas"(1990)の中の二つの章で、『芸術心理学』と『ハムレット』がいかに彼の心理学研究の源流になっているかを詳しく論じている。コズリンは、ヴィゴツキーが『芸術心理学』の中で文学作品を読者の意味と感動の世界と関連づけながら論じた発想は、ヴィゴツキーが生涯にわたって主張し続けた文化的道具論の起源になっているもので、シンボリックな心理的道具としての機能を文学作品に位置づけたと言う。このように彼は、ヴィゴツキーの二つの著書がヴィゴツキーの心理学研究にとって重要な位置づけにあると指摘する。

ヴィゴツキーが『ハムレット』と『芸術心理学』で扱っているのは、紛れもなく人間の心理の中にある問題である。これらは明らかに心理学の研究書である。文学作品には紛れもなく人間心理の具体的な姿が展開されているからであり、ヴィゴツキーはこのような視点で文学作品を論じた。ヴェレソフ(1999)は、ヴィゴツキーは情動とその解消としてのカタルシスの問題を、文学を題材にした人間意識の問題として扱ったと言う。まさにそれは、現実の人間心理が抱えている混乱と意味の二重性の世界である。

人は時には、現実の生活の中で様々な考え方や態度を持ち、また時には人間心理の中に矛盾が生まれて、それらを抱えている。この中から情動が生まれてくる。あるいはこの矛盾を解決しようとして活動を起こす。ヴィゴツキーは研究活動の後半期に、人間生活の中で生まれてくる「情動」の問題や、人間の具体的な姿を解き明かすことを目指した「具体性の心理学」を模索した。あるいは彼の代表作の一つである『思考と言語』では、思考することと話すことという二つの活動の間で起きている複雑な関係を問題にした。そこでも、社会的に共有されている言語体系と個人が持っている言葉の意味との間にある弁証法的関係を終始問い続けた。このようにヴィゴツキーの生涯にわたる人間心理の探究のはじまりは、『ハムレット』と『芸術心理学』にあった。この二つの著書と、その後、彼が世に送り続けた多くの研究をつなげてみると、彼の人間と人間心理に対する問いの立て方、そしてその解き方には、通底する一つの大きな流れがあることが分かる。

2　ヴィゴツキーの芸術理論──主観対客観の対立を超えて

『芸術心理学』の最初の四つの章は、ヴィゴツキーの文学理論についての批判的検討とその克服に向けての試論である。ここで主に取り上げているのは象徴主義の立場に立つアレクサンドル・ポテブニャ(Potebnia, A. A.)の詩的言語論と、それと対立するロシア・フォルマリズムの文学理論である。ヴィゴツキーはポテブニャの理論に対しては、個人のイメージ活動を文学の理解に求める主観主義に陥ってしまっていると批判する。これに対して作品内容とその形式を重視したフォルマリズムを、ヴィゴツキーはポテブニャのような主観的なものに拠らないものとして一定程度評価をしている。だが、彼は文学を理解するためにはフォルマリズムのような作品の形式的分析に終始するのではなく、個人の作品理解と感動の世界を正当に位置づけなければならないとも言う。文学の世界にある作品という外的なものの客観的側面と、作品から受ける個人の理解や感動といった内的な主観的な側面のいずれも排除することなく、両者を相互規定的な関係として扱うべきだという主張である。

（1）ヴィゴツキーとポテブニャ

ポテブニャは19世紀末のロシアの言語学と文学の世界に大きな影響を与えた言語学者である。特に彼の詩的言語論はロシア・フォルマリズムが登場する前のロシア・シンボリズムの理論的な支柱となっていた。彼の文学作品（主に詩学を対象にしている）の理解は、作品のイメージ（形象）形成という個人の活動を中心にしたものである。ポテブニャのこのような考えの背景には、彼の独特の言語観、つまり「内的言語形式」としてのイメージがある。彼はヴィルヘルム・フォン・フンボルト（Humboldt, W.）が言語論の中で、言語は作られた言語体系としての「所産（エルゴン）」ではなく、言語を生成する「活動（エネルゲイア）」によると言っていたことをかなり独自に拡大解釈をして、「活動（エネルゲイア）」を個人のイメージ生成の活動に帰した。さらに、言語はこのようなイメージを生成する人間の思考と知能の働きによって説明されるとまで言った。実は、フンボルトは言語を活動（エネルゲイア）だけで説明したのではなく、所産（エルゴン）としての言語体系との有機的な関係として考えていたのである。

ただ、フンボルトは「内的言語形式」を明確に説明していない。そのため、ポテブニャのような独断的な解釈が出てきてしまった。しかもポテブニャはフンボルトの外的音声形式から内的言語形式へという方向を逆転させて、内的形式のイメージが外的な音声形式の有り様を決めていると言ってしまった。[5] ポテブニャの、言葉の意味の根源的な起源は、内的な言語形式であるイメージによって音声と意味がむすびつくところにあるとする考えは、詩が持っているシンボル性を重視するロシア・シンボリズムの理論的基盤となった。そして、詩というジャンルを超えて、散文の場合もこの考えをあてはめていくようになった。ポテブニャの考えでは、芸術作品の内容を問題にすることなく、芸術を言葉の形象、つまり、イメージや象徴性という知的・認識的過程で説明してしまい、芸術作品の内容と結びついた情動的反応は脇に置かれてしまった。

ポテブニャは散文よりも詩を対象にしていたが、ポテブニャの考えを散文にも適用したのがポテブニャの弟子のドミトリ・オフシャニコ＝クリコフスキー（Ovsianiko-Kulikovsky, D.）である。ヴィゴツキーが『芸術心理学』の中でポテブニャ派の研究として取り上げて批判の対象にしているのは、オフシャニコ＝クリコフスキーのものである。オフシャニコ＝クリコフスキーがどのような人物で、どのような考えを持っていたのかはヴィゴツキーの著作からは分からない。だが、近年、トーマス・セイフリッド（Seifrid, T.）が“The word made self”（2005）の中で、オフシャニコ＝クリコフスキーの研究を取り上げ、彼の文学理論についてやや詳しい紹介をしている。また、嵐田浩吉（1996）には「Д・H・オフシャニコ＝クリコフスキーの生涯」という彼の文学、言語学研究を論じたものがあり、ここからも概要を知ることができる。オフシャニコ＝クリコフスキーは詩と同じように散文においても、その作品の意味を形成していくうえで言語的メッセージを内的なイメージとしていく活動を重視しており、詩の世界で主に展開されることが多い比喩や換喩といった自分なりの言葉で言い換える活動が散文にもあてはまると言う（１９０９年の「詩と散文の理論」。セイフリッドの説明に拠る）。ここでは作品としての散文の内容の違いを超えて、散文としての芸術と芸術的感動は読者の側の思考過程に求めるべきであるという考えがとられている。まさに芸術はイメージによる思考だということである。これに対してヴィゴツキーは、トルストイの作品を例にしながら、作品の表現の仕方が芸術作品の本質を生んでおり、作品を構成している要素と内容の違いを無視することはできないと批判する。

(2) ヴィゴツキーとロシア・フォルマリズム

ヴィゴツキーは、真の『芸術心理学』の構築のためには、芸術の主観的心理学と客観的心理学の両方を統合する必要があると考えた。つまり、作品から受ける読者の美的反応や美的印象を問題にするだけでなく、読者や観客の美的反応の基礎にある芸術作品を客観的に研究し、それらの相互関係を明らかにしなければならないということである。さらに、これらを歴史的、社会学的な視点も交えて研究していこうとした。これがヴィゴツキーの芸術心理学の目標であった。この発想は、彼が心理学研究においてとった基本的な姿勢でもあった。

彼は、これまで主流であった主観的、観念的な発想の芸術心理学を超えていこうとした。そのために、まずは芸術心理学に客観的に接近する道を探った。彼は次のように言う。「心理学者は何よりも物的証拠、つまり芸術作品そのものを取り上げ、それをもとにしてそれに相応した心理を再生させざるをえない。それによって心理とそれを支配する法則を研究することができるからである。…そこで、刺激の構造を分析しながら、私たちは反応の構造を再生する。」（邦訳 p.43. 以下、訳文として柴田による新訳版を用いる）。このように、ヴィゴツキーは芸術心理学の研究方法としてロシア・フォルマリズムに一定の魅力を感じていた。だが、彼はフォルマリズムのような作品の形式的分析だけでよいとは考えなかった。彼は研究で目指すべきことは「芸術作品の形式から、それの要素と構造の機能的分析を通して美的反応の再生と、それの一般的法則の確立」（邦訳 p.44）をすることであると言い、読者の反応という主観に属するものを無視しようとはしなかった。

革命と動きを共にしながら起きていた新しい芸術運動に、ロシア・フォルマリズムとロシア未来派があった。未来派もシンボリズムに批判の矛先を向けていた。シンボリストたちは現実の世界とは別の、それを超越した本質の世界があると考えたが、こうなるともはや観念的、宗教的な世界の中に入ってしまうことになる。このような現実を超越したシンボリズムの発想に、ロシア未来派だけでなく、フォルマリスト、アクメイストたちも強く反発した。文学作品そのものに向き合うこと、そして作品の持っているリアリティを重視する姿勢を彼らは追究したのである。このような流れからロシア・フォルマリズムは生まれた。

ロシア・フォルマリズムはモスクワ大学とペテルブルグ大学の学生たちによって1915年と1916年に開始された芸術運動である。「モスクワ言語学サークル」と「詩的言語研究会（オポヤズ、OPOIAZ：Obschchestvo izuchenia POeticheskogo IAZyka）」という二つの研究サークルである。[6] 彼らに共通していたのは、言葉、そして記号そのものが果たしている働きを復活させたことである。つまり、シンボリストのようにイメージなどを介在させることなく、言葉と記号によって対象を伝えることができると考えた。ここにはシンボリストに対抗する姿勢が明確に示されており、フォルマリストたちは受け手の主観的解釈を考慮に入れることなく、詩的言語や文学作品の内容から直接その世界を知ることができるとした。だから彼らが最初に積極的に取り組んだのは、ポテブニャが研究の対象にしていた詩的言語であった。フォルマリストはシンボリストのような詩的言語＝イメージの言語ではなく、もっぱら詩の音韻的側面を重視し、音韻が人間の意識と直接むすびついていると考え、詩の持っている音韻の分析を中心として、そこから直接詩の内容や読者の情動的態度を明らかにできるとした。

フォルマリストの代表的な人物の一人であるレフ・ヤクビンスキイ（Yakubinskij, L. P.）は「詩的言語の音韻について」（1919）の中で、詩的言語は人をことばの音《おん》に注意を集中させ、意識的経験を直接もたらしていることを強調している（「詩的言語の音韻について」は邦題では「詩語の音について」）。そして、この詩的言語と日常的言語を比べた時、日常的言語では、もはや音に注意を集中させるようなことはないが、詩的言語では音《おん》に対する意識的体験が行われ、ことばの働きが明らかになってくると考えた。これはフォルマリズムのもう一つの主張である、日常の中にある常識を見直す文学作品の「異化作用」の考えでもあった。ヤクビンスキイのこの短い論文は、ヴィゴツキーも『芸術心理学』の中で引用している。

ロシア・フォルマリズムが最初に散文ではなく詩的言語に取り組んだもう一つの背景には、彼らの理論的支柱となった言語学者ヤン・ボードアン・ド・クルトネ（Baudouin de Courtenay, J.）の存在があった。「詩的言語研究会」のメンバーは、ポーランド出身でペテルブルグ大学で音韻学を教えていたクルトネから、言葉の意味化の単位として音素があること、しかもこの音素が弁別的機能を有していることを学んだ。[7] ここからフォルマリストは、詩的言語を科学的に研究する方法を手に入れたのである。さらに、彼らがクルトネから学んだことは、日常的言語と詩的言語の区別である（桑野隆 1993「ロシア・フォルマリズム」p.221）。フォルマリストらは日常的言語の分析から離れて詩的言語、さらには文学作品が持っている構造分析へと向かっていった。フォルマリストは、文学作品から受ける感動や情動的反応を主観的な個人の側だけで論じるのではなく、作品が読者に直接伝えてくるメッセージを作品の素材と形式から論じることが可能になるという信念を持っていた。ヴィゴツキーも文学の科学的研究の一つの方法として、形式的アプローチを肯定的に受け止めていた。文学作品の科学的分析から文学固有の法則を導き出すことができるとしたところに、ヴィゴツキーは魅力を感じたのである。フォルマリストの代表的な人物でもあるヴィクトル・シクロフスキイ（Shklovskij, V.）が『散文の理論』の序文（1925）で、「わたしは、文学理論のなかの文学の内的法則を検討しつくしたいと思っている」と宣言しているが、ここにフォルマリストが文学作品の形式的分析によって文学を成立させる固有の法則を引き出そうとする姿勢が表れている。フォルマリズムは出発当初は、詩学とその音韻分析を中心に行っていたが、散文にも研究を広げていった。ローマン・ヤコブソン（Jakobson, R.O.）は「最新ロシア詩」（1921）で、「文学に関する学問が対象とするのは文学ではなく、文学性、すなわち、ある作品をして文学作品たらしめるものなのだ」（邦訳 p.48）と言い、文学性を明らかにするためには文学のジャンルを問わなくなった。

3　ヴィゴツキーのフォルマリズム批判と文学研究のさらなる動き

(1) フォルマリズムの限界

フォルマリズムが文学研究で行ったことは、文学の日常性からの脱却と文学の形式的分析の二つであった。前者は有名な「異化」の考えで、日常を見直すことに文学の働きがあるというものである。シクロフスキイは「方法としての芸術」(1917)で、芸術的表現が固定化、形式化してしまうと人に新鮮な感動を与えなくなると言う。文学はその働きとして自動化してはならず、これまであったものを否定し、異化しなければならないのである。たとえば、私たちは日常生活の中で行動が習慣化してしまうと、その行動をとったのかどうかも思い出さなくなり、無意識的なものになってしまう。あるいは事物がいつもの場所にあり、ありふれたものになってしまうと、そこにあることすら気付かなくなってしまう。自動化による節約であり、意識の消失である。だからもう一度「見直しをする」ことが必要である。絶えず異化すること、つまり非日常化しなければならない。はじめは新鮮さを持っていたものも常套句のように使っていくと次第に色あせたものになり、人の知覚すら呼び起こさなくなってしまう。芸術の目的は、対象を新しい視点で、改めて見直すことを促すことである。

文学(芸術)の発展は断絶と不連続の中で進んでいる。継承による直進ではなく、以前にあるものを否定=異化しなければならない。これがフォルマリズムが基本的に持った考え方であった。だが、このような文学が持っている異化、つまり常識を断絶させるという発想には、文学の歴史性の軽視がある。ヴィゴツキーはこの立場を取らず、芸術の中にある歴史的意味を重視する。歴史的な時間の流れの中で芸術は作られ、また存在していると考える。彼は『芸術心理学』の第1章第3節の「芸術の社会心理学と個人的心理学」で、芸術を理解し、研究していくためには個人の創造や芸術を理解し、享受していく個人の心理的過程と、芸術の中にある社会、歴史的なもの、特に芸術の文化的創造という側面の二つを問題にしなければならないと言う。彼の言葉である。「それぞれの文学作品のなかで作者自身が創造したものは何か、文学的伝統からかれがそのまま受け継いだものは何かを調べてみたとすれば、作者の個人的な創造といえるものは、わずかにあれこれの要素の選択、その組合わせ、一般に受け入れられている型の周知の枠のなかでの変形、いくつかの伝統的要素を別のシステムへ移し変えることなどにすぎないということに、私たちは、ほとんど必ずといってよいほど気づくにちがいない。…私たちは常に個人的な創造と文化的伝統という二つの要素があることに気づくのである。」（邦訳 p.33）。文学とその作品には文化的伝統が背後にあるという視点を持つべきだというわけである。彼が「芸術の社会心理学」と呼んでいるのは、芸術の背後にある社会的なもの、文化的伝統のことである。ここには、ヴィゴツキーが一貫して持ち続けた人間精神を社会、歴史的視点から論じていくという姿勢が、芸術と文学研究として明確に表れている。

後者のフォルマリズムのもう一つの特徴は、文学の形式分析である。彼らは基本的には文学作品の内容そのものは問題にしないで、あくまでも作品の形式的構造とその分析で文学を文学たらしめている「文学性」を明らかにしようとした。彼らは作品の素材の構成の仕方から作品を論じている。彼らが問題にするのは物語として用いられている題材、つまり具体的な出来事である「事柄（ファーブラ）」が、どのような順序で配列されているか、すなわちその構造形式である「筋（シュジェット）」であり、これは文学の形式を問題にすることである。シクロフスキイ（1919）は文学の内容を問うことなく、文学の形式で文学が何であるかを解くことができると断言した（「主題構成の方法と文体の一般的方法との関係」）。

ヴィゴツキーはフォルマリズムを次のように批判する。「素材の心理学的意義を理解しないということは、ちょうど形式の無理解がポテブニャたちを一面的な主知主義に陥らせたのと同じように、彼らを感覚論的一面性に陥らせる。」（邦訳 p.81）。彼らは芸術は形式がすべてで、素材は何の意味も持たないと言っているが、素材の選択が芸術作品においてどれだけ心理的作用の働きをしているかを考えてみるべきである。フォルマリストの内部からも、行き過ぎた形式分析を批判する声が出てくる。ヴィゴツキーは彼と親しい関係にあったヴィクトル・ジルムンスキイ（Zirmunskij, V.）の指摘を『芸術心理学』の中で紹介している。「手法のための手法、そのもの自体のための、何の目的ももたない手法というのは、手法ではなく、手品である」（邦訳 p.80）。方法だけが一人歩きしてしまい、解くべき本質を見失ってしまったら、もはやトリックでしかないのである。ジルムンスキイは、フォルマリストの内部から形式的方法を批判した数少ない一人であった。[8]

（2）文学研究における関係論的視点――ドミナント概念

フォルマリズムが詩的言語から散文へと研究対象を広げていった時、避けることができない問題として出てくるのが文学作品の素材間の関係と、その関係が生み出す全体構造の解明である。つまり、文学的な意味と価値を作り出している主調（ドミナント）とそこから生まれてくる部分と部分間、さらには部分と全体の関係構造を明らかにすることである。このドミナントは関係構造を支配するだけでなく、逆に関係構造からドミナントが描き出されるような動的な動きを持っている。ヴィゴツキーが『芸術心理学』の中で重視したのが、この「ドミナント」概念である。

「ドミナント」はドイツの哲学者、ブローダー・クリスチャンセン（Christiansen, B.）が『芸術哲学（Philosophie der Kunst）』（1909）の第5章「芸術の理解と批評（Kunstverständis und Kunstkritik）」で提出したものである。彼はこの章で、文学作品を構成している要素の中でも作品の全体のトーンを描き出していく働きをしているものがあると言い、これをドミナントと称した。もちろん、このドミナントの働きをしている要素だけが一方的に作品全体を覆っているのではなく、他の要素もドミナントと不可分な関係を持ちながら機能しており、全体と部分の相互連関によって作品世界が作られていることを強調している。[9]ドミナントの概念がロシア・フォルマリズムに導入されたことで、これまでの作品の形式分析という発想を大きく変えることになった。作品の形式分析を強調するフォルマリズムに違和感を持っていたヴィゴツキーにとって、ドミナント概念が広まっていくことはきわめて歓迎すべきことであった。

ヴィゴツキーは『芸術心理学』の第3部・美的反応で、散文（小説）の分析を行う中で、クリスチャンセンのドミナント概念を高く評価し、数ヵ所でクリスチャンセンの考えを取り上げている。ドミナントをきわめて簡単に言ってしまうと、作品の構造を決定する「中心（ドミナント）点」のことである（『芸術心理学』邦訳 p.209）。これだけでは分かりにくいが、ヴィゴツキーは続けて、次のような説明をしている。「実際、すべての物語、絵画、詩は、いうまでもなく、さまざまの段階でさまざまなヒエラルキー的従属関係で組織されたさまざまな要素からなる複雑な全体である。この複雑な全体のなかには常にある中心的で支配的なモメントがあり、それが物語全体の構造や、物語の各部の意味と使命を決定している。」（邦訳 p.209）。ヴィゴツキーは文学作品の構造を、全体と部分との相互規定的な関係としてとらえたのである。

ヴィゴツキーが『芸術心理学』を書いていた時期は、新しい心理学の構築を目指して要素主義を克服していくための理論構築を進めていた時でもあった。だから彼にとっては、文芸研究と心理学研究とは同じ問題を追究する対象であった。そして、後年、彼がゲシュタルト心理学に注目していく素地もここにあった。ヴィゴツキーは『芸術心理学』を完成させる直前に、ドイツでゲシュタルト心理学者たちとも会っていた。だからヴィゴツキーは『芸術心理学』の後半で、他人の顔を描いた肖像画を見る場合のことを、クリスチャンセンの説明を使って次のように説明をしている。肖像画は構成上の不動の中心を持つことがなく、肖像画の中に描かれている眼や、口はそれぞれの表情を表している。だが、また同時にそれらは相互に関係しながら、人物の精神性を全体として表現している。それがドミナントである（邦訳 pp.258-259）。まさにゲシュタルト的な知覚の話である。だから、散文の世界に戻ってみると、作品を構成している個々の要素、「事柄（ファーブラ）」の間で矛盾していることがあっても一向に構わず、それぞれの「事柄」が独自の表現をし、同時にそれらが相互に関わりながら一つの物語世界を描き出しているのである。作品の中の主人公の言動に矛盾や分裂があるようにみえながらも（たとえば「ハムレット」の作品）、それは一つの作品世界を構成している。ヴィゴツキーは文学というジャンルにこだわらずに、人間心理の中にあるドミナントの存在を心理学の問題として位置づけている。あるいは文学研究から人間心理の普遍的な姿を示すことができると考えた。ヴィゴツキーにとっては、文学研究と心理学研究との間に明確な境界線はなかったのである。

ロシア・フォルマリズムにドミナント概念が急速に広まることで文学研究は大きく変わっていったが、同時にこの概念をめぐっては研究者の間で微妙な違いがあった。ヴァレリー・グレチュコ（Grecko, V.）が「回帰する周縁――ロシア・フォルマリズムと『ドミナント』の変容」（2012）でこのことを詳しく紹介している。グレチュコによれば、ドミナント概念をロシア・フォルマリズムに移入させた人物に、ペテルブルグ大学で教鞭をとっていた哲学者のヴァシーリー・セゼマン（Sesemann, V.）がいた。ペテルブルグ大学にはオポヤズのメンバーもいたし、彼と直接関わりをもったフォルマリストもいた。セゼマンと親しい仲であったジルムンスキイ、そしてジルムンスキイの友人でもあったボリス・エイヘンバウム（Eikhenbaum, B. M.）といった人たちである。ジルムンスキイは形式分析を機械的に使うことには反対で、作品の中にある諸要素が機能的に連関して作品世界が作り出されていることを強調したが、この考え方の背景にはドミナント概念との出会いがあった。エイヘンバウムもまた、フォルマリズムに対しては賛否相半ばした態度をとっていた。彼らは文芸運動では共にアクメイズムを主導したマンデリシュタームとも交流を持ち、そこにヴィゴツキーも加わっていた。ドミナント概念については、ジルムンスキイやエイヘンバウムのようにフォルマリズムの革新を迫るような発想を持った人もいたし、シクロフスキイのようにフォルマリズムにこだわり、この枠の中に位置づけていこうとする人もいた。ヤコブソンも１９３５年に「ドミナント」という題名の論文を書いているが、「これはロシア・フォルマリストの理論の中で最も重要なものであり、よく練られた実り多い概念であった」と言い、ドミナントは「芸術的手法を規則正しく配列した階層構造である」（邦訳 p.225）と言ったりしている。フォルマリズムの枠を出ることのない物言いである。このように、ドミナント概念のとらえ方には微妙な違いがあった。

ドミナント概念の普及に伴って、フォルマリズムでとられてきた基本的な課題設定にも変化が出てきた。これまでは詩と散文の言語を区別することなく一つの形式分析で処理してきたが、ユーリイ・トゥイニャーノフ（Tynyanov,Y. N.）は１９２４年の「詩の語の意味」（『詩的言語とはなにか』所収）で、詩の言語と散文の言語では、そこで使われる「ドミナント」の内容が違っていると指摘するようになる。彼もフォルマリストの重要な人物であった。つまり、詩的言語ではリズムがその作品の主要な構成原理であり、散文の方は意味が構成原理の中心になっていると言う（彼は「ドミナント」を「構成原理」と称している）。さらに、トゥイニャーノフは内容を形式で説明してしまうという間違い、つまり「グラス（形式）とそこに注がれるワイン（内容）が同じだとしてしまったことを克服することがようやく最近になってできるようになった」とも述べている（「詩の構成要因としてのリズム」邦訳 p.11.『詩的言語とはなにか』所収）。

（3）ドミナント概念の広がり

ドミナント概念はロシア・フォルマリズムだけにその影響を与えたのではなかった。文学を越えた影響として、二つのことが指摘できる。一つは、エイゼンシュテインが映像理論として重視したモンタージュ理論に対してである。モンタージュとは、映像画面の構成と編集の仕方のことであるが、エイゼンシュテインは映画の中心テーマとなっているものを映像イメージとして的確に表現するためには、諸要素で全体をうまく構成していくような統一したイメージにすることが必要だとした。つまりドミナント的な構成のことである。彼の初期のモンタージュ論を展開した『星のかなたに』に収められている最初の理論的エッセイである「アトラクションのモンタージュ」（1923）で、彼は次のように述べている。これまでの主題に関する映像をただ静的に並べるのとは違って、「（あたえられた構成や主題の場面とはかけはなれてもまた作用する）随意に選ばれた、独立の諸作用（諸アトラクション）のモンタージュ、しかし一定の究極の主題的効果を正確に志向しているような――諸アトラクションのモンタージュが登場する」（『エイゼンシュテイン全集第6巻』邦訳 p.15）。この考えは、ドミナント概念の映像への応用であった。エイゼンシュテインの映画論には、ヴィゴツキーとルリヤとの交流が関わっていたという興味深い事実がある。

ドミナント概念が文学を越えて影響を与えたもう一つの側面は、ドミナントを脳生理学と心理学の問題として議論するというものである。前者の研究は生理学者のアレクセイ・ウフトムスキー（Ukhtomsky, A. A.）によって行われたもので、動物（ネコやカエル）が性的な興奮状態になっていると、肢の反射を起こすような刺激を与えてもこれには反射的な反応をしないで、性的な反応（しがみつくという反応）が強く起きることを見出した。ここでは反射的行動を抑制して、性的反応を優勢にする傾向があるということで、このような神経中枢で起きていることを「ドミナント」と呼んだ（van der Veer & Valsiner, 1991 および国分・牛山, 2006）。ウフトムスキーは生理学的事実としての「ドミナント」が人間精神の基盤にも通じると主張したが、この考えはヴィゴツキーにとってきわめて示唆的なものであった。ヴィゴツキーはモスクワ大学の心理学研究所でコルニーロフの下で人間行動の研究をしていたが、ウフトムスキーの考えは、ドミナントを人間精神が持っている全体的、綜合的な機能のユニットとしての意識へと結びつける契機になった。ヴィゴツキーは１９２６年の論文「ドミナント反応の問題」では、人間行動がドミナント原理によって組織され、そこでは人間が主要な行動を選択するという意識の問題として定式化できるとした（van der Veer & Valsiner, 1991,「テキストのドミナント特性からドミナント反応の研究へ」の項）。このような人間行動にみられるドミナントの発想は、ヴィゴツキー（1925）の「行動の心理学の問題としての意識」（『心理学の危機』所収）にも表れている。

4　ヴィゴツキーとアクメイズム

ヴィゴツキーは一部、ロシア・フォルマリズムの中の文学の科学的研究、客観主義に惹かれていた。だが、ヴィゴツキーはフォルマリズムに本格的に入り込んでいくことに躊躇していたし、フォルマリズムの根本的欠陥にも気付いていていた。このようなヴィゴツキーのフォルマリズムに対する姿勢と深く関係していたのが、フォルマリズムと同じ時期にロシアで生まれたもう一つの文学運動のアクメイズムであり、この運動を展開していた人たちとの交流である。ヴィゴツキーの『芸術心理学』にはアクメイズムという言葉は出てこないし、アクメイズムの人たちの名前もマンデリシュタームの名前が一回出てくるだけである。だが、ヴィゴツキーの著書を注意深く読んでみると、そこにはアクメイズムとの深い関わりを見出すことができる。実際は、『芸術心理学』と彼の最後の著書となった『思考と言語』の両方で、アクメイストの人たちの作品が多く引用されている。『思考と言語』ではあえてアクメイストの人たちの実名は伏せられているが、それは、この著書が書かれた頃の事情を考えればそうせざるを得なかったのである。実名を出すことは思想的に危険だったのである。アクメイストたちは危険思想の持ち主だとされていたからである。

（1）アクメイズムの文学研究とその思想

「アクメイズム（acmeism）」は1910年代に生まれたロシアの文学運動で、主に詩学を対象にした文学流派である。アクメイズムという名称はギリシャ語の acme、つまり最高の段階を意味する言葉に由来している。彼らは象徴主義から詩の技法を一定程度学びつつも、象徴主義が持っている表象主義や観念主義、あるいはその神秘性を批判し、あくまでも詩が持っている具象性や明晰さを追究した。このような姿勢は、マンデリシュタームが詩作を建築になぞらえて、建築のための素材となっている石と同じように、詩の素材である言葉を組み上げて詩作を重ねると言ったことに端的に表れている。だから彼は、聖ソフィア大聖堂やノートルダム大聖堂の建築美を詩にした、「アイヤ・ソフィア」「ノートルダム」といった詩をいくつか書いている。ここには、漠然とした感情的・叙情的なものを志向するのではなく、慎重に言葉を選び、それを組織しながら詩を築いていくという姿勢が表れている。ここに象徴主義とアクメイズムとの違いがある。彼らは全く新しい言葉、シンボルを創造していくと考えた象徴主義とは異なって、歴史・文化的なものを継承することを強調した。鈴木（2001）は次のように言う。「言葉というものは人間の文化と歴史を荷なうものであり、その言葉を使った詩も必然的に歴史文化の産物となるはずで、アクメイストたちはそれを意識した。」（p.117）。アクメイストたち、特にマンデリシュタームは、ポテブニャらが作っていった19世紀のロシア・アカデミズムの伝統を彼らなりに消化し、またフォルマリズムを横目で見ながら、それとはベクトルを異にする独自の詩学を展開していった（斉藤 1999）。

田村充正（1995）はアクメイズムを解説している中で、マンデリシュタームとアフマートワ（Ahmatova, A. A.）にとって、彼らの芸術運動とは次のようなことだったと指摘している。「マンデリシターム（引用文のまま）はアクメイズムを『世界文化への思慕』と理解する。マンデリシタームやアフマートワにとって、真の詩とは孤立して存在するものではなく、あらゆる芸術家が時代を超え、言語を超え、文化を超えて創造する世界的な詩テクストの一部である。未来派の詩人にとって古典作品が過去の呪うべき遺産だとすれば、アクメイズムの詩人にとって古典作品は様々な時代をつなぐ生きものであり、それは過去であるよりもまず未来であった。かくて『詩人は反復を恐れず、かろやかに古典主義のワインに酔う』ことになる。」（p.264）。

アクメイストたちは具象的な言葉によって人間と事物の関係を精密に再現することに意を注ぎ、文化的総体の一部として彼らの詩を位置づけた。このような芸術観は、ヴィゴツキーが人間心理を文化の中で考えていこうとする発想とも強くむすびついていた。

アクメイストは文化的連続性を重視し、過去の古典的文化遺産を精神的に継承することを意識していたが、これが革命の動きの中で起きた芸術運動では保守的である、反プロレタリアートであると批判された。十月革命後は反革命派の烙印を押されてしまい、マンデリシュタームは流刑の罪、グミリョーフは反革命分子のレッテルをはられて銃殺刑にあっている。マンデリシュタームはスターリンを批判する詩（その一部。「聞こえるのはクレムリンの山男、人殺し、百姓殺しの声ばかり」）を書いたということで、最終的にはスターリンのラーゲリに収容され消されてしまった。

それではマンデリシュタームやアクメイストたちはポテブニャの象徴主義を一蹴したかというと、そうではなく、ポテブニャの形象理論を言葉の具体性の世界に取り込んで再定式化しようとした。その姿勢はマンデリシュタームの『言葉と文化』（1928）の中の次の文章に表れている。「詩は内なる形象によって、つまり書かれた詩に先行して鳴り響く形式の型によって、生きたものとなる。言葉は一つとして、まだ存在していないが、詩はすでに鳴り響いているのだ。これは内なる形象が鳴り響いているのであり、それを詩人の聴覚が感じとっているのである。」（邦訳 p.26）。この議論はあきらかにポテブニャを意識したものであり、内容と形式を密接不可分なものとして扱うことの必要性を論じたものである。だから、ロシア・フォルマリズムのような発想はとらなかった。[10]

問題は形象という内的イメージをいかにして具体的な言葉（ここでは詩）によって形にしていくかということであり、形象（イメージ）だけで文学の作業を終えてはならないのである。ここにはヴィゴツキーがこの後も変わらず追究した、人間の言葉の中にある個人の言葉の意味世界、つまり語の意味と、社会文化的な言語体系である語の語義との間の相互連関の思想と同じものをみることができる。ヴィゴツキーはロシア・フォルマリズムでは説明し尽くせない言語と文学の世界、言葉の多義性の世界があること、そして、そこに迫っていける可能性があることをマンデリシュタームとアクメイズムの言語観に見出した。

(2) ヴィゴツキーとマンデリシュターム、そしてジルムンスキイ

ヴィゴツキーはマンデリシュターム、ジルムンスキイより五歳年下であったが、マンデリシュタームとは頻繁に会い、交流を続けていた。マンデリシュタームとジルムンスキイとは進歩的な学校として有名だっ

たペテルブルグのテニシェフ商業高校で同級生で（木村 1980：鈴木 2001）、フォルマリズムを批判的にみるという共通点もあった。マンデリシュタームの詩集（『石』や『トリスチア』）が革命に熱心でないという悪評が出た時もマンデリシュタームの詩を評価し、擁護したのはジルムンスキイとヴィゴツキーだった。[11]

ヴィゴツキーの『芸術心理学』を理解するためには、彼がマンデリシュタームやグミリヨーフらのアクメイズムに強い共感を持っていたことを確認しておかなければならない。マンデリシュタームはその詩作の出発にあたってチュッチェフから多くを学んでいた（鈴木 2001, pp.171-172）。そして、ヴィゴツキーもチュッチェフの詩を熱愛していた。

ヴィゴツキーの『芸術心理学』と『思考と言語』の最終章「思想と言葉」の二つには、マンデリシュタームの詩が引用されている。ヴィゴツキーの最初期と最後の著書で共通に使っていることから、『芸術心理学』と『思考と言語』の根底に流れている一つの思想を確認することができる。

『芸術心理学』で引用されているマンデリシュタームの詩は次のものである（邦訳 p.66）。

　　唇には、黒い氷が燃えるような
　　スティギイの音の思い出

他方、『思考と言語』の最終章のエピグラフの詩は次のものである（p.354）。

　　私は、私が言おうとしていた言葉を忘れてしまった

するとヽ肉体のない思想は、黄泉の宮殿に帰ってしまうのだ

正確を期すために、マンデリシュタームの詩の内容を確認しておく。ヴィゴツキーが使った詩は詩集『トリスチア（TRISTIA）』の中の「燕」という詩である（早川眞理・訳 2003）。

わたしは言いたかった言葉を忘れてしまった。
盲いた燕は影たちの宮殿へ還るだろう
ちぎれた翼はためかせ、透明なものらと戯れるために。
健忘症を病んだまま夜の歌はうたわれている。
・・・・・・・・・・・・
だが死すべき運命《さだめ》にある人間にも愛し認識する力は授けられ、
音すらも指のなかへ流れ入る、
けれどもわたしは言いたい言葉を忘れていた、
そこで肉体のない思考は影たちの宮殿へ還るだろう。

題名の『トリスチア（TRISTIA）』は、オウィディウスが流刑の地トミスで書いた『Tristitiae（悲歌）』から採られたものである。
『思考と言語』の最終章「思想と言葉」の終わりの部分で使われ、ある詩人の詩として紹介されている

詩句がある。

荒れはてた巣のなかの蜜蜂のように、
死んだ言葉はいやな匂いがする。

これは、同じくアクメイストのグミリョーフの詩「言葉」の最後の句である。この詩は詩集『炎の柱』(1921)に収められている(鈴木訳 1995)。

しかし私たちは忘れた　地上の大混乱の中
言葉だけが照らされたことを
そしてヨハネ伝から福音書へ
言葉──それは神なりと語られることを

私たちは言葉に境界をおいた
本性の貧しい境界を
そして閑散とした巣箱の中の蜜蜂のように
死んだ言葉は嫌な匂いをたてている

ヴィゴツキーはこの詩集を引用した後で、自己の思想がないような言葉は死んだも同然の言葉であると言っている。そして言葉によって体現されない思想は影のようにむなしい形しか成さないとも言う。詩の冒頭の「地上の騒乱のなか」が何を指しているかは明らかだろう。

そして、ヴィゴツキーは『思考と言語』最終章の当該の箇所で、言葉には自分の思想がなければならない、言葉の形式が存在するだけではそこに空虚さが残るだけであることを、再度マンデリシュタームの代表作の詩集『石』（早川眞理訳 1998）の一節を使って述べている。ヴィゴツキーが引用している一節「もや、鐘の音、ぽかんとあいた口」は次の詩からのものであるが、ヴィゴツキーは詩の内容を変えて引用している。

とぼしい光りが冷たい升で
湿った森に明るさを播いていく、
ぼくは悲しみを、灰色の小鳥のように、
心にゆっくり抱きしめて歩く。

この傷ついた小鳥をどうしたらいい？
天空は沈黙してしまった、息絶えてしまった。
霧につつまれた鐘楼から
だれかが鐘をとりはずしてしまった

空家《あきや》となり
音を失った高楼《たかどの》は立っている、
空っぽの白い塔のように、
霧と静寂につつまれて。

底知れず優しいこの朝《あした》、
夢と現《うつつ》をうとうとさまよう――
満たされぬわが忘我は――
物思いの霧につつまれた連鐘……

このように、ヴィゴツキーがアクメイストの詩人の詩を『芸術心理学』、そして何よりも『思考と言語』の最終章で引用していることから、彼の言語論の出発には、明らかにマンデリシュタームの言語論の影響があったことを示している。

ヴィゴツキーはマンデリシュタームが詩学の世界で展開した思想を散文学の世界に持ち込んで、アクメイズム的発想を使って文芸学を語った。ヴィゴツキーとマンデリシュタームとは深い交流を続けていて、ヴィゴツキーは彼が亡くなる直前までマンデリシュタームと会っていた。ヴィゴツキーが訪ねた1933年は、マンデリシュターム夫妻がレニングラードからモスクワのアパートに居を移してきた時であった。

マンデリシュターム夫妻は反革命の嫌疑で、定住が許されない国内逃亡者のような生活だった。モスクワに戻ってきた時には仲間が何人か訪ねている。マンデリシュターム夫人のナジェージダ・マンデリシュターム（Mandel'shtam, N.）が回想録の『流刑の詩人・マンデリシュターム』（1970）の中で、ヴィゴツキーのことを次のように記している。「その年（注：1933年のこと）、私たちはヴィゴツキーとも出会った。知慮深い心理学者で、『言語と思考』（引用文のまま）という書の著者でもあった。」（邦訳 p.243）。[12]

注

[1] この提出論文でヴィゴツキーには「第一級研究員」という称号が与えられたが、当時は修士や博士という学位がなかったためである。彼は病気で入院していたために審査は免除され、本人欠席のまま称号が授与されている（アレクサンダー・レオンチェフ 1990, 邦訳 p.66）。

[2] 柴田義松訳の『芸術心理学』（2006）は根津真幸との共訳による『芸術心理学』（1971）の新訳版で、ロシア語の1968年版を底本にしている。峯俊夫訳の『寓話・小説・ドラマ』（1982）は、『芸術心理学』の第3部・美的反応の分析の四つの章を邦訳したものである。柳町裕子と高柳聡子の『記号としての文化——発達心理学と芸術心理学』（2006）は、1986年第三版の『芸術心理学』を使って『芸術心理学』の第2部の三つの章を訳出したものである。このように『芸術心理学』の第2部と第3部については、柴田訳とは別の訳がある。

[3] イワーノフの注解は『芸術心理学』を詳しく理解していくためには重要であるが、柴田訳では分量の関係もあってこれらを短くまとめたところがいくつかある。峯と柳町・高柳が訳したものは、注解を省略しないで載せている。イワーノフの注解は本文だけでは分からないことを補ってくれる。

［4］日本でヴィゴツキーの『芸術心理学』を扱っているものに、岡花祈一郎（2007）と伊藤美和子（2010）、伊藤崇（2011）がある。伊藤（美）は、ヴィゴツキーの言語論をポテブニャの言語論との比較検討の中で一部『芸術心理学』を扱っている。ここでは『芸術心理学』でヴィゴツキーが批判対象としたポテブニャの言語論をヴィゴツキーのそれと比較して論じているが、ヴィゴツキーのフォルマリズムの考えについてはふれていない。岡花は、『芸術心理学』を「心理的道具」の問題であるとするコズリン（Kozulin, 1990）の論拠にもとづきながら、『芸術心理学』を心理学の研究として位置づけている。だが、岡花は『芸術心理学』の中からヴィゴツキーの思想をどう導き出せるかについて具体的に示していない。伊藤（崇）は例外的に『芸術心理学』の中の「ハムレット論」を扱っている。だが、「ハムレット」をロシア・フォルマリズムの文脈に素直にしたがい、事柄（素材）と筋（構造あるいは作品のモチーフ）の間で起きている矛盾として論じているだけである。どうしてシェイクスピアはこの事柄と筋の間で矛盾が生じるような複雑な形で戯曲を書いたのかという、最も大切なことを問題にしていない。

［5］ポテブニャの言語論では、言葉の語源的な意味は内的形式のイメージにあり、それが言葉の外的な形と意味に反映されてくるとしている。ヴィゴツキーは『芸術心理学』の第2章で、その例をあげている。「チェルニーラ：インク」という外的な言葉と音は内的形式のイメージの「チェルニーラ」（黒）からきており、さらに「赤インク（チェルニーラ）」という意味も生まれてくるというわけである。ポテブニャは内的形式が持ったイメージは後の外的形式の中に残されており、内的形式が外的形式の音や意味を方向づけていると言う。ポテブニャについては、ロシア文芸研究やロシア・フォルマリズムと関連させながら散発的に取り上げられることはあるが、彼の理論についてまとまって書かれたものは少ない。その中で比較的詳しい紹介をしているのが

山口巌（2008）と伊藤美和子（2010）である。

[6]「モスクワ言語学サークル」はヤコブソン、ヴィノクールといった大学一、二年の若い学生による芸術運動から生まれた。ペテルブルグ大学の「詩的言語研究会」には、シクロフスキイやヤクビンスキイ、エイヘンバウム、トゥイニャーノフなどがいた。「フォルマリズム」という名称は彼らがつけたものではなく、形式主義者という否定的な意味で彼らを揶揄して呼んだ名称である。彼ら自身は、言葉が持っている特殊な役割、つまり芸術の成立にとって欠かすことのできない形式とその特殊性を明らかにすることを目指したもので、我々を「特殊鑑定士（スペツィフィカートル）」と呼んでもさしつかえないと言う（エイヘンバウム 1924「フォルマリスト」問題をめぐって、ロシア・アヴァンギャルド6――フォルマリズム・所収）。ロシア・フォルマリズムについては、ピーター・スタイナー（1984）『ロシア・フォルマリズム――ひとつのメタ言語学』、ミシェル・オクチュリエ（1994）の『ロシア・フォルマリズム』があり、最近の動向については貝澤哉・野中進・中村唯史の編著『再考　ロシア・フォルマリズム――言語・メディア・知覚』（2012）がある。また、ロマーン・ヤコブソン（1980）の『詩学から言語学へ――妻ポモルスカとの対話』でも「モスクワ言語学サークル」誕生の一端が紹介されている。フォルマリズム運動も含めてアヴァンギャルドについて紹介したものには、水野忠夫（1985）『ロシア・アヴァンギャルド――未完の芸術革命』、桑野隆（1996）『夢見る権利――ロシア・アヴァンギャルド再考』、またフォルマリストらの重要論文を収めたものには、新谷敬三郎・磯谷孝・編訳（1971）『ロシア・フォルマリズム論集――詩的言語の分析』、水野忠夫・編（1982）『ロシア・フォルマリズム文学論集1・2』があり、主要なものはこれらで確認できる。

[7] クルトネの言語学はソシュール言語学ときわめて類似したところがあり、言語の恣意性や音の弁別性、

言語の共時態と通時態の区別、言語の個人的ニュアンスと言語の社会的性格などを指摘している。これらはソシュールとは独立に、しかもそれよりも早い時期に出されていた。ペテルブルグ大学の学生であった「詩的言語研究会」のメンバーはクルトネから直接影響を受け、他方、「モスクワ言語学サークル」のメンバーはソシュール言語学については言語学者カルツェフスキイを通して1917年にその存在を知り、共時態としての言語学の可能性を学ぶことになる。また、「モスクワ言語学サークル」ではモスクワ大学にいた言語学者で、フッサールの弟子でもあったシペートから現象学を学んでおり、言語研究を現象学的視点から分析するといったことも行っていた。この辺りの事情はヤコブソン（1980）の『詩学から言語学へ ―― 妻ポモルスカとの対話』から知ることができる。クルトネと彼がロシア・フォルマリズムに与えた影響については桑野隆（1979）の『ソ連言語理論小史 ―― ボードアン・ド・クルトネからロシア・フォルマリズムへ』に詳しい記述がある。またクルトネについては桑野の「ボードアン・ド・クルトネについて」（1975）もある。桑野の『ソ連言語理論小史』（1979）は、クルトネとロシア・フォルマリズムとの関係を語る時には欠かせない。

[8] ジルムンスキイについては日本でも紹介されることが少なく、ヴィゴツキーが『芸術心理学』で言及しているジルムンスキイの著書は入手できなかった。ジルムンスキイは「〈形式的方法〉の問題に寄せて」(1923)で、フォルマリズムは機械的に形式分析を文学作品にあてはめてしまったが、本来、研究は作品のテーマや内容が入ってきて完了すると指摘している(邦訳 p.244)。フォルマリズムの研究に筋を意味する題材構成(シュジェット）の問題が導入され（シクロフスキイとエイヘンバウムの論文において）一歩前進はしたが、まだ「ここにも例の典型的な形式主義的世界観が顔を出し、テーマ論の問題を犠牲にして構成の問題を提起してしまっている」（邦訳 p.244）と批判する。「〈手法としての芸術〉という公式と並んで、同じように法則性をもつ他の諸

公式も存在しうるはずである。たとえば、精神活動の産物としての芸術、社会的事実かつ社会的要素としての芸術、倫理的事実・宗教的事実・認識上の事実としての芸術などだ。」（邦訳 p.237）。ジルムンスキイはマルキストからはフォルマリスト呼ばわりされ、当のフォルマリストからは仲間外れにされていた（桑野 1988）。ジルムンスキイは1922年にはオポヤズを脱退している（スタイナー 1984, 邦訳 p.115）。

［9］クリスチャンセンがドミナントについて述べている第5章は233ページから267ページまでの33ページで、分量としては全体の350ページの中の一割弱である。フォルマリストたちに影響を与えた文章はこういうものである。「美的対象にある情緒的な因子のいくつか（Stimmungsfaktoren）が、全体の効果を与える時に同等に関わるようなことはわずかである。むしろ、逆に、多数の因子の集まりの中で一つの因子が前面に出、主たる役割を演じている。他のものは、一つのドミナント（Dominante）に随伴し、またドミナントと調和しながらドミナントを増強したり、対比を通して誇張し、さまざまなヴァリエーションを加えてドミナントを取り囲んでいる。ドミナントは有機的な肉体にある骨格と同じように全体の主題を内に含み、また全体を支え、全体との関係を作り出している。」（pp.241-242）。

［10］マンデリシュタームは「言葉の本性について」（『言葉と文化』所収）で、我々が持っている言葉の意味は語の形式的、公式的な語義の奴隷にはなっていないことを指摘して、次のように述べている。「言葉とは物ではなく、言葉の意義性とは、言葉自体の翻訳ということでは全くない。…最も適切で正確なのは、言葉を形象、つまり言語表象としてみることだ。…言語表象とは、諸現象の複雑な複合体（コンプレックス）、結びつき『システム』なのだ。言葉の意義は、紙の燈明の内側から燃えるのが見えている蝋燭としてみなすことができ、反対に、音声上の表象、いわゆる音素は、意義の内側に置くことができる。同じ蝋燭が同じ燈明の中に

あるように。かっての心理学は、表象を客観（オブジェクト）化することしかできず、素朴な独我論を克服しつつも、表象を何か外的なものとみなしていた。この場合、決定的な契機となるのは、所与性という契機であった。我々の意識の持つ所与性が、そうした所産を外界の対象に近づけ、表象を何か客観的なものとみなすことを可能にしていた。認識論をも含めた科学の、極度に急速な人間化が、我々をもう一つの道へと導く。表象は、意識の客観的な所与性としてだけではなく、肝臓や心臓とまったく同じ、人間の器官（オルガン）とみなすことができるのだ。言葉に即していうなら、このように言語表象を理解することは、広大なパースペクティブを開示し、有機的（オルガニック）な詩学の創造を夢見ることを可能にする。」（邦訳 pp.89-90。一部表現を変更して引用している）。ここで、マンデリシュタームが「音素は、言葉の意義の内側に置くことができる」と述べているのは、ボードアン・ド・クルトネが言語の社会的性格と区別される言語の個人的ニュアンス、ソシュールのラングと対比されるパロールを指している。引用文の後半で、言語表象という視点から「有機的な詩学の創造を夢見る」と言っているのは、フンボルトの「言語有機体論」の発想につながるものでもある。

[11] ヴィゴツキーとジルムンスキイはマンデリシュタームの詩集『石』の書評を文芸雑誌『レーチ（言論）』に寄せている。ヴィゴツキーの書評である。「マンデリシュタームは『キペルボーレイ』（出版社の名前）の詩人たちの中でもっとも才能のある詩人である。自身のパトスをまったくなおざりにせず、単純でありふれた言葉で語ろうとはまるでせず、彼は自分の作り物の中に純粋に留まっている。なんとまあそのすべてが冷たく自若たるものか、それは生活からなんと遠いことか。すべてに昔の書物の匂いが消えずに残っている。」なお、ファン・デル・ヴェーアとヴァルシナー（van der Veer & Valsiner, 1991）によれば、ヴィゴツキーの書斎にはマンデリシュタームから送られた『トリスチア』の詩のコピーが残されていたという（p.11）。以下は

ジルムンスキイの書評である。「彼の詩的関心の領域はかなり独特である。彼の詩を巷間に広めるにあたって、彼は聞き手に膨大な書物の知識と高度な文化的関心を要求する。」同じくジルムンスキイがマンデリシュタームに向けられた批判に対して彼を擁護した発言である。「古典的なスタイルの詩はすべてがそうであるように、マンデリシュタームの詩は非常に美しい形式の建築術である。もしも建築物が芸術的均衡の法則への服従を守っているのであれば、我々にとって建築家の『心理』や彼の個人的、人間的感情などなんの関係があろうか。マンデリシュタームは自分が建築家＝詩人であることを自覚している。」（雑誌『ロシア語の昨日・今日・明日』1921年）。なお、この注の内容は全て鈴木（2001）からのものである。この書評にあるように、ジルムンスキイは人間の文化と歴史を大切にしようとするマンデリシュタームの態度を高く評価し、擁護した。

[12] マンデリシュターム夫人は『回想録』の49「幻影」で、ヴィゴツキーのことにふれている。マンデリシュターム夫妻は1933年の秋にモスクワに戻って友人らと再会しているが、実はこの後、マンデリシュタームはスターリンを批判し風刺した1933年11月の例の詩を書いたことで、反革命文書作成の罪で流刑になっている。なお、マンデリシュターム夫人は夫・オシップの死後、1956年に詩的言語に関する論文（「アングロ＝サクソンの詩的記念碑を資料とした対格の機能について」）で文学修士の学位を得ている。指導教授は古くからの友人のジルムンスキイであった。

第3章　ヴィゴツキーがみた文学の世界――ハムレット、寓話、スターン

＜架空の対談＞

V：ヴィゴツキー、L・S／S：スタニスラフスキー、K／T：チュッチェフ、F

V：私は学生時代の最後の年にハムレット論を書き、後に『芸術心理学』の中にもこの論文を収めましたが、この論文を書くうえで示唆を受けたのはモスクワ芸術座のハムレットの公演でした。

S：たしかにこの公演では、私は英国の演出家であり、俳優でもあるゴードン・クレーグと一緒にハムレットを演出し、彼も見事にハムレットの内面を演技で表現してくれましたね。

V：これまで、ハムレットについては復讐を実行できない優柔不断な人間とか、父の復讐を果たすべきか否か、の選択に悩む青年の姿として論じられてきました。私はこのようなハムレット論ではなく、この若き青年が見た世界の深さと闇について論じてみました。

S：たしかに、ハムレットは亡き父親の亡霊に接することで、もう一つの別の世界、人生の彼岸をみてしまっ

た。そこから彼は現実を全く別の角度からみることになりました。

V：そうですね。私は『芸術心理学』の中で、文学を通して人間が持っている現実の本質、人間社会と人間精神にある二重性を論じてみました。この考え方は若い時から惹かれていたチュッチェフ、あなたの詩から影響を受けたものです。

T：私は自分の詩を通して世界の存在、そして人間の存在の中にある本質を描こうとしました。人間の中にある昼と夜、光と闇という世界の二重性という現実です。あるいは二重の無底です。

V：私自身、若い時にハムレットを演劇で手掛けましたが、ハムレットの世界は人間の本質を描いています。チュッチェフ、あなたが詩の世界で表現しようとしたこととそれは見事に結びついています。

T：そうですか。私は皆さんよりも一世代前の人間ですし、かなり前にこの世を去っていますが、私の詩をよみがえらせてくれて嬉しいですね。しかし、あなたは早熟な人ですね。

V：チュッチェフ、あなたはロシア的精神とその根源を見事にとらえてくれました。あなたは哲学的詩人と呼ぶのにふさわしい人です。

ヴィゴツキーは『芸術心理学』第3部・美的反応の分析の第5章から第8章の四つの章で、寓話、長篇小説の『トリストラム・シャンディ』、『やわらかな息づかい』、そして『ハムレット』を取り上げている。そこでは、ロシア・フォルマリズムが提起した形式分析を部分的に用いながら、ロシア・フォルマリズムにこだわることなく、この形式的な分析の限界を指摘しながら独自の論を展開している。ここでヴィゴツキーが主張していることは、作者が作品を通して実現しようとしている意味世界を解くこと、さらには読者の美的反応としての情動的な反応を解明しなければならないということであった。

この第3部で特に注目したいのは『ハムレット』である。ヴィゴツキーの『ハムレット』は、彼の芸術心理学を理解し、さらに彼の人間心理に関する思想を把握していく上では欠かせないからである。以下、『ハムレット』、次に『寓話』（第5章の寓話の分析と第6章の「かすかな毒」・総合をまとめて『寓話』と略記）、そして長篇小説の順に、ヴィゴツキーがどのような論を展開していたのかをみていく。なお、章末には、シェイクスピアの「ハムレット」の要約と、その元になった『北欧神話と伝説』にある「アムレード」、そして「デンマークの神話と伝説」の要約を載せておく。

1　ヴィゴツキーの『ハムレット』とその心理世界

(1)『ハムレット』、ヴィゴツキーの最初の文芸研究

ヴィゴツキーの『ハムレット』、正確には『デンマークの王子ハムレットについての悲劇』（邦題『ハムレット――その言葉と沈黙』、以下『ハムレット』と略記し、それ以外は「ハムレット」と表記）は、1916年、彼が二十歳の時に、在籍していたモスクワ大学とは別に通っていたもう一つの私塾的な大学である、シャニャフスキー人民大学を卒業するにあたって提出した論文である。

ヴィゴツキーの娘のギタ・リヴォーヴナ・ヴィゴツカヤ（Vygodskaya, G. L）と、ヴィゴツキーが残し

ていった資料の分析研究をしているタマーラ・ミハイロヴナ・リファノーワ（Lifanova, T. M.）によれば、ヴィゴツキーは『ハムレット』の第一バリアントを１９１５年の夏の休暇中に郷里のゴメリで書き、その翌年の１９１６年には第二バリアントをモスクワで書き終え、大学に提出している（Veresov, 1999, p.58）。

ヴィゴツキーは大学を卒業後ゴメリに戻り、そこの師範学校や他の学校の教師として美学や文学、心理学などの講義をしていた。彼は元々健康に恵まれず、また当時は食糧事情も悪く、家族が結核に罹っていたことも重なって、彼自身も結核に罹ってサナトリウムでの療養を余儀なくされていた。ヴィゴツキーの従兄弟のダヴィッドが１９２０年にゴメリを離れてモスクワに移動する際に、ヴィゴツキーは自分の余命が長くないと悲観したのか、ダヴィッドにシャニャフスキー大学時代に指導を受けた文芸評論家のユーリー・アイヘンヴァリド（Aikhenwald, Y.）に会って、『ハムレット』を自分の遺稿として出版できないか打診して欲しい旨を頼んでいる。アイヘンヴァリドもこの提案には好意的であったが、幸運にも病状は回復し、遺稿として出版しないで済んだ。だが、結局、この本が日の目を見たのは彼の死後であった（van der Veer & Valsiner, 1991, p.11; Veresov, 1999, p.58）。

この『ハムレット』は、ヴィゴツキーが亡くなった約三十年後の１９６５年に出版された『芸術心理学』に、第8章「デンマークの王子、ハムレットの悲劇」として要約版が収められている。１９１６年に書かれた『ハムレット』は『芸術心理学』の中の要約版とは別に出版されており、峯俊夫による日本語訳がある（『ハムレット――その言葉と沈黙』1970）。本文は全部で10章から成っており、日本語の活字にして２５０ページという比較的大きなものである。この本の巻末にはヴィゴツキー自身による注が多数付けられている。さらに、この『ハムレット』がヴィゴツキーの死後、単独で出版された時の編者である記号学者のイワーノフが新たに編注を付けている。これらヴィゴツキー自身による注とイワーノフの編注を合わせると全部で75個、60ページにわたるもので、その内容は精緻を極めている。これらの注で書かれている内容は実に興味深く、ヴィゴツキーの『ハムレット』を理解するうえで不可欠である。既に述べたように、『芸術心理学』第8章の「ハムレット」は要約版のため、ヴィゴツキーが『ハムレット』で語ろうとしたことを理解するためには、元の『ハムレット』にあたらなければならない。

『ハムレット』と『芸術心理学』の間にはおよそ十年間の時間の経過があり、オリジナルな1916年の『ハムレット』と『芸術心理学』の中の第8章の「デンマークの王子、ハムレットの悲劇」の間には、内容的に変わった部分と、変わらないままのところがある。『ハムレット』の訳者・峯俊夫が訳者あとがきで、十年後に『芸術心理学』の一部として書かれたハムレット論ではフォルマリズムの成果が大幅に取り入れられており、十年の間をおいて書かれた二つのハムレット論を併せて読むことはヴィゴツキーの批判態度の変わらざる部分と変わった部分とを知る上で興味ある点だと述べている（『ハムレット』p.311）。たしかに峯が指摘しているように、『ハムレット』にはロシア・シンボリズムの影響を受けながらもシンボリズムの主観的な解釈を乗り越えていこうとする姿勢があるし、ロシア・フォルマリズムの発想が一部入っているが、さらに、『芸術心理学』の「ハムレット論」になると、元のものよりロシア・フォルマリズムの影響が相対的に大きくなっている。ヴィゴツキーは『ハムレット』では、作品構造にロシア・フォルマリズムで言うファーブラ（事柄）とシュジェット（筋）を使っての平行関係があることを指摘して限定的に使っているだけである。つまり、ファーブラとシュジェットの二つの方向で悲劇が生まれてくることを指摘しただけで、ロシア・フォルマリズムのような形式分析を行っていない。その後の『芸術心理学』ではロシア・

フォルマリズムの記述が増えて、ハムレットの作品を単に主人公の性格で説明したり、読者の側の解釈に委ねてしまうような立場ではなく、作品の構造的特徴に注目して、作品のストーリー展開と作品構造の側面から説明していこうとする。もちろん、彼はフォルマリズムの分析には懐疑的であった。たとえば、『芸術心理学』の第8章で、フォルマリストのエイヘンバウムがシェイクスピアは主人公の心理とか性格を描いていないし、我々も心理を研究するために「ハムレット」をみるのではないのだと言っていることに対して、ヴィゴツキーは主人公の性格や心理の選択は作者にとってどうでもよいことではなく、重要なことだと反論している。そもそもハムレットに別の性格を与えたとすると、この作品（戯曲）は完全にその力を失ってしまう。主人公の性格はこの作品の美的側面に非常に大きな意味を持っている。[1] ヴィゴツキーが『ハムレット』と『芸術心理学』で共通に指摘しているのは、ハムレットが抱えた悲劇の存在である。

それではこの悲劇とは何だろうか。それは、ハムレットが父の亡霊の告白を聞いて、昼の明るい現実の背後に存在するもう一つの人間心理の現実の姿である闇の世界を知ったこと、言葉では表現できない世界の存在を知ったことからくる悲劇である。もちろん、これを悲劇とするかどうかは、後でみるように議論の余地があるところである。ヴィゴツキーはこの二つの著書で共に、この二重性からくる悲劇を語っている。

『ハムレット』と『芸術心理学』第8章の「ハムレット論」の違いに注目してみると、前者ではハムレットの精神世界の背後にある宗教の存在を指摘している。ヴィゴツキーの『ハムレット』第1章のタイトルは「昼と夜の境――悲劇の底にあるもの」である。昼と夜の境は、夜明けの直前のことであり、昼の現実が表れてくる前にある闇の非現実の世界である。それは生と死の二つの世界のことでもある。そこには現実の世界と背後にある闇の世界、見えない世界がある。我々の生きている現実の世界、つまり一見すると平穏無事な世界の背後には、語ることすらできない理解を超えた不可解な世界、悲劇の世界がある。この二重の世界こそが人間の現実である。このようにヴィゴツキーはハムレットの世界をとらえた。

この昼と夜、光と闇の二つの世界の存在を自覚したのは、実はヴィゴツキー自身だった。彼自身も『ハムレット』を書き上げた時には結核の病で死の覚悟をしていた。闇と光の境で起きるこの不安定な「刻」は、旧約聖書の「イザヤ書」第21章12に由来するものである。この章の注記7でも、「イザヤ書」に依ることが書かれている。「夜回りよ、いまは夜のなんどきですか、夜回りよ、いまは夜のなんどきですか。」夜回りは言う、「朝がきます。夜もまたきます。もしあなたが聞こうと思うならば聞きなさい。また来なさい」（邦訳 pp. 250-251）。もうすぐ朝が来るが、朝の後にはまた夜が来るという現実を言ったのである。あるいは現実の姿を直視し、自らの問題とする覚悟をせよということである。悲劇は繰り返される。これが現実の本質であり、この現実を自覚することを通してこそ、人間は現実の中で生きていこうとするのではないだろうか。あるいはこの現実の本質を描くことができるのも宗教なのかもしれない。

心理学は昼の世界、明るい現実の世界しか描いていない。それは同時に、人間の本質を描いていないともいえる。日常の中にある非日常、現実の中にある非現実、あるいはその逆という存在を問わなければならないだろう。絶望があるから希望がある。だからこそ人間の回復を目指そうというメッセージを、ヴィゴツキーは『ハムレット』に託した。

（2）『ハムレット』の解釈と評価、その誤解

ヴィゴツキーの『芸術心理学』第8章の「ハムレット論」は、これまで出されてきたこの戯曲についての間違った解釈と評価を払拭することから始めている。誰もが知っているハムレットの名言、"To be or not to be, that is question" は第3幕第1場で語られるハムレットのセリフであるが、ここからハムレットの優柔不断さというイメージがいつも付いて回っている。実はこのセリフは「生きるべきか、死ぬべきか、それが問題だ」と訳されることもあるが、これが語られている場面のつながりからすると「父の復讐を果たすべきなのか、それともあきらめるべきなのか」という選択に悩む青年ハムレットの姿を表現したセリフである。それでは、決断することができないでいる優柔不断なハムレットという人物の性格として解釈してよいのかということである。この二つの選択の間の矛盾を抱えた青年の心の中で何が起きているのか、この人間の内面世界をシェイクスピアがどのように作品として描き、我々に何をメッセージとして伝えようとしたのか、そのことを解かなければならない。そうしなかったなら、この名作を理解したことにはならない。単純に行動を起こすことを決断できない人物としてハムレットをとらえることは無理なのである。むしろ、行動を起こさなかったその背景にあること、そこでハムレットが抱え込まざるを得なかったことが問題なのであり、これがこの作品の核心にあることだった。このようにヴィゴツキーは考えた。

だが、ヴィゴツキーのように問題を立てて論じる人は多くはなかった。戯曲・ハムレットでいつも議論になるのは、ハムレットがどうして父の復讐をいつまでも実行することなく一見無駄と思えるような時間

や出来事が経過してしまっているのかということである。もちろんシェイクスピアは一つの意図の下にこのような展開の仕方を戯曲で書いたが、その意図も、またハムレット自身が優柔不断であるとも書いていないので、評論家は復讐をいつまでもしないことをいろいろと推測・解釈することになる。ヴィゴツキーは、亡霊として現れた父親から復讐をするように求められたハムレットは、ことのあまりの大きさに押しつぶされてしまう意志薄弱な人間として解釈されることが少なからずあることを指摘する。これとは違うもう一つの解釈に、ハムレットが復讐を実行するためにはあまりにも障害が多すぎたというのがある。まわりの人間の妨害のために、実行に移すことができなかったと解釈した。しかし、ハムレットの優柔不断さやまわりの妨害工作のために復讐が実行できないというだけでは、ハムレットが抱えた悲劇の本質を説明することはできない。そもそもハムレットが優柔不断であるといったことは、作品にはどこにも書かれていない。ヴィゴツキーは、ハムレットの悲劇も謎も、作品のどこをどう読むかを正しくとらえることによって明らかになると主張する。

(3)「ハムレット」と人間心理の本質

(i) ヴィゴツキーの「ハムレット」分析の特徴

それでは、ヴィゴツキーはハムレットをどのように読み、この作品から何を引き出したのだろうか。ヴィゴツキーが『ハムレット』を書くに当たって大きな刺激を受けたものに、モスクワ芸術座における1911年のハムレットの公演がある（Veresov, 1999, p.60）。この公演はスタニスラフスキーの演出により、イギリスの俳優で演出家でもあるゴードン・クレーグ（Craig, G.）が演じたものである。実際、『ハムレット』の中でも、ヴィゴツキー自身の解釈とこの芸術座上演の構想とがきわめて近いことが注で書かれている（『ハムレット』邦訳 p.262）。スタニスラフスキー自身が「ハムレットが人とはちがった者になってしまったが、それは父親がもだえている死後の世界、人生の彼岸を一瞬のぞき見たからである。この瞬間から リアルな現実は彼にとっては別のものとなった」と指摘し、このような視点でこの戯曲を演出したと述べている（『芸術におけるわが生涯』1924）。これがヴィゴツキーの「ハムレット」の解釈に強く影響を与えていた。[2] 実際、ヴィゴツキーは『ハムレット』で、この視点を共有しながら作品の分析と解釈をしている。

ヴィゴツキーの『ハムレット』の序章と第1章は、この作品をどのように読み、解釈するかという視点＝仮説の提示である。ヴィゴツキーはハムレットの悲劇とその現実、そして矛盾からくる悩みは作品の中に語られていると言う。つまり、殺された父の亡霊の告白、そして殺人の恨みをはらせと命令する声、同時にデンマーク王家の名を汚したり、お前の心を堕落の色に染めたり、母を害するような計画を持ってはならぬといった説明しがたい内容。この悲劇の現実は、作品中の登場人物の形象、筋、セリフ等として表れている（同上邦訳 p.28）。彼は言う。「登場人物の性格から生じないような犯罪、破滅その他の事件に彼らを引きずって行くある運命的な、避けがたい（中略）悲劇の意味全体を決定するのは、悲劇のこの二つの部分――筋、すなわち事件の進行と、登場人物――の相互関係である」（同上邦訳 p.52）。そして悲劇の言葉として語られたものを読み取らなければならないと。

このような主張には、ヴィゴツキーがシンボリズムとフォルマリズムに対してとった姿勢が表れている。つまり、ヴィゴツキーは、一切の芸術作品は象徴的であるとして、シンボリズム的な発想を捨ててはいないし、最終的には作品を通して感じる読者の心理的効果を無視して芸術を論じることなどできないという立場をとっている。しかし、彼はシンボリズムを乗り越えようとする。下手をするとシンボリズムは読者による多様な解釈を認めることになり、どんな解釈をも許容してしまう。それでは何も解釈しないことと同じことになってしまう。そうではなく、解釈とそれを方向づけている作品内容とを一体にして論じなければならない。だから、作品の中で展開されている筋（シュジェット）と事柄（ファーブラ）の二つの間で起きている矛盾がハムレットの抱えた矛盾を見事に作り出しているとする、フォルマリズム的な作品分析を同時に使っている。つまり、話の筋はハムレットが父親の復讐をすることは明白なのに、実際には復讐がいつまで経っても行われず、また話の展開に迂回が起きているという矛盾である。ここまでだとフォルマリズム的解釈そのものになってしまうが、ヴィゴツキーは、シュジェットとファーブラが与える二つの矛盾する方向で主人公ハムレットは悲劇を体験し、同時に読者、あるいは観客がこの主人公と自分を重ね合わせることで主人公の心理を体験することになると言う。このことが読者と観客に悲劇として感じられる永遠の真理をもたらしている。

あるいは、ヴィゴツキーは次のようにも指摘する。「われわれが悲劇の意味を感知しようと考える二つの部分――戯曲の筋（ファーブラ）と人物のほかに、もう一つの部分――この《相互関係》を包み、それに独特の外観を与えているかのように極めて重要な部分――がある。われわれが言うのは、悲劇の見えざるふんい気であり、悲劇の叙情性《リリカ》、《悲劇の音楽》、それのトーン、気分のことである」（同上邦訳 p.52）。ヴィゴツキーは、最も大切なのは登場人物や彼らの行動、運命の描写といったフォルマリズムの分析で示されることだけでなく、「人物と人物との間の間隔をみたしているあのとらえがたい空気、人物と状況の結合から生じる悲劇的なもののあの無限の遠方」（同上邦訳 p.53）なのだとも言う。言葉と行動の個々の記述とその分析だけでは説明し尽くすことができず、作品＝戯曲全体を通して感じられるもの、それを呼び出さなければならないのである。

ここで注意をしておきたいのは、ヴィゴツキーが『ハムレット』で使っている筋（シュジェット）と事柄（ファーブラ）は、ロシア・フォルマリズムの使い方とは逆になっている点である。これはヴィゴツキーが交流を持ち、また文学理論にも影響を受けたマンデリシュタームらのアクメイズムの使い方である。ヴィゴツキーはこの後書いた『芸術心理学』では、ロシア・フォルマリズムの流儀に従って「ファーブラ＝事柄」、「シュジェット＝筋」という使い方に変更している。だから『芸術心理学』では、フォルマリズムの伝統に従って、ファーブラを事柄と呼ぶフォルマリストの用語を使うと断っている（『芸術心理学』邦訳 p.193）。

「ハムレット」の読み方として、絶対にやってはいけないのは、ファーブラ、シュジェットの組み合わせ方、ここに矛盾があるという作品構造だけでこの作品のテーマである悲劇を説明してしまうことである。これでは説明すべき順序が逆転してしまう。作品のテーマが先なのである。ヴィゴツキーが言いたかったことは、ハムレットが抱えてしまった闇の世界（第二の世界）とそれが示す人間の現実、明るい昼の日常の世界（第一の世界）からは決してみることができない世界を知ってしまったという悲劇、それは人間が抱えている現実の姿だということである。

亡き父親を通して実の弟によって殺されたという現実の悲劇を知ってしまったハムレット。私利私欲に走り、奸計にいそしむ者の欲望の深さとその闇を知ってしまったことからくる悲劇。これは何もハムレットの世界だけではない。現実の我々の世界のいたるところにある悲劇である。だからヴィゴツキーは、このハムレットは永遠の意味を持っていると考えた。ヴィゴツキーはハムレットから人間心理の真髄にあるものを言い当てている。外的なドラマの背後にはもう一つの内的なドラマがある。あるいは外的な、耳に聞こえるセリフのかげに、内的な、沈黙のセリフがある。

(ⅱ) ヴィゴツキーの「ハムレット論」――二つの精神世界

ヴィゴツキーの「ハムレット論」で最も注目しなければならないのは、ハムレットが抱えた二重性の存在である。この作品には二つの世界の展開があり、またハムレットの内的世界の二重性がある。この問題を詳しく論じているのが、ヴィゴツキーの『ハムレット』第4章「ハムレットの両世界性」である。この章の副題である「亡霊との出会いの意味」の通り、ハムレットは父の亡霊と出会ったことで、別の世界に入ってしまった。《線の向こう側》《境界の向こう側》へ行ってしまった（『ハムレット』邦訳 p.105）。「ハムレットは別の世界に触れ、その世界から現世の秘密を知り、この世界の境界まで行きつき、それを踏み越え、その向こう側を覗き見た。そして劇全体を照らしている、しかも悲愁の悲劇的な炎のなかで、ハムレットのすべてをなすところの、墓のなかの、棺のなかの秘密のもつあの一切を灰としてしまう光を、魂のなかに永遠にもち運ぶことになったのである。」（同上邦訳 p.109）。

そして、ここからハムレットは常人とは違った人間、普通の人間ではなく、新たに生まれ出た人間になってしまった。ヴィゴツキーは次のように言う。「ハムレットは生の圏外に引き出され、一切から、過去の一切からのつながりを断ち、別の世界に接触し、墓の彼方との交信をもった。一瞬――秒の極小部分かもしれない――にせよ彼は、別の世界、第二の、秘密の、夜の、未知の世界に沈んだ。そして彼はすでに永遠にちがった人間となっている。一切を彼は拭いさり、いつまでも亡霊の言葉をおぼえている。この点を忘れてはいけない。」（同上邦訳 p.111. 一部文章を改変）。ヴィゴツキーはここにハムレットのすべてを理解する鍵があると言う。いつも亡霊とつながっている。向こうの世界から呼びかける言葉のなかでハムレットは亡霊とつながり、二つの世界とつながっている。

彼が二つの世界を同時に生きていることは、次の第5章「二つの世界での二つの生――狂気の二重性」で語られる問題でもある。ハムレットが二重の世界で生き、この二重性を解消できない、解消してはいけないという事実からくる悲劇である。そして彼の意識もまた二元的である。「二元的な意識――昼的なものと夜的なもの、自分の自由意志によるものとままならぬもの、良識と《狂気》、理性的なものと超感覚的、神秘的なもの――も二つの世界での二つの生存に相応している。」（同上邦訳 p.129）。この夜的な意識は表現を持たず、沈黙のうちに通りすぎ、昼の意識のうちに埋没してしまっている。そして昼の側面からすると狂気のように映ってしまう。このようにヴィゴツキーは言う。実は、この文章にはヴィゴツキー自身が次の注を付けている。「この第5章のタイトルとしてチュッチェフの詩を用いてもよいかもしれないが、それはこの詩の一つ一つの言葉が驚くほどぴったりとハムレットにあてはまるからである。この詩はハムレットのすべてを、この詩の題名の中に与えている。」（『ハムレット』邦訳 p.270）。チュッチェフの詩の題名というのは、1855年に書かれた「おお預言的なわが魂よ…」である。この詩の一部はヴィゴツキーの注にもあるが、ここでは完全を期すために本章の注として坂庭淳史（2007）の訳を載せておく。[3]

何故、ヴィゴツキーはハムレットを論じながらそこにチュッチェフの詩を重ねるのだろうか？ 彼は二つの作品から、人間精神の中にある本質の姿を見出したのである。それはまさに、人間精神の中にある昼と夜、光と闇という二重の世界の存在であり、それに気付いてしまった悲劇である。いち早くチュッチェフの重要性を発見し、そこにロシア的精神の本質が描かれていることを見抜いた井筒俊彦は、1951年の『露西亜文学』の「チュッチェフ」の冒頭で、チュッチェフを「夜の精神」と呼ばれるにふさわしい、夜の深さを胸に秘めた詩人であると言う。彼の詩の底には表現されないもの、直観で感じるしかない夜の渾沌（カオス）が蠢いている姿がある。さらに井筒はこうも言う。このカオスを見てしまった人は通常の人ならば素通りしてしまうような非日常的なものが持っている意味を知ってしまったのであり、宇宙、もっと言えば人間存在の中にある本源的な根基に触れてしまった。このような人は、魂に二度と消しがたい傷痕を刻印されてしまった不幸な人ではあるが、同時にこの人は恐怖に充ちた美、本当に深い美を知った恵まれた人でもある（以上 pp.140-141）。井筒はチュッチェフの詩は認識の詩であり、この詩の美は認識の美であると言う。井筒は『露西亜文学』のすぐ後に『ロシア的人間』（1953, 弘文堂版）を書いているが、ここでもチュッチェフは詩が持っている特権を世界の表皮や外殻を透き通して本質をとらえていくことに求め、それこそが詩的直観の認識作用であると述べている。井筒は次のような文章を続ける。「彼が眼を凝らしてじっと眺めていると、今まで硬い美しい結晶面をなしていた実在世界の表面が、みるみるうちに溶け出して、やがて、あちこちにぱっくり口を開けた恐ろしい亀裂から、暗い深淵が露出してくる。絶対に外には見せぬ宇宙の深部の秘密を、禁断を犯してそっと垣間見る、その不気味な一瞬の堪えがたい蠱惑！恐怖に充ちた暗黒の擾乱の奥底を、身の毛もよだつ思いをもって、詩人は憑かれたように覗き込む。だからこの詩は普通の意味では決して美しくない。美しい世界を美しく歌う詩ではなくて、その対象は恐怖と暗黒の異様な光景だ。しかしまたそれが、見方によっては、実に譬えようもないほど劇しい美をもっているのだ。存在がその窮極の深みにおいて、いかに恐ろしいものであり、また同時にいかに美しいものであるかということをこの詩人は痛切に知っていた。」(p.179)。このように、チュッチェフの詩を読んでいた井筒とヴィゴツキーとは、驚くほどの一致がみられるのである。

井筒は先の『露西亜文学』の中で、ロシア精神の中には巨大な矛盾や不調和があり、不調和だからこそ絶対的な調和へのあこがれもまた強いと言う。そもそもそれは、ロシアの巨大な自然、限界を知らない大地の中から出てきたもので、西欧の自然から遊離、独立した文化とは異質なものである。こういう中で生きている人間の本当の姿、正体を文学の中で追究してきたのである。ロシアの文学者は人間という存在、人間の正体を解き明かす問題に挑んできたこと、そして、それは人間が巨大な宇宙的スフィンクスの謎だからである。この謎が解ければ全存在の意味が分かり、宇宙の根本的謎が解けるからである(井筒『露西亜文学』第1章)。だから、井筒はロシア文学は全体として「人間とはなんぞや」という問題を自分の存在から考えていく人間学であり、哲学的人間学なのだとも言う(同上 p.16)。

日本でチュッチェフについて言及しているものは井筒の『露西亜文学』、『ロシア的人間』の他に、坂庭の『フョードル・チュッチェフ研究』(2007)、坂庭「チュッチェフの詩『白鳥』をめぐって——『二重の無底』とは何か?-」(2013)があるが、その重要性に比べて取り上げられることは少ない。

ハムレットは「この世の関節がはずれてしまった」(『ハムレット』邦訳 p.220)と感じてしまった。あるいはジル・ドゥルーズ(Deleuze, G.)が『差異と反復』(1968)の中でこのハムレットの言葉をもじって「おのれの蝶番からはずれてしまった」(邦訳 p.220)と言っているが、ドゥルーズに言わせると「蝶番」とは、すべての能力を回転させ収束させていた共通感覚、コモン・センスであり、当たり前のことと信じて疑うこともなく同じことを繰り返し行動させていたものである。ところが、この「反復」を疑い、止めてしまった時に、これまでの言葉や行動は無効になってしまう。その時にはただ沈黙があるだけ、行動を止めるだけである。ここにハムレットがとらざるを得なかった行動の真相がある。

目に見える行動は、常に昼間の世界の中、生の現実としてである。だが、ハムレットはこの世界の外、生の外にいる。だからハムレットが何もしないでいたり、理解不可能なことをするのは、彼の性格からではなく、劇全体からしか説明できない。「来世的な力の支配下にあって、自己の意志を隷属させ、別の世界につながらせたハムレットを通じて、この第二の世界、この来世的な力が劇の動き全体に影響を与えている。来世的な力の意図が現実的なもののなかに目だたないようにあみこまれている。…悲劇への意志の隷属によって一切は説明される。この悲劇的自動現象のなかに一切が、ハムレットの個人的な悲劇も、悲劇全体の意味もある」(『ハムレット』邦訳 pp.145-146)。これこそがヴィゴツキーが『ハムレット』で言いたいことの主要部分である。

先のドゥルーズが『差異と反復』で何度も指摘していることだが、行動として見えないもの、彼の表現を借りるならば、潜在的なものと現働的なものが同時に存在し、またこれらは深く関わっている。そして、ヴィゴツキーは、言葉をたえず表に表れている部分と言葉の裏側にある部分の二つとしてとらえていた。ヴィゴツキーは表に表れた言葉の世界の裏側には、沈黙や語られないもう一つの世界があることを言いたかった。はっきりと言葉で示された明るい世界、透明な世界だけでは、平板な厚みのない世界になってしまう。私たちはもう一つの世界を抱えている。ヴィゴツキーは言葉をいつも問題にしていたが、だからこそ言葉では言い尽くせない世界、言葉が持ち得ない世界があると考えた。それはヴィゴツキーの情動論であり、人間の具体性を論じた彼の後半期の研究である。

2　ヴィゴツキーの寓話の分析

ヴィゴツキーは『芸術心理学』の第3部・美的反応の分析で二つの章（第5章・寓話の分析、第6章・「かすかな毒」・総合）を使って寓話を論じている。ヴィゴツキーはどうして二つの章を使ってまで寓話を問題にしたのだろうか。以下、ヴィゴツキーが寓話を詳しく論じた背景にあるものをみていこう。

(1)　寓話はどのように論じられるべきか

ヴィゴツキーは寓話を取り上げていく理由として、次の二点をあげている。ここから彼が、文学をどのように考えていたのかを確認することができる。

第一の理由は、寓話をあくまでも文学として論じるべきであるという彼の根本的な文学観に基づくものである。つまり、これまで寓話は単なる教訓話や実生活における良識的な行いを伝えているだけで、文学作品としては扱えないという考えがあった。その代表がドイツの寓話作家のゴットホルト・レッシング（Lessing, G .E.）と言語学者・文学研究者のポテブニャであった。これに対してヴィゴツキーは、寓話はイソップ物語に代表されるように短い文によって構成されてはいるが、そこには文学の基本であるポエジー（詩的）の特質が備わっていると言う。むしろ短く、簡潔に書かれている寓話だからこそ、文学とは何であるか、その作品としての条件を明瞭に示すことができると考えた。

ヴィゴツキーが寓話を文学として論じていくべきだとする第二の主張は、読者は寓話から情動的矛盾を起こし、寓話を通して文学的感動、つまり深い情緒的反応を得ることになるという点である。寓話は文学と同じ働きをしているというわけである。決して、教訓や風刺を表現しただけのものではない。寓話を文学作品と考えたのは、17世紀のフランスの詩人のジャン・ド・ラ・フォンテーヌ（de La Fontaine, J.）であり、イヴァン・クルイロフ（Krylov, I. A.）であったが、彼らの見方はレッシングやポテブニャとは対極にあった。

ヴィゴツキーは『芸術心理学』の第6章でクルイロフの作品を取り上げ、その内容を詳しく分析している。ヴィゴツキーの寓話論は峯俊夫の『寓話・小説・ドラマ』（1982）でも邦訳として読むことができる。峯訳には柴田訳にはない訳注があるのと、ヴィゴツキーが分析の対象にしたクルイロフの寓話作品が資料として載せられている。それらは柴田訳の『芸術心理学』では削除されている。ここでは、柴田訳では意味が取りにくいところは峯の訳文を参考にした。また必要に応じて峯訳の文章を使っているので、引用ページは柴田訳と峯訳の二つを並記している。

（2）クルイロフの寓話からみえるもの

クルイロフは19世紀の初頭に活躍した作家であり、寓話によって当時のロシア社会の現実を風刺したりアリズム文学の先駆けになった人物である。ヴィゴツキーがクルイロフの寓話から導き出した結論は二つである。第一は、寓話は教訓や風刺を表現しただけでなく、詩の原初的様式を持ったものとみなすべきだという主張である。このことをヴィゴツキーは、寓話には抒情詩、叙事詩、ドラマの種子があると言っている。寓話を通して読者は文学的感動、つまり深い情緒的反応を得ているのである。第二は、クルイロフの寓話には、これを読んだ読者の中に情動的矛盾を起こさせるものがあるということである。寓話で使われる言葉には、語源的に複数の意味を持っているものがあり、それらを意図的に使っている。たとえば、「こおろぎと蟻」[4]の話では、最後のところで蟻がこおろぎに向かって出した捨て台詞に「踊り続けていればいいだろう」といった時の「踊れ」：ポプリャシーには、もう一つ「くたばれ」という意味があり、一つの言葉に二つの感情が表されている。さらに、もっと重要なことは、作家は時には作品全体から受ける意味として出来事の中に二つの異なった側面を持たせ、それは時には矛盾して展開される書き方をしている。これは文学の世界ではしばしば行われていることで、いわば文学としての芸術性の条件にもなっていることである。そしてヴィゴツキーは、寓話の最終場面では、この二面性をそのままにしないでこの二面性からくる悲劇（カタストローフ）を解消している点を指摘している。ヴィゴツキーは次のように述べている。「寓話のこのような、カタストローフなりシピリカ（小説の急所：緊迫感と意外性を表現した短いフレーズ）はその終結部分であり、そこで二つの面（プラン）はその対立関係をあらわにして矛盾を極限にまでもって行くと同時に、寓話の流れの中で休むことなく成長してきた二つの感情を放電させながら、一つの行為、出来事、あるいはフレーズの中で一つに合わさるのである。二つの対立する電流のショートのようなことが起こり、矛盾そのものは爆発し、燃えつき、そして解消する。読者の反応の中の情動的な矛盾の解消はこうして起こるのだ。」（『寓話・小説・ドラマ』邦訳 p.103,『芸術心理学』邦訳 p.189）。つまり、二つの対立する感情が生まれ、二つの流れがショートする。このような情動的な矛盾を起こした時に、寓話は詩的なものになるというのである。

以下、ヴィゴツキーがクルイロフの寓話をどのように論じているのかを具体的にみていくが、『クルイロフ寓話集』に収められている作品数は２０３にのぼるため、ここで取り上げるのはヴィゴツキーが注目した作品だけである。ヴィゴツキーが書いたクルイロフの寓話についての記述の多くは、寓話作品の内容を詳しく紹介しないで済ませている。ここでは、クルイロフの作品について必要な範囲でその内容を簡単にみていくことにする。そうしなければ、ヴィゴツキーの寓話論の面白さも、そして重要性も見逃されてしまう。クルイロフ寓話の邦訳には、峯俊夫のものと内海周平の二つがあり、ここで引用として用いる文章はこれら二つの訳文として分かり易い方を選択しながら適宜用いる。以下の作品の題名に付けた括弧の数字は、クルイロフ全集の中の巻数と作品番号である。

(i) 詩の原初的形態としての寓話

「驢馬《ろば》と鶯」（巻2 - 23）では、驢馬が鶯に上手に歌うのを聴きたい、きみの能力がどんなにすばらしいか自分の耳で確かめたいと唆す。

鶯は特有の歌声で、さまざまに調子を変えて歌い始める。歌が終わってから驢馬は鶯の声に感心しながらも「おんどり君を知らないのが残念だ、彼から、少し学べばもっと上手くなるだろう」と言った。この判定を聞くとかわいそうな鶯は、遠い野の果てへと飛び立っていった。

最後の文章は、「神よ、われわれも、こんな審判者は真っ平です」というものである。

ヴィゴツキーは、クルイロフが鶯の美しい声、細やかなトリル、素早く音調を変えるといった表現で読者に情緒的なトーンを感じさせて新しい寓話を描き、寓話の世界に詩的表現を持ち込んだと言う。既成の寓話の考えに逆らって、そこに「かすかな毒を注入」してみせたのである（ヴィゴツキーの『芸術心理学』第6章のタイトルの「かすかな毒」）。

もう少し違った詩的表現を用いたのが「猟犬小屋の狼」（巻2 - 8）である。ヴィゴツキーはこの作品から情緒的印象を感じ、作品構成の面でも優れていると高く評価する。

狼が夜中に羊小屋に忍び込むつもりが、うっかり猟犬小屋に入ってしまった。そこで猟犬が騒ぎ出し、猟犬番たちもやってきて、狼は八方ふさがりとなる。狼は命乞いで狡猾な話を始める。その話し口調は狼狽したり懇願する口調ではなく、上品な言葉を使い、「諸君、この騒ぎはどうしたことだ」といった口ぶりで始める。

ヴィゴツキーが注目するのは、狼の言葉とその後の猟犬番の言葉のコントラストである。先の言葉に続けて狼は言う。「わしは君たちの昔からの親類縁者で、今日来たのは仲直りのためで、喧嘩のためではない。過去のことは水に流そう。これからは羊には手を出さないだけでなく、これからはこの家畜を守るために進んで他の狼どもと咬み合おう。狼の誓いにかけて断言する。わしは……」ここで家畜頭が言葉をさえぎって言った。狼に向かって言った言葉は狼の上品ぶった言葉とは対比的な日常の言葉であった。「まあ聞くんだ。狼君。いいかいお隣さん。君は灰色だが、友人のわしは白髪だ。わしは君たち狼の本性を昔から知っている。だから、毛皮を剥ぎ取ってからでないと仲直りはしないと決めているのだ」。言い終わった途端、彼は猟犬の群れを狼めがけて飛びかからせた。

ヴィゴツキーは家畜頭の、隣人（ソセート）、友人（プリヤーチェリ）、本性（ナトゥーラ）といった言葉が狼の言葉の荘重さとはきわめて対比的な効果として使われていることに、クルイロフの詩的表現としての見事さがあると言う。あるいは、「君は灰色だが、友人のわしは白髪」（トゥイ　セール、ア　ヤー、プリヤーチェリ、セート）の言葉では、「ル」の響く音と、「ト」のはっきりしない音との対比や音的な不一致が、二つの異なる意味をもたらしている。この後にすぐ続く言葉では、一見すると友好的なニュアンスで語られた後に狼に攻撃を仕掛けて死で終わらせるという瞬間的な変化が表現されている。ヴィゴツキーはこのような表現の見事さを指摘する。この寓話では、狼とはロシアに侵入したナポレオンのことである。フランス軍は廃墟に入ってしまい兵糧攻めにあい、ナポレオンは講和を提案するが、ロシア軍の総司令官のクトゥーゾフはこれを拒否し、退却するフランス軍を撃破した。総司令官は寓話では家畜頭である。

寓話の中の表現の対比がうまく使われているのは、「こおろぎと蟻」（巻2 - 12）[4]でも同じである。ここでは詩的表現としての寓話を目指してクルイロフが工夫したところに注目してみたい。ヴィゴツキーは、こおろぎが活発に動き回る様を韻を使って表現したり、こおろぎの陽気さとのん気さを表現した後で、現在の不幸な状態の表現へと変えていき、その対比がうまく使われていることを指摘する。蟻がこおろぎの状態を聞いた「じゃあんたは・・・」という現在の不幸を思わせる質問は、こおろぎの有頂天な話（「我を忘れて夏じゅう歌っていたんですよ」）によって話の腰が折られてしまうといった話の展開を作っている。クルイロフはここに、次のところ（ii）でみていく寓話の中にある感情の二重性を忍びこませてもいる。

クルイロフは寓話を散文として表現することを嫌い、文学性を持たせるために詩的表現を持ち込もうとした。その一例としてヴィゴツキーが挙げているのが「パルナッソス」（巻1‐8）である。ただヴィゴツキーはこの寓話については特に注目した詩の行の部分だけを引用して、詳しい内容や題名は書いていない（『芸術心理学』邦訳 p.181,『寓話・小説・ドラマ』邦訳 p.93）。この寓話の概略は次のようなものである。

ギリシャの神殿・パルナッソスから追放されたミューズの神に代わって、かつてミューズたちが住んでいた場所で新しい主人が驢馬を飼いはじめた。驢馬は、ここに来たのはミューズの代わりに歌を歌うためだと言い出す。一人の驢馬が合唱隊を作り、俺たちの団結が乱されないようにするために驢馬特有の美声がない者はこの地に住まわせないことにしようと言う。「驢馬たちは賛成した（Одобрили（オドブリリ）Ослы（オスルイ）ослово（オスロボ））。美しくも巧みなその発言に（Красно（クラスノ）хитро（ヒトロ）сплетенно（スプレーテンノ）слово（スローボ））。」

注目したい部分はこの言葉である。巧みに韻が踏まれており、複雑な詩の構成をしている。ここにはクルイロフがあくまでも寓話をポエジーとして扱おうとした姿勢が表れている。この寓話の結末を補足として述べると、驢馬たちの、油が切れた車を千個もつけた荷車の動くような合唱を聞いた主人は、驢馬たちをパルナッソスから家畜小屋へ移してしまった。教訓として、頭が空っぽならばどんな地位についたとしても知恵は浮かんでこないということである。この寓話は、冒頭で神を冒涜したり、ドン・コサック出身のプガチョフに指導された農民の反乱を連想するものだとして、検閲当局から削除された経緯がある。ヴィゴツキーが詩の一部分しか引用しなかったり、題名も出していないことと関係しているだろう。

（ⅱ）寓話に含まれる感情の二面性

ヴィゴツキーの寓話論で注目したいもう一つは、寓話に含まれている感情の二面性であり、読者に矛盾と葛藤を感じさせていくということである。これは既に指摘したように、作品の文学性を保証する大事な要素であり、寓話が詩的形式を備えるうえでは欠かせないものである。クルイロフの寓話作品には、二つの対立する内容とこれを読んだ読者の中に心理的に矛盾するものが生まれてくるものが多数ある。そのいくつかをみていこう。

クルイロフが寓話として重視した詩的表現の例として、この前でも取り上げた「こおろぎと蟻」（巻2-12）がある。ここではこおろぎの言動の二面性が描かれている。食べるものがないこおろぎの不幸と深い哀愁と同時に、陽気で軽快な動きを示す二つの対立する感情を読者はこの作品から持ったことになる。このことをより強く印象づける働きをしているのは、蟻の「じゃああんたはどうしたの？」というこおろぎを非難する言葉に、こおろぎはとんちんかんに返事をしてしまい、気楽に夏の楽しかった思い出に浸ってしまう部分である。二重性、両義性が一層強く感じられてくるのである。そしてこの寓話の最後の蟻の言葉、「踊ればいいでしょう」には、まさに二つの面が含まれている。つまり、「踊れ（ポプリャシー）」は「くたばれ（ポギーブニ）」の意味を同時に表しており、ヴィゴツキーは「一つの言葉の中に天才的な力で結合されたこれらの二つの感情の面こそ、この寓話の真の本質を構成している」（『寓話・小説・ドラマ』邦訳 pp.70-71）と言う。

クルイロフ寓話集の冒頭にある「烏と狐」（巻1-1）も、読者が読み進むにつれて感情が二つの方向に発展していく例である。

烏が見つけたチーズを、ちょうど通りかかった狐が何とかしてこれをかすめ取ってやろうとする。ずるがしこい狐はおべっかを使って烏を褒めちぎりはじめる。「烏さん、あなた、なんておきれいなのでしょう。ほっそりした襟あし、美しい目。本当におとぎ話のようだ。羽やくちばしのなんという美しさ。声もきっとすてきに違いない。ねえ、歌ってくださいよ。恥ずかしがらずに。そんなにきれいで、歌も上手ときたら、このあたりの烏の女王さまになること請合いですよ。」おだてられた烏はぽっとなり、うれしさのあまり息をつまらせ、愛想のいい狐の言葉に応えて、烏は声高くかあと鳴いた。チーズはぽろりと落ちた。それをくわえてかの詐欺師は姿を消した。

この寓話を読んだ読者は、おべっかを使い、おねだりをする狐に従者、敗者というイメージを持ってしまうが、実はこの狐は烏をからかっていること、狐は従者ではなく情勢を左右する鍵を握っているという正反対の方向に話が進んでいることに気付くのである。だからヴィゴツキーは次のように言う。「狐はこの場の主人であり、お世辞の言葉の一つ一つは、みな私たちに二重の意味を――一つはお世辞として、一つはからかいとして――もってひびくことを知るのである。つまり、この知覚の二重性のうえに寓話はいつも成り立っている。この二重性が絶えず寓話の興味と鋭さを支えているのであって、もしそれがなければ、寓話はその輝きをすっかり失ってしまうと言っても言い過ぎではないだろう」(『芸術心理学』邦訳p.157)。このように、ヴィゴツキーは寓話の中にある言葉の意味の二重性を重視する。

矛盾を表現することこそが芸術が持っている真髄であり、それはまた人間という現実の中で生きている者の本質の姿である。その本質をクルイロフは、小さな寓話という作品の中で描いた。このようにヴィゴツキーは感じた。詩人は、詩に含まれている矛盾を発展させ、二つの異なったものとして発展していく出来事に私たちが頭の中で参加しているかのようにさせる。彼はこのように指摘する（『芸術心理学』邦訳p.188）。

ヴィゴツキーがクルイロフの寓話で述べた結論をみてみよう。「クルイロフの文学の本質を形成するのは、かすかな毒だろうということ、寓話は抒情詩、叙事詩、ドラマの種子であり、そこに含まれたポエジー（詩）の力によって、そこに展開される出来事に感情で反応することを読者に強いるということである。そして情動的な矛盾と、相対立する感情の短絡による矛盾の解消が、寓話への読者の心理的反応の本質をなしているということである。…芸術家の創作の真の秘訣は、内容を形式で消し去ることだ、悲劇について言ったシラーが考えていたのは、同じことではないだろうか。寓話を書く詩人にしても、その寓話の内容そのものが呼び起こす感情を、芸術形式、素材の構成に意を用いることによって消し去るのではないだろうか。深い意味をもつこうした符号は心理学的な意味にみちみちているように思われる。」（『寓話・小説・ドラマ』邦訳p.105）。後半の引用文の「内容を形式で消し去る…」という部分に、この原稿を読んでいた友人の映画製作者のエイゼンシュテインが強い関心を寄せ、全部アンダーラインを引いていた。内容か形式かといった議論の不毛性や、形式一辺倒に傾いたロシア・フォルマリズムを超えようとする発想を、ここでもはっきりみることができる。あるいは、この引用部分の前半の、読者は作品の中にある矛盾の解消を読者の目標として目指すということだが、それが直ちに行われるといった発想で考えてはいけないだろう。この矛盾の感情は個人の内面に深く沈静し、それをしばらくは抱えたままでいること、そしてこの矛盾から何かを学んだときに矛盾が解決できる。そのことにヴィゴツキーは、矛盾の解消という意味を込めていたと考えるべきだろう[5]。

3　スターンとブーニン、二つの小説の分析

ヴィゴツキーは『芸術心理学』で、寓話の分析に続いて二つの小説の分析を行っている。ロレンス・スターン（Sterne, L.）の『トリストラム・シャンディ』と、イヴァン・アレクセーヴィッチ・ブーニン（Bunin, I. A.）の『やわらかな息づかい』の二つである。ブーニンは1933年にノーベル文学賞を受けたロシア出身の作家である。

ヴィゴツキーが『トリストラム・シャンディ』を取り上げるのは、ロシア・フォルマリズムの代表的な人物であるシクロフスキイが作品の形式的な構造分析を使って論じているからである。そして、ヴィゴツキーはシクロフスキイの分析では小説の本質が明らかにならないことを、ブーニンの『やわらかな息づかい』を使って主張する。ヴィゴツキーはブーニンの小説を論じながら、小説の展開の仕方は小説の中心的な内容のドミナントと密接に関わっていることを明らかにする。つまり形式だけでなく、内容と結びつけて論じなければならないのであって、作品の形式分析だけでは小説の本質は明らかにならないのである。

（1）小説の形式分析の限界

スターンの『トリストラム・シャンディ』は全部で9巻という膨大な長篇小説で、しかも最後は未完の

ままで終わっている。邦訳として一番新しいものは全3巻から成っている（朱牟田夏雄・訳 1969）。この小説は話の展開が行ったり来たりし、また脱線の連続で、何が話の本筋なのか掴みにくい。

シクロフスキイは『散文の理論』（1925）の後半で、「パロディの長篇小説――スターン『トリストラム・シャンディ』」を書いている。ここで彼が注目するのは作品の展開が前に戻ったり、先に飛び進んだりといったことが絶えず起きており、また話が途中で中断されているという構造の特徴についてである。たしかにこの小説は常識的な作品の形式を取っていない。一日の出来事をたくさんの章を使って延々と記述するといった時間の長さの常識を壊したり、第20章のところでは数行にわたって文字が書かれずに＊＊＊が続いている。あるいは1ページ分まるまる黒く塗りつぶしているところもある。シクロフスキイはこのように作品の構造を自覚的に変更することで小説の内容を新たに作り出し、「作家は作品を構成する方法の背後にある美の法則をわれわれに示した」（『散文の理論』邦訳 p.410）と高く評価する。シクロフスキイがスターンの小説を高く評価するのは、これまで小説がとってきた通常の形式を変え、破壊してしまうことを行っている点であり、いわば小説の構造的形式の異化作用を行ったからである。これはシクロフスキイやロシア・フォルマリズムが文学の働きとして強調してきたことで、スターンは小説の構造形式の独自性を出すことによってその効果を生んだと言うのである。ここには、シクロフスキイの文学研究の大きな特徴である、作品構造から文学を論じることができるという考えが明瞭に示されている。

何故、スターンはこのような時間的な順序を逆転させたり、話の「筋」を追うことに困難を感じるような書き方をしたのだろうか。いつも話が脱線する展開から読者の中には何が生まれてくるのだろうか。これらの問題は、物語展開の構造を形式的に論じることを超えている。つまり、作者があえてこのような形で素材を選び、構成している意図を抜きにしては、文学の文学性を論じることはできないのである。『トリストラム・シャンディ』の訳者の朱牟田夏雄は訳者まえがきで、この小説は人間の思考が何でもないことを機縁にしてあらぬ方向にそれて行ったりすることがあり、そういう人間心理の動きを題材にしていると指摘している。だから、スターンがめまぐるしく移り変わる人間の連想の流れとして展開させたと考えると、この難解な小説もそれなりに納得がいくのである。実際、スターンは第1巻の第5章、第2巻の第2章では、ジョン・ロックの『人間悟性論』を取り上げて、何の脈絡もない観念同士がつながったり、別のことが急に頭に浮かんでくることは人間の心理にはよくあることだと述べている。あるいはそこに、フランスの哲学者、ニコラ・ド・マルブランシュ（Malebranche, N. de）まで持ち出している。このように人間心理の本質を小説の世界に持ち込んだのである。そこでスターンは、ジェイムズ・ジョイス（Joyce, J.）やマルセル・プルースト（Proust, M.）といったいわば「意識の流れ」を小説の題材にした小説家の先駆者であるとも言われているのである。彼は小説の物語性の条件として新しいものを持ち込んだのであって、シクロフスキイが言うような文学の形式を破壊したことに新しさがあるのではない。

（2）ドミナント概念による小説の分析

ヴィゴツキーの小説の分析の中心になっているのは、ブーニンの『やわらかな息づかい』の方で、ドミナントの概念を用いてその文学性を明らかにしたことであった。たしかにブーニンのこの小説もスターンの作品ほどではないが物語の展開の時間順序が逆転したり、幾分複雑な経過で描かれている。それではど

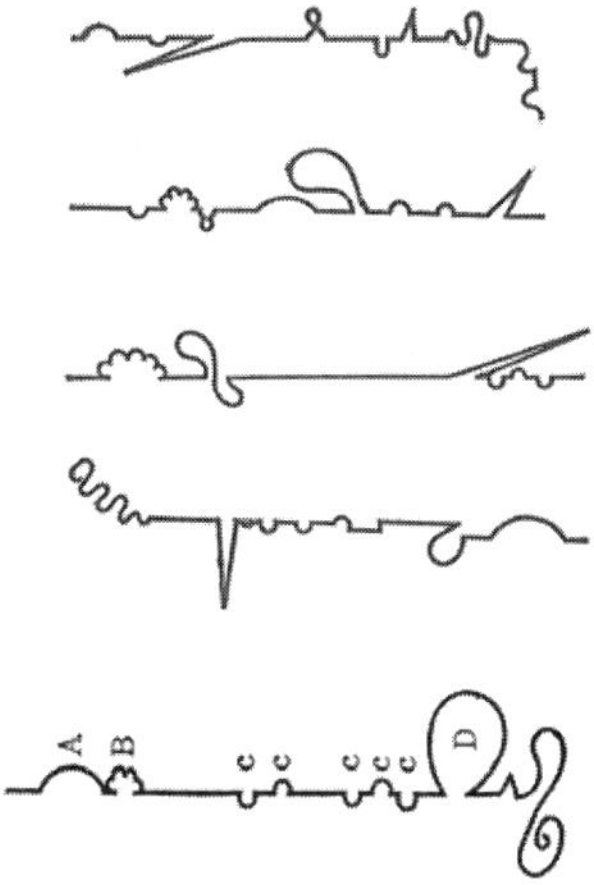

図1 スターン『トリストラム・シャンディ』1-5巻の物語の展開図

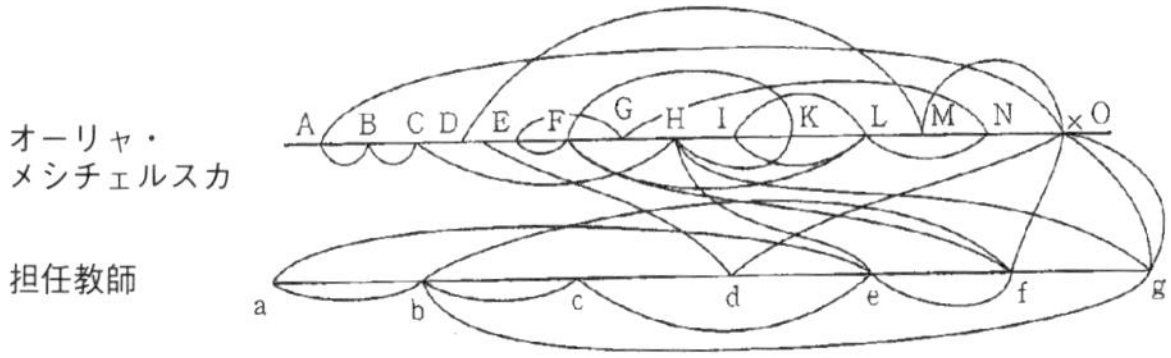

図2 ブーニン『やわらかな息づかい』の物語の展開図

うして作者は、このような物語展開をしたのだろうか。これが解くべき問題の本質なのである。ヴィゴツキーはスターンとブーニンの作品の筋の展開を図にしている（図1、図2）。

スターンのものは彼自身が第1巻から第5巻までの物語の流れを描いたもので、同じものをシクロフスキイも使っている。この図（図1）では迂回や寄り道や道草（B）、あるいは話の中で別の話題を挿話（c）する様子が示されているが、現実の生活の中で展開されている人間の行動や心理、あるいは出来事はこのようなものであり、それを小説の形で表したのである。

ブーニンの『やわらかな息づかい』の物語は、女学生メシチェルスカが奔放な恋と生活の結果、若い将校に殺されてしまうという結末と、それを回想する担任の女性教師の話の二つが錯綜する形で展開されている。ヴィゴツキーは主人公の若い女学生メシチェルスカと担任教師の話が相互に関連しながら展開していることを図（図2）で示している。この小説はメシチェルスカの不幸な結末（図中の×）に始まり、担任教師がメシチェルスカの墓を訪れ、そこでこの女学生の生き方を自分の生き方や戦死した兄のことと重ね合わせる展開になっている。O（墓地）とf（墓地参拝）、そして、メシチェルスカの最後の冬の学校での様子など（H）が想い出され、女学生の自由奔放な生き方を校長に切々と語ったこと（K）、その生き方が若い将校の恋の恨みから殺害されるという不幸な結果を招いたこと（I、L）を、担任教師はもう一度再確認することになる。この小説は先の『トリストラム・シャンディ』と同じように、物語が直線的に進むことはなく、飛躍したり、あと戻りをしたりしながら展開する形で描かれている。

『やわらかな息づかい』では、あえて始まりの部分に女学生が悲しく、暗い結末を迎えたこと、そのことを墓を訪れて回想するという暗く、濁った世界の話として持ってきている。それでは作品構成としてこれらにどのような意味を持たせたのだろうか。ここにヴィゴツキーはメスを入れていく。ヴィゴツキーは、この作品であえてこのように時間順序を逆にしたのは、女学生メシチェルスカの生き方から担任教師は自分がいつも抱いていた夢想の世界に新しい息、やわらかい息が吹き込んでくるのを感じ、メシチェルスカは自分の生きている現実世界とは違う、もう一つの別世界の存在を知らせたのだと考えた。そのことを小説で表現したのである。主人公である担任教師を、小説の中では次のように書いている。女性教師は以前から現実の生活を空想の世界に置き換えて生きていくという人であった。この空想の対象になっているのは戦死した兄で、この兄の明るい将来と結びつけて、自分の運命もおとぎ話のように変わっていくという期待を持っていた。ところが兄の死によって、空想の対象は女学生・メシチェルスカへと変わっていく。死んだ女学生の墓の前で、この担任教師はメシチェルスカの美しく、利発で、自由に生きた姿に自分を重ねて新しい夢を膨らませていく。主人公の担任教師は女学生メシチェルスカの美しい容姿を想い出し、そしてたくさんのことを知ってしまったと言い、続けてこういう言葉を述べてこの小説は終わっている。「でもいちばん大切なものを、知ってる？　やわらかい息づかいよ！　でもそれが私にあるのよ。きいて、私の息を、ね、ほんとにあるでしょ？　今このやわらかな息づかいは再びこの世界に広がる、この曇り空の中に、この冷たい春の風にのって…。」（『芸術心理学』邦訳 p.220）。

主人公の担任教師の心の変化がこの作品のドミナント（主調音）をなすものであって、それを最初の話題と対比させることで、作品の重要なテーマを浮かび上がらせている。最初の話と後半の話とを対比的に述べていくことで、作品が伝えたいことが鮮明に示される。このようにヴィゴツキーは指摘する。そして、ヴィゴツキーはこの作品の分析を通して、この作品のドミナントは、作品の大きな構造や流れである筋（シュジェット）と、作品の小さな素材である事柄（ファーブラ）との複雑な相互的な関係で生まれているとも言う。結局、作品において何が主要な内容であるか、つまりその作品のドミナントは何であるかは、単に作品の形式的な構造を分析しただけでは分からないのである。

　ヴィゴツキーは、寓話論の『かすかな毒』でも、そしてこの『やわらかな息づかい』でも、最後のまとめとして、作品の形式的展開がその内容を方向づけていることを主張しているが、ここで注意をしておくべきことは、形式と内容の間の矛盾や緊張関係があるということで、決して形式だけで内容が一方的に方向づけられるとは考えていないことである。だから「形式と内容のこの弁証法的矛盾の中にこそわれわれの美的反応の真の心理学的な意味が含まれている。」（『寓話・小説・ドラマ』邦訳 p.133）ということなのである。読者は作品の展開に従い、時間的展開の「逆転」や話題展開の間に別の出来事が挿入されてくる「断絶」を体験し、そこから作品の主要なトーン、ドミナントが何であるかを知っていく。ヴィゴツキーの文学研究では作品分析という客観的な条件の解明を目指しながらも、同時にこの作品から触発されながら進んでいく読者の世界、意味生成を問題にした。『やわらかな息づかい』を論じている中でも、ヴィゴツキーは作者の言葉の調子がこれを読んでいる読者の呼吸に作用を与えていることを、ブロンスキーの考えをもとにしながら論じている。ブロンスキーは、読者は自分が呼吸するように作品を理解しており、それぞれの作品に相応する呼吸作用が、その作品の情緒的効果に非常に意味があると指摘していた（『寓話・小説・ドラマ』邦訳 p.132）。ブロンスキーはヴィゴツキーが児童学や教育の問題で影響を受けた、いわばヴィゴツキーの先生でもあった。なお、ブーニンの文学については多くの研究があり、この作品を記憶の問題として論じることもできる（たとえば、宮川 2005）。たしかに『やわらかな息づかい』には時間体験が含まれている。

この章のまとめとして、ヴィゴツキーがハムレット、寓話、そして二つの小説について論じていたことの意味を確認する。『トリストラム・シャンディ』と『やわらかな息づかい』の二つの作品に共通するのは、出来事は予定調和的に進まないという日常生活の現実と、その日常的時間を我々が意識として持っていることを反映していることである。だから、これらの小説は我々が持っている心理的世界を描いている。このことについて、哲学者のドゥルーズは『プルーストとシーニュ』(1964)の中で重要な指摘をしている。プルーストの代表作である『失われた時を求めて』で作者のプルーストが一見すると記憶の問題、つまり過去のことを想起することを扱っているかのように思われるが、それは間違いであると言う(「単に想起の努力ではなく、また記憶のためのはたらきによる探求でもない。」邦訳 p.3)。つまり、大事なことはこの作品で主人公がかつて経験したこと、記憶にあったことを現在、そしてこれから起こるだろう未来に向かって結びつけること、意味づけていくことだと言う。『失われた時を求めて』は、主人公が紅茶に溶かした一片のマドレーヌの味から昔のことを想起したことを語るという、有名な一節から物語が始まっているが、過去のことを想起することで今の自分、そしてこれから起きるだろうことが展開されていく。ドゥルーズは過去を現在、そして未来に取り込んでいくことで現在と未来の意味づけを行っているが、そのことがまさにシーニュ(しるし、意味)の発見であって、シーニュの読み取り方を習得していくことにこの作品の主題があると言う(邦訳 p.4)。このように考えると、この作品はまさに「究極的な多様性を保証する分裂・間隙・すきま・中断があり」(邦訳 p.129)、ロゴス的な統一性や全体性の存在が否定されているが、そうであるが故にこの作品のロゴスとしての統一性を探るという読者の行為、つまり気付いていくという姿勢

＝習得にこの作品を読む意味があると考えた。ドゥルーズはこの作品を文学としてだけでなく、哲学的考察の対象、もっと言えば人間精神の考察の対象とした。人間は過去の出来事や経験をただ記憶の中に留めていくのではなく、過去は現在、そして未来の中でこそその意味を位置づけているし、過去それ自体も現在と未来の中にしか存在しないのである。過去と記憶は同じではない。ドゥルーズの言葉である。「『失われた時を求めて』は、未来に向けられているのであって、過去に向けられているのではない。」（邦訳 p.4）。

ブーニンはたくさんの作品を書いている。彼の代表作の『アルセーニエフの青春』は、アルセーニエフを通して作者自身の成長を過去からのまさに再生として描いたものと言ってよいだろうが、ここでも『やわらかな息づかい』とのテーマの連続性を見ることができるし、『アルセーニエフの青春』とプルーストの『失われた時を求めて』との関連を指摘する人もいる[6]。

このように、ブーニンの『やわらかな息づかい』もまさに、ドゥルーズが言うような過去の出来事を現在、そして未来へと生きていく自己の生のためのものとして描いたのであり、ヴィゴツキーもそのような視点で論じていた。文学から明らかになる人間精神の本質としてヴィゴツキーがとった立場とドゥルーズのそれとの間に共通性を見出すことは容易である。スターン、そしてブーニンの小説にある時間の逆転や出来事の挿入という表現は、まさに読者を作品の全体的意味世界の探究へと誘い、作品の意味を探し求めることを「習得」させようとする。ロシア・フォルマリズムの先にあるものをヴィゴツキーも、そしてドゥルーズも求めたのである。

もう一つ、ヴィゴツキーがこの章で論じていることで大切なことは、「ハムレット」、そしてクルイロフの「寓話」にある作品と言葉の二重性、二つの意味の並存を指摘していることである。作品を読んだ者の中には、この二重性が「矛盾感覚」として生じ、作品の情緒的、情動的な相対立するものとして存在し続ける。そして、最終的には読者はこの矛盾を自分なりに解決しようとする。これこそがヴィゴツキーが「カタルシス」と呼び、「美的反応」として重視したものである。もちろん、読者はすぐにカタルシスに向かうのでもないし、一つに回収されないまま二重性が存在し続けることもある。日常ではこのような二重性、二つの異なった意味が存在していることはいつもあるからである。

ヴィゴツキーの『芸術心理学』は、彼の最後の著作『思考と言語』の最終章「思想と言葉」と深くつながっている。「思考と言葉」で再度、クルイロフの寓話を取り上げ、その意味を論じている。ヴィゴツキーが『芸術心理学』で詳しく寓話を分析したのは、寓話の言葉にはいつも二重の意味が込められており、それらは決してどちらか一方に吸収されることなく、二つの意味としてまさに並存しているからである。そうであるからこそ、言葉で示されている語義とは異なった意味と感情を持つことになる。単語で示された語義には文脈を通して二つの意味の二重性が存在していることを、初期の『芸術心理学』でも、そして『思考と言語』でも指摘していた。

一つの単語に二つの感情が結ばれていること、あえてドゥルーズが『差異と反復』で言っていることを借りれば二つの「セリー」がどれか一つに収斂するのではなく、円環的であり、また共存的なものとしてあるということであり、ここに寓話が持っている本質的意味がある。「セリー」とは出来事とその意味の単位のことであり、この意味が持っている二重性は互いを暗示的、潜在的に示している（『差異と反復』邦訳 p.190）。この意味の二重性をきわめて意図的に用いているのが、ジョイスの作品の数々であった。あの『フィネガンス・ウェイク』が示していることの意味の多様性を想像してみるとよいだろう。これは言葉が持っている二重性のことでもあり、ヴィゴツキーが論じ続けたことである。そうなると先のヴィゴツキーの小説論の結論でもみたように、ここでもヴィゴツキーの思想とドゥルーズのそれとの間にある密接な関連性を指摘せずにはいられない。もちろん、二人の間には時間的にも地理的にも何の接点もないが。

付　ハムレットについて

シェイクスピアのハムレットは次のような内容である。ハムレットの父であるデンマーク王が急死し、王の弟のクローディアスが跡を継いでデンマーク王の座に就く。その後直ぐにハムレットの母親であるガートルードは新王と再婚をする。ハムレットは王の戴冠式と叔父と母親の結婚式のために留学先から戻ってくるが、父王の死と母の早い再婚とで憂いに沈んでしまう。王子ハムレットは、従臣から父の亡霊が夜な夜な城壁に現れるという話を聞き、自らも確かめる。亡霊に会ったハムレットは、実は父の死はクローディアスによる毒殺だったと告げられる。復讐を誓ったハムレットは狂気を装う。王と王妃はその変貌ぶりに憂慮するが、宰相ポローニアスは、その原因を娘オフィーリアへの実らぬ恋ゆえだと察する。父の命令で探りを入れるオフィーリアを、ハムレットは無下に扱う。ハムレットは母である王妃と会話しているところを隠れて盗み聞きしていたポローニアスを王と誤って刺殺してしまう。オフィーリアは度重なる悲しみのあまり狂い、やがて溺死する。ポローニアスの息子レアティーズは、父と妹の仇をとろうと怒りを燃やす。ハムレットの存在に危険を感じた王はレアティーズと結託し、毒剣と毒入りの酒を用意して、ハムレットを剣術試合に招き、秘かに殺そうとする。しかし試合のさなか、王妃が毒入りとは知らずに酒を飲んで死に、ハムレットとレアティーズ両者とも試合中に毒剣で傷を負う。そしてハムレットは王を殺して復讐を果たした後、自分も毒が身体に回り、ノルウェイ王子のフォーティンブラスに王位を譲ることを言い残し、死んでいく。

ハムレットの元になったデンマークに伝わる伝説として、幾分内容が異なるものが複数存在している。ヴィルヘルム・グレンベック（Grønbech, V.）の『北欧神話と伝説』にある「アムレード（ハムレット）」は、以下のような内容である。王子アムレードは、父であるデンマーク王エルヴェンデルと母・ゲルトルードとの間に生まれるが、父の弟であり王子にすれば叔父のフェンゲに父を暗殺されて、王位が奪われてしまう。フェンゲはゲルトルードを説き伏せて自分の王妃にしてしまう。このような中で、アムレードは父の復讐を誓い、その機会をうかがう。アムレードは叔父の目を欺くために愚鈍なふりをする。叔父はアムレードを疑い、殺そうとするがアムレードは難を逃れてイギリスで過ごす。一年ぶりにイギリスから帰ってくる。そこでは王子をうまく殺せたと思って葬式が行われていたが、王子が生きて帰ってきたことにその場に居合わせた人たちは驚く。一人が「彼の法事をしているのに、当人はちゃんと生きているじゃないか」と叫び、その場は急に宴会に変わる。この場を利用して王の取り巻きたちを酒で酔わせて館に火を放ち殺し、フェンゲも殺してしまう。アムレードは父親の復讐を果たしたのである。

もう一つは、デンマークの神話と伝説、歴史をまとめたサクソ・グラマティクス（Grammaticus, S.）の『デンマーク人の事績（ゲスタ・ダノールム）』で、この全16巻から成る大著の第9巻の第三の書から第四の章のところで、ハムレットの原型になったアムレートの話が出てくる。アムレートの父・ホルヴェンディルはデンマーク王のローリクからユトランドの代官に任命され、この地で専制政治をしき、ヴァイキング活動を活発に行っていた。ホルヴェンディルはノルウェー王コレルとの一騎打ちにも勝ち、その勇敢さが王のローリクにも讃えられ、ローリクの娘ゲルータを妻にむかえ、息子のアムレートが生まれる。このような幸運を前に、ホルヴェンディルの弟のフェンゴは嫉妬にもえて兄を暗殺してしまう。ここからはじまるアムレートの復讐の話は、先の『北欧神話と伝説』と同じである。『デンマーク人の事績』では、この後も話は続いている。アムレートは公平で正義にあふれた王であった父・ホルヴェンディルを残忍に殺した弟・フェンゴの不正を暴き、復讐を遂げた自分の行いを支持し、敬意を払って欲しいと民衆に訴える。そして民衆はアムレートの言葉に心を打たれ、彼はユトランドの王位に就く。その後、アムレートは妻と義父に再会するため、自分がかつて身を寄せていたブリターニアに出向く。ここでブリターニア王は、フェンゴと交わした自分が殺された時にはその復讐をするという約束を実行しようとして、アムレートを殺す陰謀を計画する。アムレートはブリターニアでの闘いにも勝利し、デンマークに戻るが、既にデンマークの王位に就いていたヴィグレークはアムレートを亡き者にしようとし、ここでアムレートは終わる。その後もデンマークの王の事績に関する話がデンマークの歴史と共に語られ、この第9巻だけでも非常に長い話になっている。シェイクスピアのハムレットはこのアムレート伝説が元になっているが、この伝説のおよそ半分を扱ったものである。だが、同時にデンマークに伝わる伝説からは、シェイクスピアのようなハムレットが抱えた悲劇を感じることはできない。そこにシェイクスピアならではの作品世界がある。

注

［1］ヴィゴツキーは、エイヘンバウムが1924年の彼の論文集『文学を通して』の中に書かれている次の文章を引用している。「私たちはなぜか『心理』や『性格』をたいへん好む。芸術家は心理とか性格を『描く』ために筆を執るのだと、私たちは素朴に考えがちである。ハムレットの問題について考えてみよう――シェイクスピアはそこで優柔さといったものを描きたかったのか、それとも何か他のものを描きたかったのか？実際には、芸術家はけっしてそのようなものを描いているのではない。なぜなら、芸術家は心理の問題を扱っ

ているのではけっしてないし、それに私たちも心理を研究するために「ハムレット」を見るのではけっしてないからである。」（ヴィゴツキー『芸術心理学』による。邦訳 pp.234-235）。これに対してヴィゴツキーは、次のように反論している。「それでは主人公の性格や心理の選択は作者にとってどうでもよいということになるのだろうか？ 私たちは優柔さの心理を研究するために「ハムレット」を見るのではないということは正しいが、ハムレットに別の性格を与えれば、戯曲が完全にその力を失うこともまた事実であろう。芸術家は、もちろん心理や性格を自分の悲劇で扱いたかったのではないだろう。しかし、主人公の心理や性格はどうでもよいもの、偶然的なもの、思いつきのものではなく、美的に非常に意味があるものである」（同上 p.234）。なお、エイヘンバウムの論文集の『文学を通して』の概要と、エイヘンバウムのフォルマリストとしての彼の姿勢と変化については、中村唯史（2012）が詳しい紹介をしている。つまり、エイヘンバウムは、フォルマリズム運動の後半になるとこの文学研究に幾分違和感を持つようになり、この運動に対しても距離を置くようになる。

［2］スタニスラフスキーは、彼の著『芸術におけるわが生涯』の中で、ハムレットの演劇とクレーグについて次のように述べている。「クレーグはハムレットの内面的な内容をひじょうに拡大した。彼にとっては、ハムレットは——地上を浄化する犠牲者として生をうけたすぐれた人間である。ハムレットは——神経衰弱患者ではなく、ましてや狂人ではない。しかし、彼は、つねに人とはちがった者になった、そしてそれは、彼が、自身の父親がもだえている死後の世界、人生の彼岸を一瞬のぞき見たからである。この瞬間から、リアルな現実は彼にとっては別のものとなった。彼は存在の秘密と意味を会得しようとしてそれを凝視する。愛、にくしみ、宮廷生活の虚飾は、彼にとって新しい意味をもつようになり、苦悩する父親によって彼に課せられた、平凡な人間の力にあまる課題は、ハムレットを疑惑と絶望におとしいれる」（邦訳『芸術におけるわが生涯』・下

pp.108-109)。これと類似したことを、若干文章は異なっているが、ヴィゴツキーが『ハムレット』の注で書いている。

[3] チュッチェフ「おお、預言的なわが魂よ…」

おお、預言的なわが魂よ！
おお、不安に満ちた心よ、
おまえはうち震える、
まるで二重の存在の境界で！…

そして、おまえは——二つの世界の住人、
おまえの昼は——病的なまでに情熱的、
おまえの眠りは——予言めいて不可解、
精霊たちの啓示のごとく…

受難者の胸を
宿命の情熱で湧き立たそうとも——
魂は準備ができている。マリアのように
キリストの足元に永久によりそうのだ。

（坂庭淳史・訳 2007, pp.273-274）

［4］「こおろぎと蟻」（巻2‐12）。跳ね回り屋のこおろぎは、夏の間、歌の歌い通しだった。気がつくともう目の前に冬がやってきた。美しい野は枯れ果てて、自分のために家も食卓も用意されていたあの楽しい日々はもう戻ってこない。すべては過去のこととなり、寒い冬とともに欠乏と飢えが迫ってくる。こおろぎはもう歌わない。腹がへっては誰が歌おうなどと考えるだろうか。ひどくしょんぼりしてこおろぎは蟻のところに這って行く。「蟻さん、お願い。私を見捨てないで。私に元気をつけてください。せめて春が来るまで食べさせて、暖を取らせてください。」「こおろぎさん、それはおかしいと思いますよ。あんたは夏の間働いていたんですか」と蟻は言った。「それどころじゃなかったんですよ。私たちは、柔らかい若草の原っぱで、歌をひっきりなしに歌ったり、騒いだりしてそれはもう無我夢中で。」「じゃあんたは・・・」「私はもう我を忘れて夏じゅう歌っていたんですよ。」「ずっと歌ってばかりですって。結構なことだ。だったらここから出て行って、今度は踊ればいいでしょう。」

［5］寓話作品には名前の通り寓意（アレゴリー）の機能がある。ドゥルーズは『襞』（1988）の第9章「新しい調和」の中で、アレゴリーはシンボルとは違った形象化の力を持っていることを指摘している。シンボルの場合は比喩表現と普遍的な概念とは垂直的に一本につながっている。これに対して、アレゴリーは出来事という述語的世界を物語的に表現していくことで普遍的な意味を水平的な関係の中で表わしていると言う。ヴィゴツキーもクルイロフの寓話に生きるための知恵という普遍的意味を物語という述語的世界で表わすことの可能性を見出した。ヴィゴツキーが『芸術心理学』でクルイロフの作品を詳述した理由も、ロシア・フォルマリズムのように作品を形式的・一義的に解釈し、作品の意味を普遍的なものとして垂直的に結びつけてしまうことは

別の世界が文学にはあることを言おうとしたからである。そして、人間の意識世界も出来事的、述語的性格に満ちている。

［6］ブーニンは『アルセーニエフの青春』を第4編まで書き終えた段階でプルーストの『失われた時を求めて』を読んで、自分の小説との類似性を指摘していた（『アルセーニエフの青春』の訳者の高山旭の「訳者あとがき」）ようだし、他の研究者からも指摘されている（佐藤精郎『孤愁の文人——ノーベル賞作家ブーニン』p.66）。ただ、この小説は全部で5編から成っていて、大部分を書き終えていることからも、影響を受けずに書いたものが結果として共通性があったということである。ブーニンはロシア革命後の1920年にフランスに亡命して作家活動を行い、1933年にロシア人として初のノーベル文学賞を受賞している。1870年に生まれ、1953年にパリで死去している。ブーニンの作品は邦訳もいくつかあるが、管見する限りでは『やわらかな息づかい』についてはヴィゴツキーの『芸術心理学』に付録として収められている以外にはない。ブーニンについては佐藤精郎『孤愁の文人——ノーベル賞作家ブーニン』による詳しい紹介があるのと、日本のブーニン研究者である望月恒子による解説がある（ブーニン作品集3・たゆたう春／夜、ブーニン作品集5・呪われた日々／チェーホフのこと、における解説）。

第4章　ヴィゴツキーとエイゼンシュテイン——芸術創造をめぐる交流

＜架空の対談＞

V：ヴィゴツキー、L・S／E：エイゼンシュテイン、S

V：私は芸術の問題では主に文学のことに関心を持ってきましたが、学生時代から演劇に興味を持ち、演出などを手がけてずっと演劇の問題を考えてきました。あなたも映画の世界に入る前は演劇の仕事をしていて、共通の関心を持っていました。

E：そうですね。私も若い時は軍の参謀本部アカデミーの東洋語学部に籍を置いたり、日本語の分かる人に日本語の手ほどきを受けたこともあり、言葉の問題には興味を持っていましたよ。私はその後、映画製作の仕事を始めましたが、映画の問題を考える上で、あなたやルリヤとの交流を通して学んだ心理学は大いに役立ちました。

V：あなたと一緒に研究を続けていた時、私は言葉の問題を心理学の立場から研究していましたが、言葉とその意味を支えているものに言語以前の感覚的な思考がありますし、直観的思考や直観像の研究などもやりました。

E：私は映画理論として「アトラクションのモンタージュ」などを出しました。人間は映画を観ている時、映像の中にある視覚と聴覚を統合しており、こういった人間が持っている特徴を映画製作に活かしていくことを、あなたやルリヤの心理学的研究から学んだのです。

V：私は『芸術心理学』の中で、芸術作品が持っている形式的な面と内容的な面とが相互に支え合っていることや、読者や観客は作品の形式を手がかりにしながら作品内容を能動的に受け止め、情動的な反応をしていることを強調しました。形式と内容、作者・製作者と読者・観客の間には境界はないと思います。

E：映画でも、演劇、小説でも、しっかりとした形式が作られていることと、作品を通して読者が感じることが何なのかを製作者が位置づけておかないと、読者や観客に知的思考をもたらすことはないでしょう。私が映画で目指したことは、映画を通して観客の中に新しいものの考え方が生まれてくることでした。

V：そう、「しかけ」は大事ですね。もっと大事なのは、作品から感動がもたらされるということでしょう。

この章では、はじめにヴィゴツキーと深い交流があり、またお互いに影響を与え合ったエイゼンシュテインとの交流をみていく。エイゼンシュテインは著名な映画製作者であり、重要な映画理論を多く提出している人物である。心理学の世界では、ヴィゴツキーとエイゼンシュテインの関係について論じられることは少ないが、二人は友人どうしで、強いつながりがあった。エイゼンシュテインの映画理論を研究している人たちの間では、ヴィゴツキーがエイゼンシュテインに与えた影響のことはよく知られている。本書の後半では、エイゼンシュテインの映画論について概観するが、そこからヴィゴツキー、そしてルリヤの心理学的研究とエイゼンシュテインの映画理論との関わりについて確認していくことができる。

1　ヴィゴツキーとエイゼンシュテイン

ヴィゴツキーとエイゼンシュテインとの組み合わせは一見すると奇異に感じるかもしれないが、この二人とルリヤを含めた三人は共通の友人であった。そしてヴィゴツキーが若くして亡くなったために実現しなかったが、映画の研究所を作ろうとした。エイゼンシュテインは１８９８年にラトヴィアのリガで生まれ、ヴィゴツキーより二歳年下であった。ヴィゴツキーと同じく、エイゼンシュテインもユダヤ系ロシア人だった。彼は１９４８年に五十歳でこの世を去っている。

(1)　ヴィゴツキーとエイゼンシュテイン、その出会い

ヴィゴツキーとエイゼンシュテインとの交流が活発になり、研究会を組織する機運が生まれたのは、エイゼンシュテインが１９２７年に製作した映画『十月』の後で、映像言語をめぐって心理学者と言語学者との共同研究が本格的に始まったことによる。この『十月』という映画は、１９１７年の十月革命の十周年記念として党の中央委員会の記念映画特別委員会の依頼で製作されたものである。この記録映画は短期

間で製作するように求められていたが、エイゼンシュテインが作品として構想したのは三部作という大きなものだった。結局、革命記念式典の当日は先に完成していた他の映画監督の作品（『聖ペテルブルグの最後』、『十月のモスクワ』など）が上映された。『十月』は完全に製作が終了していなかったために試写として公開された。この『十月』は、映像編集として既に確立していた「モンタージュ」をさらに一歩進めて、抽象的な意味と概念を映像で具体化する、いわゆる「知的モンタージュ」の可能性を追求したものだった。「モンタージュ」は簡単に言うと効果的な映像の組み合わせをねらったフイルム編集法であり、また映画理論でもある。エイゼンシュテインは観念的な意味を映像で表現する可能性を『十月』の映画で試みた。だからこの作品は「知的映画」とか「知的モンタージュ」と称されている。『十月』で使われた「知的モンタージュ」の典型的な箇所は、ケレンスキー（二月革命で生まれた臨時政府の実権を握ったケレンスキーは権力を掌握するが、結局はレーニンが指揮する十月革命の武装蜂起でこの政権は敗れる）がナポレオンを夢見て最高司令官、陸海軍大臣等といった階段を上っていく場面である（映像ではこの場面で新しい官位を得たことが次々テロップで流される）。階段を上ると皇帝の召使いたちは皇帝の部屋に彼を招き入れる。この場面でも金細工の孔雀が広げた羽を回転させながらケレンスキーを部屋へ案内する映像が挿入されている。ケレンスキーの反革命性を象徴する場面である。この作品では脈絡のない映像が続いたり、映像によるシンボル的な意味表現が多用され、イメージの氾濫が起きていた。観客には、映像のつながりから意味を連想していくことが求められたために分かりにくいと敬遠された。この『十月』は作品としての評判は良くなかったが、エイゼンシュテインにとっては意欲的な試みであった。

彼は、矛盾していたり、脈絡のない映像の対立や衝突を超えた先にこそ芸術の生成があるという「映像の弁証法」をこの作品で試みた。この映画そのものは、いわば、革命成立までの歴史的出来事の記録映画であったが、彼の真意は新しい映画表現、「知的映画」の実現であった。この作品の後、彼は自分が目指した映像表現方法によってどこまで観念的なものが表現できるか、その可能性を検討し始めたのである。そこで心理学者のヴィゴツキーとルリヤ、そして言語学者のニコライ・マール（Marr, N. I.）が加わることになる。彼が書いた次の文章にはこの経緯が書かれている。「生まれつつある映画言語の諸問題について（特に映画『十月』に関して）、『なかなかの顔ぶれ』で体系的に分析を行う機会があった。それに参加したのは、アレクサンドル・ロマノヴィチ・ルリヤ、ヴィゴツキー、マール——そう、あのニコライ・ヤコヴレヴィチ・マールその人、そして私である。」（この文章はエイゼンシュテインが1946年に書いた未発表のタイプ原稿で、「方法の探究Ⅱ——分析的仕事の歩み」と題されている）。この原稿の中でエイゼンシュテインはヴィゴツキーのことを次のように述べている。「この奇妙な髪型をした素晴らしい人を、学者としても人間としても、私は深く愛していた。その髪ときたら、チフスか何かの病気のとき頭を剃って、その後にはえてきたみたいだった。この奇妙な髪の下から世界を見ているのは、現代の最も輝かしい心理学者の一人の、空のように晴れて澄みわたった眼であった。その眼は、私の邪悪な意図を翻させようとヴィゴツキーが努めているとき、悲しみに輝いていた。私の意図は、神聖な芸術にたいして侮辱的な形容を用いることに現れていた。三番目の友人は、今も健在な私の友人、ア・エル・ルリヤである。私は彼のおかげで、一般の人間には理解しにくい実験心理学の秘密を少なからず知ることができた。」（同上邦訳 p.210）。

エイゼンシュテインは『十月』の完成後、1929年から欧米諸国とメキシコを訪問し、1932年に帰国するが、帰国してからはヴィゴツキー、ルリヤと定期的な研究会を続ける予定だった。それだけでなく、言語学者マールも加えて、「誕生しつつある映画言語の諸問題」および芸術性一般を研究する専門的な研究所の創設を目指していた。だが、ヴィゴツキーとマールの二人の死去で、研究所の設立はできずじまいに終わった。この時期、サイレント映画からトーキー映画に大きく転換が起きており、そこでエイゼンシュテインは映像と声、音楽が重層的な形で表現される映画の可能性を考え、後半期の重要な論文である「垂直のモンタージュ」をまとめている。ここでは、そもそも人間は多重な情報と情報モードを統合していること、その手がかりを人間心理の研究に求めたのである。また、このような人間が持っている多重な情報処理の特性について、特異な能力を持った人物ソロモン・シェレシェフスキー（Shereshevskii, S.V.）についてのルリヤの研究とマールの言語学研究を参考にしようとした。エイゼンシュテインがルリヤのシェレシェフスキーの共感覚能力の研究に大変興味を持ったことは後で取りあげるが、言語学者マールも共同研究のメンバーになっていた。このことをはじめにみておきたい。

マールは1864年生まれであるからエイゼンシュテインより三十歳以上年長で、かつアカデミー会員、マール派としてロシアの言語学界では大きな力を持っていた。マールの言語理論の中心にあるのは「ヤペテ理論」と言われるもので、自分の出身言語であるグルジア語が属するカフカース諸語が言語の共通の祖語であること、そして全ての言語は四つの音素で構成されている単一の原始言語から発生したという言語発生説である（バフチン 1930）。そして、彼の言語理論の最大の特徴であり、また後になって強く批判されたのは、その当時あった諸言語は共産主義社会で目指された単一の共通言語へと収斂されていくというもので、一時はスターリンの支持を得ていた。だが、結局はスターリン言語学からマールの言語の上部構造論や単一言語論は批判されることになった（田中 2000）。マール言語学は言語を抽象的客観主義で論じてしまっており、言語を具体的な言語活動、対話関係として考える立場からすると到底受け入れることができないものであった（バフチン 1929）。どうしてエイゼンシュテインがマールの言語学に興味を持ったのかということだが、マールの言語発生論では、手を使った身振り言語が最初であり、音声言語はそこから派生した二次言語であるとしたことによる（北岡 1998, pp.160-161）。この考えはポテブニャの言語論の流れをくむものであった。ポテブニャの場合は、言語を音声という外的な言語形式とこれを生み出している内的な言語形式としてのイメージという二つによって説明していた。ここにポテブニャとマールの類似点があった。そして、エイゼンシュテインがマールの言語論に注目したのも、マールの言う身振り言語を一次言語とした点である。実際、エイゼンシュテインはマールの授業に参加し、マールが講義で使っているロシア語の背景に他の言語の世界が感じられ、エイゼンシュテインは映画製作でも重視した重層的な映像表現と同じものをそこから感じていた[1]。それにしてもどんな理由があったのか分からないが、エイゼンシュテインが中心になって作られようとした研究会にマールとヴィゴツキーが一緒に加わろうとしていた事実は驚きである。マールは自分の学説に従わないものを迫害した、言語学の分野のいわば独裁者であった。このような人物をヴィゴツキーは研究会のメンバーとしてどう考えていたのだろうか。思想的には到底受け入れることなどできない人物であったはずである。

(2) 映像の心理学的研究

エイゼンシュテインは、映像表現としてどのような方法を使えば観客に感動を与えることができるかという問題に早くから取り組んでいた。彼独自の方法とその理論が「アトラクションのモンタージュ」(1923)であるが、それは彼の代表作である『戦艦ポチョムキン』(1925)と、その前年の『ストライキ』(1924)で実現している。彼が追究したのは、カット割りをリズミカルに変えて画面に加速度的な変化とスピード感を与え、緊張をかもし出すことであった。これが『ストライキ』で見事に表現されている。映像には一見すると関連がないようなものを挿入することが頻繁に行われているが、それは映像記号としての象徴的な意味を与える効果を持っていた。これらの彼の初期の作品はサイレント映画であったので、画面にテロップと背景音楽のみが入っていたが、この画面構成のモンタージュ技法と音楽とがうまくマッチしており、画面の躍動感が見事に表れている。彼の作品がどれをとっても単なる記録映画ではないことは、この映画を見ると分かる。

『ストライキ』は工場労働者とそれを弾圧する工場主との闘争を描いたものである。弾圧をもくろむ工場主と警察は猿や狐、フクロウといった名前で呼んだスパイを忍びこませて労働者の分断を図る。ここで映像はスパイの顔と動物の顔を重ね合わせる二重露出の方法でスパイの動きを象徴的に表現している(交叉モンタージュ)。この作品の圧巻とも言える最後の映像では、ストライキは労働者側の失敗に終わり、大量殺戮によって原野一面に累々と横たわる屍と、屠殺場で牛が殺されて血が流れる場面が同時に流される。

そして労働者階級の肉体の上に幾多の生々しい傷跡が刻まれ、「忘れるな!労働者よ!」というテロップが流れて終わる。

エイゼンシュテインは映像表現法としてのモンタージュ法を用いたが、それに対応するものとして、ヴィゴツキーが『芸術心理学』の「寓話の分析」で動物の行動を論じたことに言及している。エイゼンシュテインはヴィゴツキーから『芸術心理学』の原稿をもらって熱心に読んでいた。エイゼンシュテインは『ストライキ』の映画で登場してくる人と動物を重ね合わせ映像から受ける情動的反応を増幅させているが、ヴィゴツキーが寓話に登場してくる動物から彼らの性格を読むのではなく、あくまでもこの動物たちが生活の中で行う行動の様式にそれが表れていると指摘していることに賛同している。そしてこのことをヴィゴツキーの原稿の欄外に書き込んでいた(『寓話・小説・ドラマ』の原註2。邦訳 p.224. 柴田訳の『芸術心理学』では、この原註は省略されている)。エイゼンシュテインとヴィゴツキーとは『芸術心理学』を通して密接に交流をしており、エイゼンシュテインにとっては自分の映像理論をより洗練させていく上で重要な研究仲間と位置づけていた。ちなみに、エイゼンシュテインはきわめて好奇心旺盛で、英語、フランス語が達者で多言語に通じ、無類の本好きの人物であった(山口昌男 1973)。書物の収集癖も、あの山口が驚く程のものであったようだ。

エイゼンシュテインがヴィゴツキーの研究を参考にしていたもう一つの映像の心理学的研究に、彼の「映画形式――イメージの冒険」(1935)の論文がある。これは1935年1月の全ソ映画人創作会議でエイゼンシュテインが行った基調演説の記録である。[2] この論文は彼が書いたものの中でも最も刺激的なものの一つと評価されているが、そこでは一部、ヴィゴツキーが『思考と言語』で展開した内容が使われている。

特にヴィゴツキーの考え方が強く反映しているのは「感覚的思考――内言と提喩法」の節で述べている部分である。エイゼンシュテインはヴィゴツキーの言う内言を映画の中で展開される感覚的、イメージ的思考に位置づけていた。彼は知的映画が持っている構造的特性として、発音される言葉とは異なった内言の統辞論があると言う。「この内言――すなわち発音可能で明確な思考を表明する際に用いるような論理的組み立てによっては明確化しえない、この思考の行程や生成――はまったく独自の構造を有している。」（邦訳 p.186）。そして、この内言が芸術作品の創造の基礎にあると位置づけ、芸術作品の形式として外言の論理とは異なる内言の法則性を招いていないものは一つもないとも主張している。ここにヴィゴツキーが『思考と言語』、特に最終章の思想と言葉で強調していた内言の機能の考えが反映されている。

波多野完治（1957）に映画を心理学の立場から論じた『映画の心理学』があり、この中で一つの章を使ってエイゼンシュテインの映画理論を論じている。ここでも波多野は、エイゼンシュテインの芸術的モンタージュの第一の特質は、「概念」（concept）をつくり出すのではなく、「心像」（image）をつくり出すという点にあると言う。波多野は、エイゼンシュテインの映像理論は多分に心理学研究でもあると述べている。[3] 波多野は『映画の心理学』では言及していないが、彼の映画への関心は自身の研究対象でもあったアンリ・ワロン（Wallon, H.）が「映画学」と称された研究に関わっていたことと関係しているように思われる。実際、波多野は『映画の心理学』の「映画の児童心理学」の中で、ワロンが子どもの好む映画と大人が子どもにとって良いと選ぶものとは一致しないことがしばしばあると指摘していたことを紹介している。ワロンは子どもと大人の評価がずれてくるのはマンガ映画であると言う。ワロンの「映画学」については、浅沼圭司（1986）の短い紹介があるが、それは、映画によって引き起こされてくるものを美学、社会学、倫理学などで学際的に研究するもので、ワロンの基本的な関心は映画を心理現象としてとらえることで、「映画学」の方法論的基礎を心理学的研究に求めていた（浅沼 pp.82-83）。

エイゼンシュテインの映画論では、感覚的思考を重視するという一貫性がある。これと関連して面白いエピソードがある。ヴィゴツキーの『芸術心理学』の編者で、詳しい編者注記も書いているイワーノフにルリヤが語ったことである。イワーノフはルリヤからエイゼンシュテインの脳の解剖写真を特別に見せてもらったが、右半球が目立って大きい非対称性を示していた。エイゼンシュテインの映像的思考の特徴と脳の右半球優位との関連性を強く示唆するものである。イワーノフ（1978）は「エイゼンシュテインにおける視聴覚的対位法の美学的構想」の中で、１９７７年の冬にルリヤが著者（イワーノフ）に「右半球性」によって規定されているエイゼンシュテインの心理・生理的特徴について論文を書くつもりだと語っていた（邦訳 p.130）。エイゼンシュテインはヴィゴツキーが亡くなった後もルリヤとは研究交流を続けていた。[4]

エイゼンシュテインとヴィゴツキー、ルリヤとの共同研究に一役買った人物がいる。後に心理学者になったザポロジェッツである。コールがルリヤの研究とその生涯についてまとめた（1979）中で述べていることである。ヴィゴツキーとルリヤ、エイゼンシュテインは映像作品の核にある抽象的思考が視覚イメージにどのように組み込まれているか、その問題について定期的に会って議論していた。全く偶然だったが、ザポロジェッツはモスクワに来る前はウクライナで役者をしており、エイゼンシュテインに誘われるままに最終的には心理学者になった。１９２０年の終わりまで、ザポロジェッツはエイゼンシュテインがヴィゴツキー、ルリヤと映画の世界に関して議論をしている時、心理学の立場からその話を聞くという役割をしていた。このようにエイゼンシュテインは心理学者たちの協力の下に、音声と映像という二つの概念の間の連関という難しい問題ばかりでなく、映画作品としても成功させるという課題を解決しようとした。

(3) 文学と映画にみる弁証法的関係

エイゼンシュテインとヴィゴツキーの二人が共有していたのは次の二つである。一つは形式と内容の弁証法についてであり、もう一つは芸術における時間の表現についてである。以下、それぞれについてみていく。

(i) 芸術における形式 - 内容の弁証法とドミナント

エイゼンシュテインが映画で一貫して追究したのは、観客を引きつける(アトラクション)効果的な映像表現(モンタージュ)の仕方であった。モンタージュは個々の映像のショットとその組み合わせであり、ショット間の衝突、葛藤が生まれてくることを目指すものであった。彼は「映画形式――イメージの冒険」(1935)で、映画の表現と形式と内容とは不可分な関係になっていると言う。つまり、すぐれた表現形式を作り出すことによってそこから観客の中に深い感動と思考が生まれてくるのであって、形式と内容の「〝双方が一つに合体した〟相互浸透のうえでのみ、真の緊張、形式と内容の統一は保たれる」(邦訳 p.202)のである。「形式の構造を通って最も深い感覚的思考の層へも浸透していき、このような二つの流れが対局に向かうことにより、真の作品の特徴である、形式と内容の統一のみごとな緊張がつくりだされる。それなしには、真の作品はない。」（同上邦訳 p.201. 一部文章改変）。彼は「映画形式への弁証法的アプローチ」（1929a）でも、一つひとつのショットの間の衝突によってモンタージュは一つの観念を生み出し、それが映画全体の認識と感動を作っていると言う。このように、彼の「映画の弁証法」の議論は、形式と内容の統一であり、映画表現のための小さな単位であるショットとモンタージュという、いわば部分と全体を弁証法的に統一するものであった。

これらのエイゼンシュテインの主張はいずれも1929年以降に書かれたもので、このアイデアはヴィゴツキーの『芸術心理学』から得ていた。エイゼンシュテインが特に注目したのは、ヴィゴツキーがクルイロフの寓話を論じた「《かすかな毒》・総合」の章の結論のところである。その内容は前の章でもふれたが、クルイロフの「こおろぎと蟻」で蟻がこおろぎに向かって「踊っていればいいでしょう」と言った言葉には「くたばってしまえ」というもう一つの別の意味が含まれており、読者はこの作品の形式「踊っていれば」から二つのニュアンスの違う意味を受け取ることになる。作品の形式とそこから受け取る内容とは、切り離して扱うことができず、両者には複雑な関係があるということなのである。ヴィゴツキーは、芸術家は作品を通して読者がどのような内容と感情を持つかを考えながら作品構成をしていると述べているが、作品の内容から呼び起こされる感情と芸術の形式・素材とが結びついているのである。エイゼンシュテインはこの結論が書かれた原稿の部分にアンダーラインを引いていた（『寓話・小説・ドラマ』の原註 邦訳 p.226）。もちろんヴィゴツキーも、エイゼンシュテインから作品が与える意味的、感情的な側面について注目していくことの大切さを学んでいた。そして、この後でもみていくように、映像的思考の可能性についても二人は共に議論していた。[5]

エイゼンシュテインが映画表現としてのモンタージュで目指したことは、個々の映像のショットを互いに連結させて映画としてのメッセージを作っていくことであった。個々のショットを統合していく総和としてのモンタージュを映画表現として考えるということであり、それを彼は「ドミナントによるモンタージュ」と言った。エイゼンシュテインは「正統的なモンタージュ」とも言っていたが、モンタージュのあるべき姿としてドミナントを想定したのである。ドミナントはロシア・フォルマリズムが後期になって文学作品を過剰なまでに形式的な構造分析に終始した反省から注目するようになった概念であったが、エイゼンシュテインも映画の世界で個々の映像の断片であるショットの相互関係に注目してドミナントを論じたのである。この問題を集中的に論じたのが「映画における第四次元」（1929b）の論文である。彼の言葉である。「正統的なモンタージュとは、ドミナントによるモンタージュ――すなわち、個々の断片（ショット）をそれらの圧倒的な（主要な）特徴によって互いに連結することである。」（邦訳 p.103）。あるいはこうも言っている。はじめからドミナントなものがあるのではなく、ショット同士が相互作用し合うことで新しいドミナントが作られる。

エイゼンシュテインは自分の映画作品の中にドミナントがどのような形でみられるかを、1936年の論文「〝E！〟（えっ）――映画言語の純粋性について」の中で述べている。このことを、映像によるストーリー表現でドミナントがいかに生み出されるかを、『戦艦ポチョムキン』の一シークエンス（「オデッサ階段」の銃撃による市民の惨殺が始まる前の部分で水兵たちが小舟でポチョムキン号の兵士たちに食糧を届け、反乱を支援する動きとそれを岸壁で見守る市民たちの歓喜の場面の14カット）の詳細な分析で明らかにしている。この14のカットでは、戦艦に急行して食糧を運ぶ小舟の群れと、戦艦を岸壁から見守り、手をふるオデッサの人たちの二つのテーマによる画像が交叉し、相互作用していく中でドミナント（兵士と市民の連帯と革命）が形成されている。エイゼンシュテインの発言である。「構図は基本的に二つのプラン、つまり深い後景と前景による。各テーマは互いに前景となり、あるいは後景に退きながら、交互にドミナント（支配的要素）となる」（邦訳 p.157）。なお、このシーンの詳しい分析は、山田和夫（1994）の『エイゼンシュテイン』にもある。

エイゼンシュテインが映画におけるモンタージュの効果として求めていたものは映像としてのまとまった意味の形成であり、それは映画におけるドミナントの形成のことであった。そして、このドミナントは、ロシア・フォルマリズムが文学研究の中で後半になって形式的な作品分析の機械的発想から脱して、作品の要素間の相互作用によって一つの効果が生まれてくると考えたことと同じである。エイゼンシュテインは文学研究の中で広がりを見せ始めたドミナント概念を映画に持ち込んだのである。

エイゼンシュテインの「映画の弁証法」、あるいはドミナントによるモンタージュで問題にしたことは、映画を観た観客の中で作られる作品についての全体的な意味であり、観客が作る意味構成である。このことをエイゼンシュテインは「内的モノローグ」と言った。ヴィゴツキーが文学の世界で問題にしたことと、エイゼンシュテインが映画の世界で追究しようとしたことは、このように重なりをみせている。

（ii）芸術における時間表現

映画で時間をどのように表現したらよいかということで、エイゼンシュテインがヴィゴツキーに注目したのは、ヴィゴツキーが『芸術心理学』の「やわらかな息づかい」でブーニンの短編小説を論じていたところである。ヴィゴツキーは「物語の中の諸事件は実際に起こる場合のように直線的に進行して行くのではなく、飛躍しながら展開されて行く」（『寓話・小説・ドラマ』邦訳 p.117）と述べていた。この文とエイゼンシュテインとの関係を『芸術心理学』の編者のイワーノフは次のように指摘している。「諸事件の展開が、直線的にではないという作品構造の、ヴィゴツキーの考えに最も近い図による表示を、これよりおくれて行ったのはエイゼンシュテインだが、彼は語り（スカース）を途中の所から始めるプーシキンの『その一発』、イヴァン・ブーニンの『やわらかな息づかい』その他無数の見本がそうした論理の一貫しない語り（スカース）のロシア古典文学の例となりえようと述べている。ここで、『やわらかな息づかい』をあげているのは、ヴィゴツキーと親しかったエイゼンシュテインが芸術心理学に関する原稿をよく知っていたことによるものだろう。」（『寓話・小説・ドラマ』原註 邦訳 p.229）。

イワーノフ（1975）は論文「映画言語の機能とカテゴリー」の最後の部分で、映画の時間のカテゴリーについて論じている。実生活における時間的推移と歴然とした違いを生んでいるのが映画という状況である。このような時間的に断片化したり、不連続な場面構成をすることは一部の文学作品にもあった。スターンからはじまってジョイス、プルースト、そしてブーニンの小説などである。そして、時間カテゴリーとして特異な表現を多用したのがエイゼンシュタインであるが、彼の映画表現の理論であるモンタージュの根本には、このような現象の連続の否定、つまり出来事の断片化があり、この断片化されたものどうしから生まれる衝突と葛藤が映画の感覚と意味を作りだしていくことがあった。だから映像を小さなショットとして断片化したり、この連続を否定して場面のショットどうしをぶつかり合わせ、それを超えて一つの統合が生まれてくるのである（浅沼 1990）。エイゼンシュテインのモンタージュ論は観客が一つの時間的な流れを物語として構成していく時間カテゴリーを想定したものである。そこで作られているのは意味的な文脈と系列の産出であり、物語の時間展開を壊してしまった文学作品を読んでいる読者の中で起きていることと同じである。エイゼンシュテインは1929年の8月から1932年5月まで欧米諸国に出かけ、フランスでジョイスに会って『ユリシーズ』の映画化に向けた話し合いをしている。結局これは実現しなかったが、この逸話からも、エイゼンシュテインが映画による新しい時間表現の可能性を探っていたことが分かる。

(4) 映画と共感覚

エイゼンシュテインは1930年以降、映像と声、音楽が重層的な形で表現される映画の可能性を考え、後半期の重要な論文である「垂直のモンタージュ」を書いている。この時期、サイレント映画からトーキー映画に大きく転換が起きていた。1930年までの『ストライキ』、『戦艦ポチョムキン』、そして『十月』というエイゼンシュテインの前期の代表的な作品でも、各ショットの切り替えと背景に流れる音楽との連動で映像としての臨場感と緊張感が見事に作り出されており、まさにテンポによるモンタージュの効果を生み出してはいた。だが、トーキー映画とカラー映像が入ってきて、映像としての色彩効果や音楽や俳優の声が同時に出されるようになった。そこで、同一時間内における各情報モード間の相互関係、つまり垂直方向の運動が問題になってきた。観客はこれらの諸感覚の同時的な運動の中でまとまったイメージをどう作っていくのか、またその効果的な映画表現はどのようなものであるべきかという問題が出てきた。そもそも人間は多重な情報と情報モードをどう統合するのかという人間心理に関わる基本問題があり、その手がかりを心理学研究に求めたのである。特に人間が持っている多重な情報処理の特性について、特異な能力を持った人物シェレシェフスキーを詳しく研究をしていたルリヤからヒントを得ようとした。[6]

エイゼンシュテインはルリヤが研究していたシェレシェフスキーとも直接会っている。[7] エイゼンシュテインは後の「垂直のモンタージュ」（1939）の中で、シェレシェフスキーの共感覚について次のように紹介している。彼は音を色彩として見、色彩を音として聴くという共感覚をもっており、彼の場合は母音は明暗のスケールの違いを示し、子音が色彩として現れてくるという特徴があった（邦訳 p.310）。エイゼンシュテインはシェレシェフスキーの特異な能力は音と色が機械的に結びついていたが、通常の観客もトーキー映画では映像と音、あるいは色彩が同時に出され、それらを観客はまとまったイメージとしてとらえているとした。そこには感覚間の融合がある。そして俳優が出す声の質や色彩の持っているイメージ効果などがそこにはある。声には時には論理的思考以前の感覚的思考として情報を伝える側面がある。だから、エイゼンシュテインはシェレシェフスキーのような特殊な人間だけでなく、通常の人間も映画から受ける全体的なイメージとして多様な情報をむすびつけていると考えた。彼は「垂直のモンタージュ」でこう述べている。「芸術において決定的な役割を果たしているのは作品のイメージ体系が指示する、イメージによる自由な対応である。」（邦訳 p.311）。そして、このような観客のイメージ生成を促すように働きかけるのが、作品全体の生き生きした動きである。[8] 音と色彩とを相互に一致させていくように方向づけるのは作品のイメージ構造であり、このイメージ構造を確定させるのが作品の思想とテーマである。つまり作品の表現形式だけを問題にするのではなく、その作品の思想とテーマをも問題にしたのである。トーキーになって音声が加わると、エイゼンシュテインは観客が音声を内的言語として内化する過程を重視するようになる。「内的モノローグ」の考えである。

2　エイゼンシュテインの映画理論とそれが意味するもの

前の節では、主にエイゼンシュテインが彼の映画理論を作りあげていく上で映像の心理学をヴィゴツキーとルリヤを通して学んでいたことをみてきた。ここでは、エイゼンシュテインの映画理論について、その概要を確認していく。

(1) リアリズム主義を超える

エイゼンシュテインの映画理論の中心にあるのはモンタージュ論である。モンタージュ論は映画製作法の理論としてだけでなく、映画を通して観客にもたらされる感情と理性を含めた心理的作用を説明したものであり、映画という外的世界と、それに触発されて観客が生み出す思想的側面を含めた内的世界とを統合する、いわば映画の心理学の理論である。彼のモンタージュ論には様々なものが含まれているが、彼が最終的に目指したものは知的モンタージュであり、映像、音楽、音声等の複数の情報モードを統合して観客の思考を導いていく垂直のモンタージュであった。

モンタージュは同じロシアの映画製作者のジガ・ヴェルトフ（Vertov, D.）も用いていた方法である。ヴェルトフも撮影の角度やスーパーインポーズ、画面分割といった様々な映画製作の技法を使って、記録映画を超える表現を目指していた。その代表作で今日でも観ることができるのが『カメラを持った男』である。ヴェルトフとエイゼンシュテインのモンタージュの大きな違いは、ヴェルトフは映像という素材そのものに語らせようという意図が強いのに対して、エイゼンシュテインは、映像を観念的に表現しようとした点である（大石雅彦 1994）。

エイゼンシュテインのモンタージュ論を考える時には、彼がモンタージュの前につけた「アトラクション」という言葉が重要な意味を持ってくる。アトラクションは演劇の世界で使われていた言葉で、観客の興味をそそるような「演じ物」という意味である。だから彼の言うアトラクションとは、「知覚する側に一定の情緒的なショックを与えるよう綿密に計算され、経験的に選りすぐられた感覚的ないし心理的作用を観客に及ぼす要素のこと」（「アトラクションのモンタージュ」1923, 邦訳 p.14）である。このようにエイゼンシュテインがあえてモンタージュの前にアトラクションという言葉を付けたのは、単に映像を切り貼りするという「モンタージュ」の意味を超えた効果を求めようとしたからである。だからモンタージュとは映像の断片であるショットの間で生まれる衝突であり、葛藤だと言う。この矛盾と葛藤の中から思想が生じてくる。あるいは思想を映像として表現することができる。よくエイゼンシュテインが使う喩えとして、日と月の二つが合わさって明という文字が生まれ、口と鳥を一つにして鳴くという新しい意味の文字が生まれるが、それと同じように映像の各ショットを相互にぶつけ合うことで新しい映像的意味を作り出すことができると考えたのである。

エイゼンシュテインのこのような発想は、彼が革命の時に赤軍の演劇工作班の美術デザイナーとして活動をしていた時に日本人と知り合って彼から日本語と漢字を習い、その後もモスクワの参謀本部アカデミーの東洋語学部に入学したことが背景にある。それぞれのモンタージュの原理による映画構成が効果的になるためには、これらが相互作用していくように配置される必要がある。その時、各ショットは無機的な構成要素、単なる部品としてではなく、相互に影響を与え、また映画全体にも作用していくものでなければならない。エイゼンシュテインはこのように考えた。

(2) モンタージュと歌舞伎

エイゼンシュテインが自分の映画理論として彼の生涯の理論的な根幹になっている「アトラクションのモンタージュ」を書いた後、自分の理論と完全に呼応するようなものに出会うことになる。1928年に二代目市川左団次が率いる訪ソ歌舞伎団がモスクワで一週間公演を行っているが、エイゼンシュテインは歌舞伎を観て、歌舞伎には「一元論的アンサンブル」があることに気付いていく。自分たち(ロシア、西欧)のオペラを例にすると、オーケストラ、コーラス、ソリストのアンサンブルとしてそれぞれが平行して存在している。あるいはどれか一つに集団的に統一されてしまうようなアンサンブルである。ところが歌舞伎ではこれとは違ったアンサンブルの形を取っている。このように彼は言う。そこに自分が映画理論として出した、各種のモンタージュのそれぞれが個々に重要な役割を持ち、同時にそれら一つひとつがまとまった感覚を作り出していくという発想と同じものを見出した。自分の基本的な主張である感覚的な思考過程を触発していくことを歌舞伎でもねらっていたことに感銘を受けたのである。このことをエイゼンシュテインは「思いがけない出会い」(1928)と、「枠を超えて――モンタージュと日本文化」(1929c)の中で書いている。

実はヴィゴツキーもモスクワの歌舞伎公演に一週間熱心に通い、大いに感激したという。このことを森(山下)徳治が「ヴィゴツキーの想い出」(1962)の中で、1929年にヴィゴツキーに会った時にヴィゴツキー自身が語ったこととして紹介している。エイゼンシュテインとヴィゴツキーの二人は同じ公演を観ていたのである。エイゼンシュテインは自分の映画理論と共鳴する部分に感激し、ヴィゴツキーは当初からあった演劇への関心を一層深めていった。二人は歌舞伎の公演を互いに誘い合って一緒に観たのではないかと想像したくもなるし、その可能性も大きい。

森がこの随想の中で書いていることで注目しておきたいもう一つの事実は、この当時、ヴィゴツキーが直観像に興味を持ち、ドイツのエールリッヒ・イエンシュ(Jaensch, E. R.)の下で直観像の研究をしていた森に実験的調査を頼んでいることである。森は集団テストで三人の直観像の子どもを見つけ、さらに詳しい実験をルリヤ、ヴィゴツキーと一緒に行っている。森が指摘しているように、ヴィゴツキーが直観像に興味を持った背景には、人間の思考を考える時に概念形式の獲得の前にある複合的思考の役割を重視していたこと(『思考と言語』における論議)や、直観的思考への関心があった。事実、ヴィゴツキーの『精神発達の理論』の第9章「ことばと思考の発達」の第4節「ことばの発達以前の思考」のところで、ことばと深く関わっている表象を実験的に検討したものに、直観像を持った子どもに行った研究があることを述べている(邦訳 pp.306-309)。ヴィゴツキーは森を通してイエンシュの実験を知ったと考えられるが、直観像の大きさなどはその対象に向けられた願望（果物を取りたいという願望など）の強さによって変わることに言及し、言語的発話が直観像の振る舞い方を変えるという制御の可能性を指摘している。[9] ここから直ちに連想されることは、エイゼンシュテインが映画的思考を論じている中で重視していた感覚的な思考過程と、その構成に関わっている主体が対象にどう向かうかという思考活動とのつながりの深さである。ここでも、ヴィゴツキーとエイゼンシュテインの関心の重なりをみることができる。

（3）垂直のモンタージュ

「垂直のモンタージュ」はエイゼンシュテインが本格的にトーキー映画の製作に着手することになる後期の映画論である。彼が「垂直のモンタージュ」（1940）を書いた時期は、映画の世界で大きな変化が起きていた。カラー映画とトーキー映画の登場である。

（i）色彩の垂直的モンタージュ

エイゼンシュテインがカラー映画を製作したのは、彼の最後の作品になった『イワン雷帝』第2部である。『イワン雷帝』第1部はモノクロ映画であったし、垂直のモンタージュを具体的な映画作品の形で表した『アレクサンドル・ネフスキー』もモノクロ映画であった。だが、彼は作品以前から映画の色彩の効果について議論をしていた。論文「色つきではなく、色彩で」（1940c）では、モノクロームでも「色彩音階」が表れていると言う。たとえば『戦艦ポチョムキン』の灰色のいくつかの階調の海面、戦艦の士官たちの黒服と不安な夜を暗示した夜の暗さ、それと対比的なポチョムキン号の兵士を助けるための食糧を積んだ白い帆の小舟、白い水兵帽という白黒の対比から受ける色彩の意味が明確に示されている。同じく『アレクサンドル・ネフスキー』でも、ロシアに侵攻してきたゲルマン軍（ドイツ騎士団）の兵士の白い衣、それと対比的なロシア軍の黒い服装。そこでは色彩の働きをモノトーンで示している。彼が問題にしているのは、色彩が持っている意味であり、色彩だけを単独に取り出すのではなく、色彩的要素が持っているイメージと感情的側面、そして映像、音楽といった視聴覚的なものとの内面的な同期性である。

彼は実際にカラー映画の実験ともいえる『イワン雷帝』第2部を第1部の翌年の1945年に製作しており、このカラー作品に向けて理論的考察を事前に行っている。1937年の「モンタージュ」の第3章「トーキー映画のモンタージュ」では、映画において色彩と音、そして映像との統一、つまり内面的な同期性を実現することができると言う。ただし、それはイメージの中であり、これらによって形成される全体的なイメージとして実現されているものである（邦訳 p.217）。

1940年の「垂直のモンタージュ」ⅠとⅡではさらに、色彩と音声の対応関係について詳しく論じている。エイゼンシュテインにとっては、色彩は映像描写に一定の感情的な意味と作用を与えているのであり、観客はここから映像の全体的なイメージを作っている。そしてカラー映像がトーキー映画と一緒に登場することによって、色彩と音声との一致対応の問題が出てくる。このことをエイゼンシュテインは「クロモフォン（色彩と音声）モンタージュ」と名づけている（邦訳 p.300）。色彩と音楽、そしてセリフとは感情とイメージを作り出し、それぞれが対応関係を生み出していく。そこでは色彩が持っている感情作用に注目しなければならなくなる。彼にとって音と映像との視聴覚的対応、つまりこれらの融合が上手く行われることが絶対的に必要なことだった。

エイゼンシュテインの映画制作の実践に少なからず影響を受けた日本の映画製作者に、小津安二郎がいる。小津もカラー作品では彼特有の色彩にこだわり、それを作品の中に取り入れ、活かした実践者であった。彼の場合は、特有の赤の発色であり、赤色をしたヤカンや果物などが特別の場所に置かれ、独特のローアングルによってそれらが撮影され、重要なワンカット・シーンとなっている。たとえば、小津のカラー映画の代表作である『彼岸花』や『秋刀魚の味』の自宅のテーブルの脇に置かれたホーロー引きの赤いヤカン、朱色の急須、「バー・ルナ」の赤い色の電話器、赤い色の食卓、そこに置かれた赤い茶碗や赤いキャップの「醤油差し」のビン、そして宴会の席での赤いお椀等々、随所に赤色の小物が使われている。最も印象的、かつ絶妙な効果をもたらしているのは、『秋刀魚の味』で長女の路子の部屋に置かれた赤い布が張ってある椅子を何気なく画面の中に映し込んでいる場面である。そして路子が嫁いで行った後に部屋に残されたこの椅子をもう一度クローズアップしたワンカットは、これ以上ない効果を与えている。小道具を雄弁に語らせている。小津はエイゼンシュテインより年齢は五歳若く、１９０３年生まれだが、エイゼンシュテインと同じように、サイレント映画を経験しているので、セリフなしで描くことにこだわった人物でもある。俳優の指一本の仕草で物語ることを大事にした。だから彼は「見せる演技」ではなく、「見られる演技」を追究した。言葉よりも映像によって伝えることを大事にするという思想は、エイゼンシュテインから小津安二郎へと受け継がれている。

(ⅱ) 視聴覚的対位法

エイゼンシュテインの「垂直のモンタージュ」の中心にあるのは「視聴覚的対位法」という映像と音楽の融合で、イメージの内面的同期である。彼の主張は『アレクサンドル・ネフスキー』の作品で具体化されている。彼は「垂直のモンタージュ」の基本的問題はポリフォニックな構造とそれを構成するそれぞれの糸の「熔接」であり、いかにこの「熔接」を作っていくかということであった。彼は、この「熔接」を『アレクサンドル・ネフスキー』の中でも、特にドイツ騎士団とロシア兵との戦闘シーンの場面で実現したと言う。「空のくもりと晴れの音調的な糸…疾駆するドイツ騎士団の突撃の、増大するテンポの糸、その突撃の方向の糸、ロシア軍とドイツ騎士団との、順次連続したカット・バック的提示の糸…クローズ・アップの顔とロング・ショットの糸…音楽の音調《トーン》的側面の糸…音楽の主題（主旋律）の糸…テンポ、リズムの糸などが（中略）課題を困難で複雑なものにしていた。これらすべての要素を単一の有機的溶和物に調和させて熔接するため、はかり知れないほど多くの時間がついやされた。」（「垂直のモンタージュ・I」邦訳 p.294）。それでもこの映像描写と音楽との溶接＝内面的な同期は、エイゼンシュテインの親友のセルゲイ・プロコフィエフ（Prokofiev, S. S.）が映像のイメージとその意味を的確に把握し、それを音楽と有機的に連結させたことで可能になったとエイゼンシュテインは語っている。視覚と聴覚とが相互に対応しながら一つの映画としていく、つまり「聴覚的対位法」に必要なのは、運動とリズムの同期性である。このリズムがテーマの内容における内面的な力動のイメージを作っていく。視覚的、聴覚的なものを総括するイメージを組み立てているのはリズムである（同上邦訳 p.156）。映像と音楽・音の関係は、音や音楽が映像に従属しているのではなく、むしろこれらの音や音楽が次に出てくる映像を予測し、先取りする役割をしているのである。

エイゼンシュテインは「垂直のモンタージュ」Ⅲで、『アレクサンドル・ネフスキー』を使いながら映像と音楽の融合＝「視聴覚的対位法」の詳しい分析を行っている。特にこの作品の後半部分の「氷上の戦い」の部分について、極めて詳細な分析を行っている。『アレクサンドル・ネフスキー』は、13世紀中葉のロシアでゲルマン人の侵略に遭っていた窮状をネフスキー公爵によって救われるという歴史映画である。なお、『アレクサンドル・ネフスキー』の詳細な内容を書いた「文学シナリオ」と完成された映画との異同をまとめたものは『エイゼンシュテイン全集第4巻』（1976）の第4章に収められている。[10]「氷上の戦い」はドイツのチュートン騎士軍を迎え撃つロシア兵士の動きを描いた部分である。特にドイツの大軍と対峙しているロシア兵がこれから始まる戦いの期待と不安が交錯する夜明けの12カットは、視聴覚の二つが完全に融合した部分である。そこでは、音楽的構成と映像で示されているジェスト（身振り）を観た観客の眼の動きとが完全に一致しており、造形的なイメージ（音楽が飛び跳ね、またきちんとした輪郭を持ったもの）が生まれている（『エイゼンシュテイン読解』・「垂直のモンタージュ」邦訳 p.239）。図3はエイゼンシュテインが「氷上の戦い」の12カットの中の最初の1～7カット、約11秒間の映像と音楽の対応を表したものである。

ショット1（図では画面の番号Ⅰ）は、ロシア軍が岩の上で遠くにいるドイツ軍を待ち受けている場面で、次第に夜が明けて明るくなる場面では旗を持った暗い人影、まだら色の空、雲が散在するところへと順次視線が動き、視覚的印象も暗から明へと変わっている。ショットⅢ（画面の番号Ⅲ）になると左の岩の上にいる人物から空にかかる雲へと視線は円弧型に上昇線をたどり、高揚感を与えている。音楽もここで四

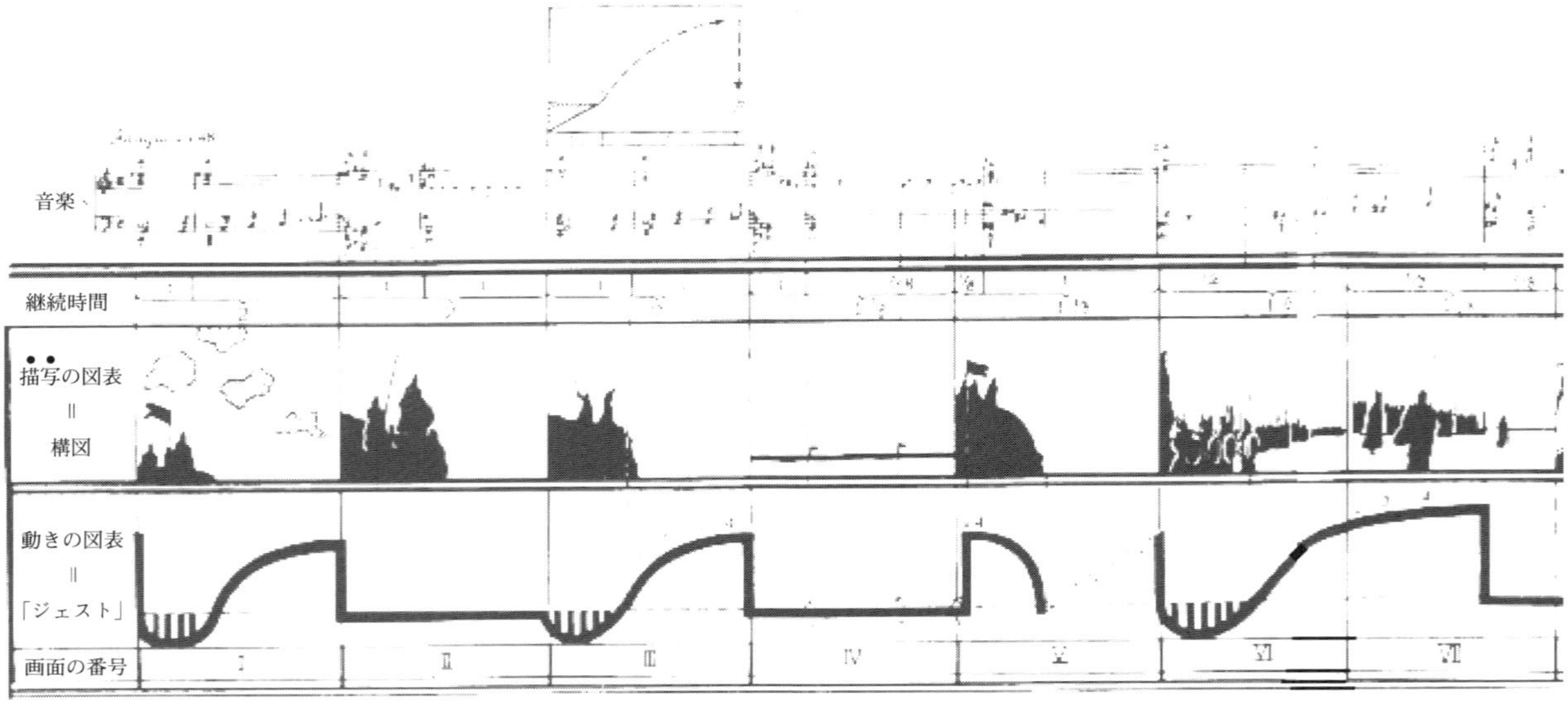

図３　視聴覚の対応表　『アレクサンドル・ネフスキー』の氷上の戦いの１-７のショット
（エイゼンシュテイン「垂直のモンタージュ」1940 より）

分音符五つが視線の上昇（1、2、3、4）と対応して上昇する感覚を与えている。だが、次のショットⅣではるか遠くにいるドイツ軍の二本の旗が出てきて、視線は一気に落下の線をたどっている（図3の上に載せた図）。音楽もⅢからⅣのところで、鋭いアクセントがついた十六分音符で表現し、急激な落下の感情を表している。メロディもBシャープからCシャープへ転調して、落下の印象を与えている。次のショットⅤでは、岩の上のロシア兵から右の空白へと眼が移動し、戦いの場の広がりを想像させ、緊張感の高まりを視覚的に与えている。そして、このⅤの空白の場面の後、ショットⅥからⅦで、ロシア軍の槍を持った映像へと視線はアーチ状の上昇を示している。この動き（ジェスト）と対応して、音楽も10から11の小節で四分音符による上昇的な音階になっている（上図）。

　エイゼンシュテインはここまで徹底して映画の中に映像と音声、音楽の内的イメージの完全な統合、つまり「視聴覚的対位法」で理想とするものを追究していた。だが、この「垂直のモンタージュ」Ⅲの結論では、このように監督によって構成されたものを「鉄のごときもの」とみなしてはいけないと言う。つまり、堅固な構成が最初から明確にあるわけでなく、それぞれのショットをどう結びつけていくかということは作業をする中で生まれてくる、ダイナミックな創造の過程なのである。この創造の仕事は、作者から観客へとさらに進んでいく。ここから「知的モンタージュ」の議論へとつながっていくことになる。

3　エイゼンシュテインが目指した人間精神の世界

エイゼンシュテインは映画によって抽象的観念を具体化し、観客の知的活動を促していこうとした。映画は感覚的、写実的なものを提示しているが、それを基層にして観客は思考という高い水準を創り上げていく。エイゼンシュテインが目指したことは最終的には人間精神の生成を目指す営為であった。彼が人間の持っている知的努力と文化創造の可能性をどのように考えていたのかをみていこう。それは映画論を越える心理学の問題でもある。

（1）知的モンタージュと内的モノローグ

エイゼンシュテインは観客がいかにして映画から内的イメージを創り出していくか、それを効果的にもたらすためのものとして様々な映画表現の技法、モンタージュを追究していた。映画で追究し、問題にしなければならないのは、観客の知性と意識の創造である。これをエイゼンシュテインは「知的モンタージュ」と言った。「知的モンタージュ」と「内的モノローグ」を中心的に論じているのが論文「どうぞ！」(1932)

の後半部分である。ここで言う「内的モノローグ」はジョイスのいわゆる「意識の流れ」を小説の題材としたものを想定しているが、人間の内部の意識の中にある前言語的なイメージの生成過程のことである。映画の場合は「内的モノローグ」は、映像という外に表現された動きに呼応して観客が思考の流れを音と映像で創り出すことにほかならない。そこでは外部の客体＝映像と観客という主体の間の「境界」は取り除かれている。だからエイゼンシュテインは「内的モノローグ」を獲得できるのは映画であり、意識の流れのあらゆる局面とその特質を再現できるのはトーキー映画だとも言う（邦訳 p.161）。何故、トーキー映画なのかというと、サイレント映画では映像によるコミュニケーション的言語の負担を観客に与えることが多いが、トーキーは観客の内的言語活動を支え、同時に映像という視覚との融合が一層可能になるからである（岩本憲児 1998「エイゼンシュテインと心理学」・『ロシア・アヴァンギャルドの映画と演劇』所収 p.200）。

エイゼンシュテインは「どうぞ！」の結論部分ではさらに踏み込んで、次のように述べている。「自分の内面に耳を傾け、その構造を理解し、それを集め、緊迫した心の葛藤の内的独白（モノローグ）を組み立てる。……創造的意欲と観察眼が大いに刺激される！……トーキー映画の真の素材は、モノローグである。……モンタージュ形式は構造的には、思考の流れの再編成であるという年来の私の考えと呼応する」（邦訳 p.162）。エイゼンシュテインは「観察眼」という言葉を使っているが、ここでは映画を観ている者の視線の動きが音楽のリズムと共に内的イメージを作り出す能動的な「内的努力」を想定していた。エイゼンシュテインは「どうぞ！」の少し後の１９３５年の講演をまとめた「映画形式――イメージの冒険」でも、芸術作品の形式の基礎にあるのは読者や観客の内言であると指摘している。「形式の創造の基礎には、感覚的でイメージ的な思考が横たわっている」（邦訳 p.186）のであり、この内言という感覚的思考がどのように構成されているか、それを通して芸術形式が議論できると言う。

この「映画形式」では「知的映画」の可能性も論じている。「知的映画」は人間の内部の知的過程をいわば下位にある感情的、生理的なオーヴァートーンと絡めながらも、高次な知的な性格のオーヴァートーンである「知的モンタージュ」によって作られたものである。「知的映画」というとかく情緒性を欠いた理性的なメッセージが想定されるが、彼は抽象的な思考過程は具体的で実践的な現実に基づいたものであって、感性的、情緒的なものが同時にそこになければならないと言う。いわば知的過程に熱気と情熱を戻すこと、これができるのは映画なのである。抽象的な概念を具現化していくこと、これが「知的映画」で目指されたものである。「われわれが知的映画をうんぬんしていたときに、まず念頭においていたのは、観客の思考を導き、しかもそれと同時に思考の情緒化にとっても一定の役割をはたしうるような組み合わせである」(「映画形式」邦訳 p.170)。彼は感情の領域と理性の領域の二元論に終止符を打とうとした。

エイゼンシュテインはマルクスの『資本論』の映画化を企画していた。結局、これは映画として完成することはなかったが「知的モンタージュ」を具体化しようとするものであった。しかもこの企画は早い時期の1927年に考えられており、それが「『資本論』映画化のためのノート」(1927)として残されている(『エイゼンシュテイン全集』第4巻・所収)。この映画化のためのアイデア・ノートには、「剰余価値」、「価格」、「地代」といったものを映画化すること、そして小さな出来事は階級闘争の巨大な激情を徹底的に解剖するための素材であって、『資本論』でも情緒的凝結物として考えるべきといった言葉が書かれている。そこでは「知的映画」の究極の姿が目指されていた。

（2）個人精神の形成と歴史・文化の形成——ミクロコスモスとコスモス

エイゼンシュテインは、映画の持っている力を観客が自己の中に新しい意味世界を構築していくことに求めた。彼は映画製作者として「知的映画」の製作に全力をあげながら、同時に彼の念頭にいつもあったのは観客の理性の形成であった。彼はマックス・ノルダウ（Nordau, M.）の考えに注目して、芸術が発達していく本来的、あるいは自然な姿というのは、単一性から多数性へと向かっていくこと、進歩は差異化であると言っている（「方法の探究Ⅱ」1946）。もちろん差異化で終わるのではなく、新しい高度な統一である。有機体とはそういうものであって、芸術も人間の理性も同じである。だから観客も映画から多様なものを感じ、そして最後はそれを自己のものにしていく。

エイゼンシュテインが亡くなる二年前の１９４５年に書いた「無関心な自然ではなく」は、彼の生涯の映画製作の実践と映画理論をまとめた長大な論文で、この最後の「エピローグ」と「追記」は、全体の結論にもなっている。そこでは、彼は人間がいつも持つべきもの、つまり無関心にしないでおくべきものこそ人間が常に追究すべきものであり、映画もこの人間のあるべき姿＝自然の文化的リレーの一端を担っていると言っている。彼は次のように言う。「無関心でない自然は、何よりも私たちの周囲の自然ではなく、わたしたち自身の自然であり、無関心でなく、情熱的に、能動的に、創造的関心をもって世界改造に参加していく人間の自然である。」（邦訳 p.178）。このような無関心でない自然という私たちを支えていく働きこそが芸術の役割である。「私たち自身の人間性（人間的自然）という、人類の最良の部分の偉大な歴史的事業に参加するものが無関心でないこと――これが、建設者であり創造者でもある〈人間〉の偉大さを全力をあげて讃美する偉大な芸術が不滅であることの堅固な保証なのである。」（邦訳 p.178）。

エイゼンシュテインは一人ひとりの知的努力、新しい文化創造に向けての営みを大切にする。その小さな知的努力は映画を観賞する者の小さな活動として表れている。エイゼンシュテインが『アレクサンドル・ネフスキー』の作品分析で、観客が映画のシーンの中の人物の動きを眼で追っていくという外部への主体的な関わり、心的努力を重視していたことをもう一度想い出しておきたい。この外部との関わりを通して経験は生まれてくるのであって、それが人間意識の形成の根幹にあるものだった。映画の中に表れた小さな現実の姿、現象を通して、我々は大きな普遍的意味を得ていくことができる。それがなければ映画は知的映画にはならない。映画を観ることは知的、創造的な文化的営みである。単なる娯楽を超えたものがなければならない。エイゼンシュテインが１９４４年に書いた「わたしはなぜ映画監督にならなければならなかったか?」では、映画によってもたらされる普遍的意味について語っている。「ほとんどに非常生活の現象であるもの（引用者：映画）が、どんなものでも、必然的に大きな意義を持つ普遍的存在へと拡大してゆくものである。…消された電灯、それは暗黒への退去であり、切られた電話は世界からの遮断を意味する。…そして、すべてが大事《おおごと》になってしまう。すべてが最も激しい内的体験なのだ。どんな些細なことでも、ほとんど瞬間的には普遍的なものへと首をつっこむ。」（邦訳 p.32）。

このように、エイゼンシュテインは「経験」するという活動を重視する。この「経験」は外の出来事を自分の中へと「移動」させ、自分の心的世界として「再び」作り上げる「移動」・「再」（пере-）である。畠山宗明（2007）はエイゼンシュテインの最後の論文「無関心な自然ではなく」に注目しながら、エイゼンシュテインの理論の中核にあるものは映画で体験したこと、その意味の再創造、自己の世界への移動としての「体験（ペレジヴァーニエ）」であったと言う。「ペレジヴァーニエ（переживание）」は、ヴィゴツキーが人間の精神活動として外部世界と人間の内的意識の世界をつなぐ重要な概念「心的体験」として位置づけていたものであった。

観客は映画という外的なものを手がかりにして映画の中の他者を通して自己を発見していく過程でもある。それはバフチンが指摘する「自己‐他者論」である。エイゼンシュテインにはバフチンの研究について直接言及したものはないが、エイゼンシュテインはバフチンをよく読んでいたと言われている。たとえば、エイゼンシュテインが晩年の1946～47年の間に書いた長大な論文に「パトス」があるが、この中の「精神的な普遍性（＝超具象性）」では、映画という他者の表現を通して自己を再発見していくことを次のように述べている。我々普通の人間は、自分の感覚・感情の主観的奴隷の状態を超越できないでいるが、詩人の場合は自分の内観だけに頼るのではなく、客観的な対象である他人を作り出し、それを識別することで他人と並行させて自分を認識している。その客観的な識別を可能にしてくれる他人が映画なのである。「（我々は）『自分』を通じて『他人』を認識することが可能になり、また、『他人』を通じてだけ『自分』をも認識することが可能になる」（邦訳 p.178）。これはまさにバフチンの「自己‐他者論」そのものである。あるいはエイゼンシュテインは次のようにも言う。「客観的『叙述』とは、現象を客観的に『想像』できる場合にだけ、可能である。つまり現象を自分から分離して、自分の前に提起し、自分から分離した現象と観察者としての自分とを相互に対置できる場合にだけ、可能である。」（邦訳 p.176）。映画はこのことを可能にする機会を与えている。そして、映画を通して、自分という小さな宇宙＝ミクロコスモスと、他人を含む大きな世界についてのコスモスという二つの領域へと向かうことになる。あるいは自分のミクロコスモスの中にコスモスがあることに気付く。同じことはヴィゴツキーが『思考と言語』の最後で述べていたことであった。

なお、ヴィゴツキーとエイゼンシュテインとは演劇の世界でも共通の関心を持っていたし、ヴィゴツキー自身も演劇について心理学考察を行っているが、ここでは省略する。[11]

(3) エイゼンシュテインの映画論とドゥルーズの『シネマ』

ここまでエイゼンシュテインの映画理論をみてきたが、ある一人の哲学者のメッセージとの類同性にも注目してみたい。ドゥルーズが『差異と反復』(1968) の中で述べている思想で、彼自身が『シネマ』(1983, 1985) で展開した映画論である。

ドゥルーズは『差異と反復』の第4章「差異の理念的総合」で、出来事と経験の生成が持っている個別性・特異性としての「差異」と、差異の「反復」が持っている普遍性としての「理念(イデア)」を論じている。彼は小さな出来事と経験を通してその意味が生成されてくると言う。その前提にあるのは個人の「力(ピュイサンス)」と「自由な決定の力能(ウィリアム・ジェームズのフィアット)」である。これが意味を担っている「差異」である。だが、この出来事の意味や理念を個人が単独の力で作り出しているわけではない。つまり、彼の言葉では、それは「思考サレルベキモノ」(邦訳 p.302) が何であるかは個人を超えて存在しているものである。理念を方向づけ、指示し、あるいは命令する「問い」、つまり何が理念として作られるべきものなのかを決定づけていくものが必要なのである。それは、我々がこの場に関係し、歴史の中に属し、存在していることから生まれてくる。ここには、エイゼンシュテインが映画を鑑賞している一人の人間の中の「内的モノローグ」は小さなミクロコスモスを超えて大きな歴史の意味というコスモスの中へと進んでいくと指摘していたことと同じ思想がある。エイゼンシュテインが追究した映画の世界は、小さな出来事を超えて思想を形成していくこと、つまりドゥルーズのいう何を「問い」とし、そこからどのような「理念」を生成していくかということであった。映画で表現していることは、具体的な出来事である。そこにはドゥルーズが求めた人間の意識と認識生成のための基本的な条件が備わっている。このことを彼は『シネマ』の中で展開する。映画を通して認識の生成の過程を論じようとした。

『シネマ』では、エイゼンシュテインの映画理論を何度も繰り返し取り上げており、ドゥルーズはエイゼンシュテインの映画理論に相当依拠しながら論を展開していた。ただし、ドゥルーズの映画論を紹介した哲学書の多くは、エイゼンシュテインの映画論を取り上げていない。ドゥルーズは映画の中に運動イメージ、そして最終的には時間イメージを生成する可能性を位置づけた。この運動と時間という異なった二つのイメージの生成は、映画という具体的な表現世界の中で生まれてくる意味の生成を想定したものであった。それはエイゼンシュテインが追究したモンタージュ論、パトス論、内的モノローグ、知的映画の議論そのものである。

ドゥルーズの『シネマ1：運動イメージ』(1983) では、映像の運動的側面が内的なイメージと意味生成の可能性を持っていることを論じており、「運動イメージ」という映画特有の働きに注目することで認識の成立のための外的手がかりを求めた。ドゥルーズにとっては、運動イメージという具体的な出来事を表現した世界から得られる個々の多様なイメージは最終的には全体的、理念的な時間イメージとして統合されていくものである。これは『シネマ2：時間イメージ』（1985）へとつながっていく議論である。『シネマ1：運動イメージ』の中では、ドゥルーズはエイゼンシュテインのモンタージュ論と自分の「運動イメージ」論を重ねている。モンタージュは映像の各ショットが有機的に結びつき、衝突し、また反発し合いながら全体として一つの思想を描いていく。それと同じように、もろもろの運動イメージの弁証法的な合成（弁証法的なアジャスマン＝アレンジメント）は有機的なもの、すなわち発生と成長をそこに含んでいる。さらにこれだけでなく、パトス的なもの、つまり「発展」をも含んでいる（邦訳 p.64）。この映画と運動イメージが共有して持っている世界として、エイゼンシュテインのパトス論を『シネマ1：運動イメージ』の中の第3章「モンタージュ」で詳しく論じている。エイゼンシュテインのパトス論は彼の晩年の映画理論であり、モンタージュ論が最終的に目指された到達点であった（「パトス」1946-47, エイゼンシュテイン全集8「作品の構造について」所収）。映画で求められている「パトスの効果」は、観客を驚かせ、歓喜させることであり、「我を忘れさせ、自分から離脱させる」（同上邦訳 p.30）ことである。そして、エイゼンシュテインが強調するのは、映画のパトス構造の最大の目的は、自分からの離脱を通して、他の質へと移行することであり、習慣化されたものや均衡状態から離脱し、新しい状態へ移行することである（同上邦訳 p.31）。彼はパトス的構造を次のように述べている。それは「私たちに弁証法的過程の法則が実現し、生成する瞬間を体験させる構造である。」（同上邦訳 p.39）。

映画のパトス効果を我々が経験する中で大切なことは、映画を通して歴史的に大きな転換期の瞬間に集団的に参加できることである。「歴史的瞬間の体験は、最も偉大なパトスであり、その歴史的な過程と連帯する感覚である。その歴史と歩調をともにしている感覚である。その歴史に集団的に加担している感覚である。これが生活におけるパトスである。」（同上邦訳 p.39）。このエイゼンシュテインの言葉は彼の『ストライキ』、『戦艦ポチョムキン』、そして『十月』の各作品を位置づけてみるとよく実感できる。これらの作品は決して絵空事の話ではなく、歴史の現実と歴史を変革していった世界の出来事を描いたものである。もちろん、私たちは映画を通して歴史の変革といった大それたことを感じることはない。だが、映画を通して自分の生き方を見直し、反省をするといった実に小さな日常の変革が起きるのである。それが映画なのだろう。そういう映画でなければならない。エイゼンシュテインやドゥルーズの難しい理論は、現実の平凡な私たちの生活の中にある映画にしっかりと息づいている。あるいはヴィゴツキーが小さな出来事から受けたことを自分の内的世界として作っていく「心的体験（ペレジヴァーニエ）」を位置づけたこととそれは同じである。

ドゥルーズはエイゼンシュテインの「パトス論」に「運動イメージ」が生み出すことを重ね合わせる。映画にはパトス的な跳躍が存在する。第一の瞬間から第二の瞬間へと移動するなかで、第二の瞬間は新しい「力（ピュイサンス）」、つまりドゥルーズが言う意味の生成を獲得する。だからパトス的なものは「圧縮」であると同時に「爆発」なのである（『シネマ1・運動イメージ』邦訳 p.65）。「パトス的なものは、…質の変化であると同時に新たな質の突然の出現であり、質を二乗すること、すなわち二乗された力（ピュイサンス）へ高めることである。」（同上邦訳 p.65）。このように、ドゥルーズは映画が持っている運動的イメージによって意識の生成、さらには意識の発展がもたらされてくると考えた。映画によって与えられる運動イメージは最終的には個々の運動イメージ同士を結びつけ、統合していくことで時間というトータルな人間の生の本質を作っていく。これがドゥルーズの『シネマ2・時間イメージ』の主要なテーマである。それは映画という世界のことだけではなく、人間の現実の本質的な姿でもある。この『シネマ2・時間イメージ』でドゥルーズは時間イメージと重なるものとしてエイゼンシュテインの知的モンタージュを位置づけている。ここでドゥルーズは時間を抽象的な形で扱うことをしないで、具体的な運動イメージ（映画では個々のショットの映像の連続を統合していくこと）の中で時間が生まれてくるという理論を展開している。これはまさに、エイゼンシュテインが映画を知的モンタージュ、あるいは知的映画として意味＝意識の生成を可能にするものとしたことと同じである。ドゥルーズは運動イメージがモンタージュによって作られ、この運動イメージから時間イメージが作られてくると言う。モンタージュは一つの運動イメージを別の運動イメージに結びつけ、そこから時間を生みだしていく。ドゥルーズのこのような説明をエイゼンシュテインの言葉で言い直してみると、映像の各ショットの間の結合と連続から思考が生まれるということである。それは時間の生成でもある。モンタージュは知的（思考）モンタージュであり、時間＝歴史の生成である。エイゼンシュテイン、そしてドゥルーズの考えをヴィゴツキーに照射してみることで、彼の人間精神に対する思想がより鮮明になってくる。これがあえてヴィゴツキーとは分野が幾分異なったエイゼンシュテインとドゥルーズを取り上げてきた理由である。

注

［1］マールの研究について、エイゼンシュテインは次のように指摘している。論文「トーキー映画のモンタージュ」（1937）の中で、エイゼンシュテインがマールの講義に参加して彼の講義の中の声を聞いて述べている

箇所である（エイゼンシュテイン全集第7巻・モンタージュ・所収）。「エヌ・ヤ・マールの講義のなかには、思考の多声曲、思考群の束と作用群の束との多面的、多元的、多層的な過程が存在する。その一つひとつの文のなかに、思考の束の多数の平行線の響きが、まったく明確に鳴り響いている。例として、ごく普通の彼の講義、語の起源の補説をとりあげてみよう。この講義のとき、まず第一に感じられるのは、マールの思考がいくつかの言語で同時に運動しているようだということである。彼はロシア語で語る。しかし彼の思考は、分析されている言語とその特徴が一致する多数の言語を、まったく同一の現象として通過する。彼の思考はさまざまな言語の各領域における個別的なニュアンスと出来事をも、同時にとらえている。それだけではなく、多数の矛盾した対立する現象が思考のなかに入り込み、彼の思考をとりわけ、きわ立たせる。それらの対立は結合され、各領域に席を占める。すでにそれだけでも、主調音がオーヴァートーンやアンダートーン——第二声部を歌う——という『欄』をともなう、そういう響きがある」（pp.194-195）。

［2］エイゼンシュテインは『十月』の作品について、1935年の全ソ映画人創作会議で以下のように述べている。「われわれが知的映画をうんぬんしていたときに、まず念頭においていたのは、観客の思考を導き、しかもそれと同時に思考の情緒化にとっても一定の役割を果たしうるような組み合わせであります。この契機は、ジナモフがソルボンヌにおけるわたしの演説から抜粋して読みあげた引用のなかにも見られます」。このソルボンヌにおける演説とは、「新しいロシア映画の原理」という題目で1930年2月に行われたものである。ここでは、かつて原始の呪術、宗教時代には一体であった情緒的要素と知的要素が、二元論以降分離されていたが、今日ふたたび総合の時に来ていることを述べ、その偉大な総合をなしうるのは映画だけ、つまりそれは知的映画であると主張している。（以上、「映画形式―イメージの冒険」邦訳 p.170）。

［3］波多野完治は、この文章に続けて次のように述べている。われわれは、表現をみて、そこから「概念」をつくることもできるし、「心像」をつくることもできる。われわれのみる表現は、われわれにとっては「表象」(representation)となる。この表象が、だから、芸術の出発点なのであるが、芸術家は、彼がもし画家ならば、「画」をもって、彼が俳優なら「演技」をもって、まず観衆に「表象」をあたえなくてはならぬ。この表象が、いくつか適当な順序であたえられると、それが全体としてまとまって、「心像」が形成されるのであろう。波多野のこの最後の指摘は重要である。エイゼンシュテインは映画に含まれる視覚的情報とそれが与えるリズム、さらには音楽などが重層的に重なり、相互に働きあって心像と情動的反応が生まれると言い、オーバートーン（倍音）のモンタージュと称した。

［4］田中（1984）がエイゼンシュテインとルリヤの研究交流はヴィゴツキーが亡くなった後も続いていたこと、そしてエイゼンシュテイン自身が芸術心理学についての論文（未発表論文）を書いていたことを紹介している。以下は田中からの文章である。エイゼンシュテインの芸術心理学の研究はルリヤの協力のもとに彼の映画美学研究として生涯継続された。エイゼンシュテインの芸術心理学研究についての未発表論文がある。１９４０年の「芸術心理学」という表題で書かれたものと、１９４７年の「芸術心理学講義概要」である。後者のものはルリヤが所属していたモスクワ大学・心理学研究所における講義の内容になっている。そしてこの二つの論文はルリヤの要請によって書かれたと記されている。エイゼンシュテインは彼が亡くなる１９４８年の直前まで、芸術心理学の研究に打ち込んでいたことが分かる。

［5］ヴィゴツキーの『芸術心理学』第2部・批判の第3章6節「フォルマリズムの実践」のところで、編著者のイワーノフは注解として、ヴィゴツキーがロシア・フォルマリズムは作品の意味的側面や作品の歴史的背景

を軽視していると批判していたことを、エイゼンシュテインと関連づけながら次のように指摘している。「形式的分析のすべての重要な成果を保持しながら芸術作品の意味論の研究を徐々に導入したところに、エイゼンシュタイン（エイゼンシュテイン）の研究の際だった特徴がある。そこでは現代科学の方法（その中には心理学も入る）が研究作品の本質へと深く内面的に分け入ることにつながっている。特にこのエイゼンシュタインのおかげで（本書のヴィゴツキーも同じであるが）芸術作品の純文章法的側面」（つまりその内的構造だけを特徴づける側面）に夢中になること――それは二十年代の、さまざまな芸術における理論的・実際的試みの多くに特有のものであった――を避けることができた（『芸術心理学』邦訳 p.350）。

［6］エイゼンシュテイン（1939）は「垂直のモンタージュ」の中で、シェレシェフスキーとルリヤ、そしてヴィゴツキーとの共同研究のことを次のように述べている。「私たちに直接関心のある領域――つまり音および感覚と情緒との一致対応という領域、さらには音と感覚相互の一致対応という領域について言うと、私は科学書あるいは通俗科学書のほかにも多くの興味深いデータに出会った。そうした資料は、おそらく『教範的』なものでは全然ないが、そのかわりに直截簡明であり、十分論理的に説得力があるだろう。話は私の一知人、同志 Sha（シャー、引用者注：正式にはS・V・シェレシェフスキー）のことである。故ヴィゴツキー教授とルリヤ教授とが、彼を私に紹介してくれた。同志 Sha は、その異常な性質をほかに利用する方法がないまま、数年間寄席で働き、記憶術の芸当を客に見せていた。同志 Sha の異常な性質とは、彼が人間としてまったく正常な発達をしたにもかかわらず、成人となっても、初期の感覚的思考のすべての特徴を兼ね備えていたということである。感覚的思考は人間の場合、成長するにつれて消滅し、正常な論理的思考に移行するものである。彼の場合、人びとが語る内容をすべて自分の周囲の具体的な・具象的な視覚にもとづいて記憶する、無限とも

いえる能力が顕著であった。」（邦訳 pp.331-332）。

[7] ルリヤは彼の著『偉大な記憶力の物語』（1968）で、シェレシェフスキーがヴィゴツキーとエイゼンシュテインの声を聴いて、そこから感じた印象としてきわめて面白い感想を述べたことを紹介している。シェレシェフスキー（この著書ではシィーと表記されている）はヴィゴツキーと面談した時に聴いた彼の声に対して、「貴方は、なんと黄色い、もろい声をしているのでしょう」と言ったことがあるというのである。ヴィゴツキーの声から黄色い色彩が共感覚として出てきたのである。エイゼンシュテインの声から感じたことは「多くの声全体が、一つの楽曲、つまり一つの花束をなしているかのように、話す人」として感じたり、「あたかも筋をもった何らかの焔が自分に迫ってくるようでした」とも言っていた（邦訳 p.26, 文章は一部改変）。

[8] エイゼンシュテインは映画における色彩と音との垂直的な関係について、シェレシェフスキーの事例のように音から決まった色が共感覚として出てくるような絶対的な対応関係が我々の中にはないことに注意を促して次のように述べている。「私たちは、色彩と音の絶対的な〝意味〟やそれらの相互関係、あるいはまた、色彩・音と特定の感情との〝絶対的〟な対応の、何か〝内在的法則〟といったものに従っているわけではなくて、私たち自身が、色彩と音に必要と考える任務や感情を受け持つよう指示するのだ、ということである。もちろん、〝一般に受け入れられている〟解釈は、ドラマの色彩イメージを形成するに当たって、刺激、それもきわめて効果的な刺激になりうるだろう。しかしここで法則として働くのは、絶対的な対応〝一般〟ではなくて、作品全体にわたって作品のテーマと構想に厳密に対応する全体的イメージ構造を指示する、特定の音調的=色彩的調子（トーン）の一貫性である。」（邦訳 p.313）。

[9] 森徳治がヴィゴツキーと会った時のエピソードを書いた随想「ヴィゴツキーの想い出」（1962）は今日では

容易に読むことができないので、その一部を書いておく。彼（ヴィゴツキー）の想い出は、いつも、明るい谷間のそよ風のようにおだやかに、やさしく、温かくよびかけてくれる。親切で、しかも彼のいるところにはどこでも、何か気品のある雰囲気が漂っていた。彼は私より四つ年下で、その当時彼は三十四歳であった。たしかルリヤは二十五歳で、まだ白面の青年であった。今、私の机の上には、典型的なアイデーチカーである十二歳の少女について実験を試みている写真がある。ルリヤがその少女と問答をしているその向こうにヴィゴツキーと私が立っている写真である（本文にもこの写真が掲載されている）。『思考と言語』の扉に出ている彼の写真は、どこかよそ行きで、彼の人間らしい持ち味が出ていないのは残念である。私がセルフ・タイムでとった下手な写真かもしれないが、あの口絵とは全く別人のような、彼の生ける日の姿が映し出されている（pp.132-133）。

[10]『アレクサンドル・ネフスキー』は映画作品では、ネフスキーがゲルマンの騎士団を壊滅させた勝利のエピローグで幕を閉じ、最後に流れたテロップも「燃えよノブゴロド人ロシアのために！　この信念は今もこれからもロシアの大地に生き続ける」といった民族主義的色彩と英雄の偉大さが強く出ているが、オリジナルなシナリオにはこのようなメッセージは入っていない。さらにシナリオでは、ネフスキーはタタール人によって毒殺されて悲劇的な最期を遂げる形になっているが、この部分は削られてしまっている。英雄を死なすことはできないというスターリンからの横やりであった。また『イワン雷帝』第2部でも同様のことが起きていた。この作品に流れているイワンと専制政治の悲劇はまさにイワンとスターリンとが重なるもので、スターリンの個人崇拝に水を差すようなものは許されなかったのである。だから『イワン雷帝』第2部は上映が禁止された。これらの事情については、エイゼンシュテイン全集第4巻『映画における歴史と現代』、エイゼンシュテイン

全集第5巻『「イワン雷帝」成立と運命』から知ることができる。

［11］ヴィゴツキーの演劇論の骨子については佐藤公治（2011）を参照されたい。

第5章　ヴィゴツキーとシペート――その言語論と意味世界論

＜架空の対談＞

V：ヴィゴツキー、L・S／S：シペート、G・G

V：私はあなたから学生時代に文学や心理学、哲学など広い分野のことを学びました。大学を終わった後も一緒に仕事をする機会がありました。私がモスクワ大学の心理学研究所で研究を開始した時には、あなたはもうここを離れていました。

S：そうだね。この間、心理学研究所では研究上の路線対立があって、結局、私は別のところで研究をすることになった。それでも私は心理学を狭い分野に閉じ込めずに広く人間精神を問題にしたんだ。

V：残念ながら、私の著書ではあなたの名前を出すことはいろいろな事情から控えなければなりませんでした。あなたがフッサール現象学を解釈学的視点から見直そうとしたことや、文学研究、特にフンボルトの言語学を受け継いだ言語論には大きな刺激を受けました。

S：多分、あなたと研究の面で重なるところは言語、特に言葉についてだろうね。私は人間が生活の中で使っている言語の具体的な使用に注目し、また、この言葉の中には言語的思考を支える論理的形式も入っていると考えた。そこにはフッサールが『論理学研究』で展開した言語的ロゴスの発想が入っている。

V：あなたの『言葉の内的形式』には言語と思想を一元的にとらえていこうとする発想があり、それは一つの説明の仕方として魅力を感じます。ですが、私はやはり言語の現実的形態である対話的活動に注目しました。ことばが自分に向けられた時に自己との対話、つまり思考活動になっていくと考えます。

S：私やあなたの言語観にはフンボルトの言語論、特にエネルゲイアの発想がある。あなたが強調する内言や自己内対話からどうして思考が生まれてくるのかは、まだ説明のための課題が残っているね。やはり私が想定した言葉の中にある内的思考形式も考えなければならないだろう。

ヴィゴツキーは『思考と言語』で、言語の中でも言葉（word）の具体的な活動である話しことば（speech）に注目する。そして、ことばは思考する活動（thinking）とは相互不可分な関係になっていると考え、両者を統一的にとらえることで人間の精神活動や意識の世界に迫れると考えた。『思考と言語』で最終的に目指されたことは、人間意識の解明であり、それを科学的に明らかにすることであった。ヴィゴツキーは『思考と言語』の冒頭で、言葉の内的側面、つまり意味について研究が全く行われてこなかったと総括している。だが、その主張は正しいだろうか。実は、ヴィゴツキーの前に彼ときわめて類似した問題意識で言葉を研究した人物がいた。ロシアの心理学者・哲学者のグスタフ・シペートである。ヴィゴツキーとシペートとは単なる知人以上の深い関係があり、ヴィゴツキーは学生時代にシペートから指導を受けていた。シペートは、ヴィゴツキーが『思考と言語』を完成する前の1927年に言語に関する重要な著書を出している。『言葉の内的形式』である。この中で、シペートは言語の中でも言葉（word）が人間の思考活動に果たしている役割について独自の論を展開している。ジンチェンコとワーチ（Zinchenko & Wertsch, 2009）が指摘しているように、『言葉の内的形式』には文化、歴史、意識、思考活動、思考、言葉、行為、イメージ、記号、意味、語義、内的発話、構成要素、分析のユニット、そして経験といったキーワードで表される問題が取り上げられている。これらはいずれも、ヴィゴツキーが心理学研究のテーマとしてきたものである。

ところが、ヴィゴツキーがシペートのことに言及しているのは、『芸術心理学』の第1章・芸術の心理学的問題の冒頭部分で、美学研究として心理学的美学と非心理学的美学の対立を論じているところだけである。それでは、何故、ヴィゴツキーは言葉の研究を論じる時に、シペートの名前を持ち出さなかったのだろうか。近年、ジンチェンコらの研究によってシペートの重要性が明らかになってきている。この章では、ヴィゴツキーの心理学研究に影響を与えたシペートの研究について、二人の交友関係を交えながらみていく。まずはじめに、シペートの研究の概要を確認しながらシペートとヴィゴツキーの出会いと交流についてみていく。その後の節では、それぞれシペートの美学研究、歴史・文化研究、そして言語と思考の研究についてヴィゴツキーの研究と関連させながら順次みていく。さらに、シペートとヴィゴツキーの二人の言語論に影響を与えていたフンボルトの言語研究についても取り上げる。

1　ヴィゴツキーとシペート、二人の出会いと影響

ここでは、はじめにシペートの思想と研究について概観する。それに続いて、シペートとヴィゴツキーとの交流をみていく。ヴィゴツキーはシペートから何を学び、どう乗り越えようとしたのだろうか。

(1) シペート、その人物と思想

シペート(1879-1937)は、ヴィゴツキーより十七歳年上で、キエフで生まれ、地元の高校を終えてキエフ大学に入学している。[1] シペートは大学では物理・数学を専攻していたが、勉学よりも学生運動に熱心で、マルクスの翻訳をしたり、学生運動を扇動したりしていた。彼の娘のマリナの話によれば政治運動のために退学処分になっている(Tihanov, 2009a, p.2)。その後、シペートは大学に復学するが、古巣の学部には戻らず歴史・哲学学部に復学し、チェルパーノフの心理学のセミナーに参加している。チェルパーノフはシペートのキャリアに影響を与えた人物である。

シペートは1907年にキエフからモスクワに移動している。シペートの指導教員であったチェルパーノフがモスクワ大学・心理学研究所を創設するためにモスクワに移動し、シペートも一緒にモスクワに来ている。シペートはその後の数年間はモスクワ大学の派遣学生という身分で学位論文の作成を目指して

研究生活を送っている。１９１０年からはモスクワ大学で私講師の身分として学生を指導している。また、シペートはその前年の１９０９年からシャニャフスキー人民大学やモスクワの高等女学院（Higher Women's courses）で教えている。ヴィゴツキーはモスクワ大学の学生だった頃、シペートの授業を受けている。

シペートは１９１０年にチェルパーノフに伴ってドイツの各大学の心理学実験室を視察し、ドイツの心理学研究の現状を調べている。それは、チェルパーノフがモスクワ大学に心理学研究所を開設するにあたって、ヴント流の心理学をロシアへ導入しようという目的からであった。だが、シペートはチェルパーノフとは違って、幅広い問題関心から心理学の現状と課題をとらえていた。彼には心理学に限定することなく、人間精神の問題を幅広く考えようとする姿勢があった。たとえば、１９１１年にはヒュームの経験論哲学を積極的に位置づけ、外的対象との関わりから人間の認識とその生成を考えるヒューム論を書いている（「ヒュームの懐疑論と独断論」）。このような問題意識から１９１１年に再びドイツを訪れ、二年間ベルリン、そしてゲッチンゲンの各大学で過ごしている。この時期、彼はゲッチンゲンでエトムント・フッサール（Husserl, E.）の現象学研究に触れ、フッサールとも直接会う機会を持っている。このフッサールとの出会いから、シペートは１９１４年にフッサールの現象学の考えをロシアに広めるべく『現象と意味』を出している（英語版は Appearance and Sense）。この書は基本的には『イデーンⅠ』の紹介であるが、単にその内容紹介だけでなく、この本の結論部分の第7章ではフッサール現象学を批判的に論じている。『イデーンⅠ』では人間の意味活動のことは論じていても、言語や記号という社会的存在が意味形成に果たす役割について十分に言及していないと批判している。さらに、１９１８年に書いた『解釈学とその諸問題』

では、歴史的・社会的な現実の中で生きている自己の「生」と、「生の現実」を認識し、「自己省察」する解釈的行為を重視するディルタイの解釈学へと向かっている。フッサールをディルタイ・解釈学で超えようとした。ここには、シペートが生涯にわたって追究した問題意識の原点があった。

チェルパーノフが主導したモスクワ大学・心理学研究所は１９１４年正式に設立され、シペートはこの研究員になっている。シペートは１９１６年に論文「論理学の問題としての歴史」で学位を取得し、１９１７年に助教授、１９１８年に教授になっている。その後、シペートは言語や文学、さらには美学の問題へと研究対象を広げ、１９２２~２３年に『美学断章』をまとめ、１９２７年には『言葉の内的形式』を書いている。彼はこの二つの著書で、歴史・文化的な存在である言語が個人の内部へ移され内的な形式となり、この内的形式となったものが言葉であると定式化している。ここで彼は言語を本や辞書の中に閉じ込められてしまったような歴史的事実としてではなく、人間が生きた中で使われる言葉が言語研究の真の対象であると言う。

心理学研究所を創設したチェルパーノフは哲学と心理学を分離させて、身体的なものについては感覚の生理学的研究、心理的なものは意識を内観によって直接観察するといったヴント流の研究方法を踏襲した。そこでは人間精神に対して実験的方法を用いることには否定的であった。このような心理学研究の方法を巡って、同じ心理学研究所の所員で、チェルパーノフの指導学生でもあったコルニーロフと路線対立が起きる。コルニーロフは人間精神の研究として実験的方法を用いた心理学的資料による研究を重視する立場を取っており、いわば「チェルパーノフ派」と「コルニーロフ派」との対立であった（アレクサンダー・レオンチェフ 1990, 邦訳 p.51）。コルニーロフたちはチェルパーノフの心理学が結局は観念論的な心理学になってしまうと強く批判し、両派の論争の結果、1921年にチェルパーノフは心理学研究所長の席を追われ、モスクワ大学からも追放された。

このような動きの背景には1917年のロシア革命があり、心理学研究の世界でも観念論的発想による心理学研究の見直しが強く働いていたことがある。コルニーロフは科学的方法とマルクス主義にもとづく新しい心理学の樹立を目指していた。そこに若い発想による心理学者が活躍する場が作られ、ルリヤ、アレクセイ・レオンチェフ、そしてヴィゴツキーによる新しい心理学研究が開始することになる。

チェルパーノフの心理学研究所からの追放に伴って、シペートも1922年にモスクワ大学を離れ、ソヴィエト芸術科学アカデミー（GAKhN: Gosudarstvennaia akademiia khudozhestvennykh nauk）の哲学部門に移っている。彼は1924年にはアカデミーの副総裁になり、1929年までその地位にいた。彼はアカデミーを舞台にして詩人のアンナ・アフマートワ、アンドレ・ベールイ、パステルナーク、音楽家のプロコフィエフ、演劇のメイエルホリドといった芸術家たちと深いつながりを持った。アフマートワは詩人たちの芸術集団・アクメイズムで活躍した人物であったし、ヴィゴツキー自身もアクメイストたちとは交流を持っていたが、このことは注目すべき事実である。あるいは、この時期、シペートはヤコブソンらが1915年にはじめたモスクワ言語学サークルに1920年から参加して、ロシア・フォルマリズム運動にも理論面で関わっていた。特にヤコブソンの構造言語学の考え方にはシペートの現象学的視点の影響がある。しかし、1930年前後から芸術科学アカデミーは観念論者の巣窟であるという烙印が押されて、これまでの比較的な自由な発想による研究は否定され、シペートは解任され、アカデミーも五年後には閉鎖されている（Bird, 2009, p.28）。シペートは自分の著作の発表を禁止され、翻訳だけが許されるという厳しい状況に追い込まれてしまう。それでもシペートはヘーゲルの『精神現象学』のロシア語への翻訳など重要な仕事をいくつか行っている。彼はフッサールとヘーゲルという二大思想について思索を続けていた。その一端については、木部敬（2010）が論じている。

シペートが取り組んだ研究のテーマと対象は哲学、心理学、文学、そして美学と実に広い範囲に及んでいる。また彼が著したものも相当の数にのぼっている。[2] だが、彼の研究については、これまで一部の研究者を除いて注目されることがなかった。ましてや心理学者として出発したシペートについては、ヴィゴツキーにも大きな影響を与えた人物であったが心理学の世界で取り上げられることは完全になかった。それはソヴィエト・ロシアの心理学では一つの「慣例」でもあった。その「慣例」を見直しはじめているのがジンチェンコである。ジンチェンコはシペートを今日ではロシアの科学、哲学を主導してきた人物として評価するようになったというミチュシン（Mitiushin, A. A., 1988）の発言を引用しながら、シペート再評価の動きが起きていることを指摘している（Zinchenko & Wertsch, 2007, p.46）。

（2）シペートとヴィゴツキーの出会い

ヴィゴツキーがシペートと出会い、彼から哲学、文学、そして心理学という広い分野の知識を得たのは、ヴィゴツキーがモスクワ大学の学生の時の1913年から1917年までである。ヴィゴツキーはモスクワ大学の法学部に籍を置いていたが、法学の勉強にはあまり熱心ではなかったようだ。むしろ高校時代から深い興味を持っていた文学や演劇などの芸術や歴史学、教育学、哲学などの分野にもっぱら関心を向けていた。ヴィゴツキーのこのような関心を満たしてくれたのがシャニャフスキー人民大学であった。これはいわば私塾のようなもので、履修した授業の単位として正式に認定されるものではなかったが、実力のある教授陣が多数いたと言われている。この大学は、帝政ロシアの大学の思想に反発して起こした学生のストライキとそれを弾圧した大学に抗議を起こしてモスクワ大学を去った教授たちによって作られたものであった。先にみたように、シペートはキエフからモスクワに来て二年後の1909年からここで教えている。そしてヴィゴツキーはシペートから心理学や教育学、哲学、さらには記号学などを学んでおり、シペートのセミナーにも二年間参加している（Zinchenko, 2007, p.212）。シペートの経歴のところでふれたように、シペートは1911年からから1913年までドイツに滞在してドイツの心理学研究や哲学研究を学んでおり、これらの新しい知識とシペート独自の考えをこの大学で学生たちに伝えている。

ジンチェンコ（2000a）によれば、シペートがモスクワ大学の私講師の時、学生であったヴィゴツキーとアレクセイ・レオンチェフはシペートの講義を聴いていた。

ヴィゴツキーが学生時代を含めてその後も影響を受けた人物には、シペートの他にブロンスキー（1884-1941）がいる。ヴィゴツキーはブロンスキーについて、複数の著書でたびたび言及している。特にヴィゴツキーの『教育心理学』では、教育と心理学の問題についてブロンスキーの考えを参考にしている。またヴィゴツキーの後年の「児童学」の考えはブロンスキーによるものである。ここではブロンスキーについては十分に議論をすることはできないが、ブロンスキーはシペートと同じくキエフ大学でチェルパーノフから心理学の指導を受けている。ブロンスキーはシペートより五歳年下だが、シペートは一時大学を退学処分になり、その後復学していることもあって、同じ時期に学生時代を送っている。

ブロンスキーもシペートと同じように、マルクス主義に基づく社会改造・労働運動を熱心に行っていた。そして、ブロンスキーもシペートと同じく、１９０７年にチェルパーノフに誘われてモスクワに来ている。さらにブロンスキーもシペートと同じように、１９１３年にモスクワ大学で私講師となって、哲学史を学生に教えている。またシペートと共にシャニャフスキー人民大学で学生を指導し、ヴィゴツキーも当然ブロンスキーの授業を聴いている。

ブロンスキーは１９３０年からはモスクワ大学・心理学研究所に勤務しており、ヴィゴツキーとは四年間同じ研究員であったことになる。[3] ブロンスキーはシペートが書いた『現象と意味』を出した翌年の１９１５年には書評を書いているので、二人は研究上でもかなり親しい仲であったことが分かる。このようにみてくると、ヴィゴツキーとシペート、ブロンスキーという三人の関係がきわめて興味深くなってくる。ヴィゴツキーの一連の著書をみていくと、シペートよりもブロンスキーを取り上げていることが多く、そこだけをみると、ヴィゴツキーがブロンスキーの心理学研究を重視する姿勢が垣間見えてくる。

シペートとヴィゴツキーは１９２０年の末までは、共に第二モスクワ大学の児童学学部で教えるという仲でもあった（Zinchenko, 2007, p.212）。このことを考えると、ヴィゴツキーが心理学研究所に来た時にはシペートはここを離れていたものの、二人はその後も交流は続けていたことになる。

ヴィゴツキーは心理学研究所時代には、文学研究から心理学研究に軸足を移していく。そこで目指されたことは人間の高次精神活動を科学的な視点から論じていくことであり、歴史的な文化的遺産に支えられた人間が持っている独自性を担保しながら、具体的な人間精神の生成の過程を明らかにしていくことであった。

(3) 心理学におけるシペートの存在

ソヴィエト心理学ではシペートの名前はほとんど出てこないし、ヴィゴツキーもシペートのことについてはほとんどふれていない。それは何故なのだろうか。ジンチェンコは、ヴィゴツキーが著書の中でシペートについて言及しない理由をいくつかあげている（Zinchenko, 2000a; 2007）。シペートはスターリン政権からは西欧のブルジョア思想に毒された観念論者で、反革命的思想の持ち主として危険視され、1937年に銃殺刑でこの世を去っている。なおこの判決は1956年になって無効となり、名誉が回復している。この当時の情勢を考えると、このような危険思想という烙印を押された人物の名前を自分の著書に出すことは大変に危険なことだったのだろう。実際、ヴィゴツキーが1930年以降に書いた『思考と言語』には、ヴィゴツキーの思想と言葉の関係を論じる上で欠かせない詩人たちの名前も、ある詩人として実名を出していなかったことをもう一度思い出してみるとよいだろう（本書第2章）。彼らは反革命の思想家としてスターリンの下では厳しく弾圧をされた人たちであった。シペートについても同じである。ヴィゴツキーにとっては無理からぬことであった。

だが、ジンチェンコはヴィゴツキーがシペートの名前を彼の著書であえて出そうとしなかった理由はこれだけではないと言う。ヴィゴツキーに限らず、ソヴィエト心理学ではシペートの思想を取り上げない、あるいはもっと言えば、無視するという伝統的な姿勢を取ってきたのには理由があった。それはソヴィエト心理学の基本的性質とも関わってくる研究路線上の問題である。いわゆるマルクス主義心理学を目指し、科学的心理学の構築という基本命題と相容れないような思想を「正統」とは認めないという姿勢である。

ジンチェンコはソヴィエト・ロシアの心理学の「伝統」が、シペートを忘れられた心理学者にした最大の理由だと言う。そこにはある立場からの「心理学の歴史」の語り方がある。マルクス主義心理学という立場から語られたソヴィエト・ロシアの心理学の「正統性」である。大部で体系的なソヴィエト心理学の歴史を論じたペトロフスキー（Petrovsky, A. V.）の『ソビエト心理学史』（1967）も、基本的にはマルクス主義心理学の立場で編まれたものである。そこではシペートはもちろん登場してこない。同じくイョラフスキー（Joravsky, D.）の『ロシア心理学、その批判的歴史（Russian Psychology: A critical history）』（1989）にもシペートの名前は登場してこない。シペートは科学的なマルクス主義心理学者とはみなされなかったからである。そしてチェルパーノフの心理学も、科学的心理学の確立のためには「超えるべき」存在として位置づけられた。ペトロフスキーの著書では、パブロフ、ベヒテレフ反射学に代わる心理学の構築は、コルニーロフらの新しいモスクワ大学・心理学研究所の心理学者たちの活動に担われていったとしている。それはまさに科学的心理学はマルクス主義の立場からなされたという基本的なテーゼの下で、コルニーロフが主導した行動反応（reactology）として心理学を作り直していった過程であった。なお、このあたりの心理学研究所で展開された研究や研究者の位置づけ、そしてコルニーロフの考えについては、ファン・デル・ヴェーアとヴァルシナー（van der Veer & Valsiner, 1991）の第6章・「コンスタンチン・コルニーロフと反応学」（1991）に詳しい。

そもそもシペートは学生時代はマルクス主義に心酔しながらも、結局はマルクス主義から離れていった人物である。そしてシペートの後輩だったブロンスキー、そしてヴィゴツキーはマルクス主義にもとづく心理学研究を続けた。ここでヴィゴツキーが考えた正統な心理学者は誰であるかがみえてくる。わが国でも「心理科学」という名称で心理学を性格づけることがあるが、そこにはマルクス主義心理学の安易な摂取の一端があるだろう。

それでは、批判されるべき対象として登場するチェルパーノフの研究とその思想は、その後ソヴィエト心理学の中には存在しなくなったのかと言うと、そうではないとジンチェンコ（2000a, p.25）は指摘する。スミルノフ、テプロフ、レヴィト、シェヴァレフなどは、それほど過去に遡ることなく活躍したチェルパーノフの流れをくむ研究者であった。もっともこれらの人物については、ほとんど知られていない。あるいは、ジンチェンコはコルニーロフ派以外の心理学に関わる研究として、言語哲学のバフチンのグループ、ウフトムスキー、ベルンシュテインをはじめとする身体運動学の分野などでの重要な研究があったと言う。

シペートは当時の心理学をどのように評価をしていたのだろうか。この問題をジンチェンコの論文（2000a; 2000b; 2007）で確認してみる。シペートは人間精神や意識の問題を論じているが、それは現象学や解釈学的なものだったので、彼の研究は心理学とは一線を画すものだった。シペートは正統な心理学者としてみなされなかったし、彼も心理学の世界で評価されることを期待していなかった節がある。だが、シペートは心理学者として研究を始めている。彼は1912年に「心理学の一つの道、それはどこに通じるのか（One path of psychology and where it leads）」という論文を書いている。この論文については木部（2005）の詳しい論攷がある。[4] シペートのこの論文では、明らかに心理学者という立場から心理学の課題と、そのあるべき方向を模索していた。ここで彼が主に批判しているのは当時の心理学の自然主義的発想であり、人間精神を閉鎖的な内部空間の中で扱ってしまう姿勢である（Zinchenko, 2000a, p.25）。シペートは心理学の草創期の「能力心理学」やヘルバルト流の「表象」として人間精神を扱うこと、さらには、要素主義・感覚主義の発想による心理学に厳しい批判の目を向けていた。このような心理学の現状を変えるためには、人間精神を歴史的・社会的な現実としてとらえるべきだと言った。シペートのこの初期の論文で展開している心理学批判の姿勢は、この後の、彼の人間精神を歴史・文化的な存在として考える「民族心理学」の研究や、言語を外的な歴史的・文化と内的な語の内的形式との統一としていく言語理論へと結実していった。

ヴィゴツキーが1927年に書いた「心理学の危機の歴史的意味」は、この当時までの心理学の研究を批判的に述べたものとしてよく知られているが、結局、ヴィゴツキーが心理学の「危機」としているのは、マルクス主義に基づいた科学的心理学に基づかない心理学が横行してきたということである。そして、この長大な論文の後半では、盛んにチェルパーノフの観念論的心理学を強く批判し、それに代わるべき重要な研究としてコルニーロフの行動反応を正統な心理学と位置づけている。面白いことに、ヴィゴツキーはチェルパーノフを盛んに批判の対象として取り上げているのに、シペートについては一切名前が出てこないのである。これが何を意味するかは正確には分からないが、「言及しない」という行為には複数の意味が暗示されているとしか言いようがない。ヴィゴツキーが言う心理学の「危機」は観念論の心理学の横行であり、それを排除するコルニーロフを中心とする新しい心理学研究所の研究こそが科学的心理学を構築していくのであり、この研究によって「危機」を脱することができるというわけである。ここでは当然のことながら、シペートが「心理学の道」として学際的な研究を目指すべきだと言っていることにも全くふれていない。シペートが目指した心理学としてあるべき姿とヴィゴツキーが心理学に抱いた「危機」とは、ヴィゴツキーの眼からすると幾分異なっていたということになるのかもしれない。だが私はそうは思わない。ヴィゴツキーの研究にも、心理学という枠を超えた学際的な性質があるからである。

2　シペートとヴィゴツキーの美学・文学研究

ヴィゴツキーの学生時代に妹のジナイダ（Zinaida）が高等女学院で学ぶためにモスクワにやってきたが、二人はシペートから人間の言語の中にある心的側面を学んでいる。あるいはヴィゴツキーはこの時期、心理学に興味を持ち、ウイリアム・ジェームズ（James. W.）の『宗教的経験の諸相』やジグムント・フロイト（Freud. S.）の『日常生活の精神病理』をシペートを通して読んでいた。ヴィゴツキーの芸術心理学の研究は、彼が高校生の頃から持っていた文学や演劇の興味と大学時代に改めて学ぶことになった心理学的研究とが一つに結びついた結果であり、シペートを通じてジェームズの心理学やフロイトの思想などを学んだことがヴィゴツキーの『ハムレット』に作用していた。学生時代を終えて後、ヴィゴツキーは本格的な文学研究を『芸術心理学』として完成させるが、彼はシペートの1922年の「現代美学の諸問題」を読み、シペートの文学理論の特徴を確認している。

以下、はじめにシペートの美学・文学研究の理論的基礎にあるディルタイ・解釈学についてみていく。次に、シペートとヴィゴツキーの二人がロシア・フォルマリズムに対してどのような姿勢を取ったのか、その共通性と違いをみていく。ここからヴィゴツキーはシペートから何を受け取ったのかを明らかにすることができる。

(1) シペートの人間精神への解釈学的接近

シペートは『現象と意味』の最終章「意味と理解」でフッサール現象学の問題点を指摘しているが、シペートの批判は次のようなものである。フッサールが言う人間の意識は対象へのノエシス的関わり(意味作用)によってノエマ的意味(意味内容)として得られるとしているが、そこで説明しようとしていることは論理的、抽象的な意識の世界である。だが、人間が対象に関わっているのは具体的な目的的意味を持った行為であって、そこには社会的状況やその歴史的背景が存在している。だから言語、芸術、社会的対象、組織体はそれぞれ具体的な固有の意味を持った記号として我々の前に現れ、我々を取り巻いている(p.159)。これが人間の意識世界である。シペートはこの現実がフッサールの『イデーンI』では十分に考慮されていないと批判する。

シペートは、フッサール現象学の意味生成の過程に歴史・文化的側面を加えていくことでフッサール現象学を超えようとした。彼は他者との認識や意味の共有を可能にするものとして解釈の共同を可能にする文化の役割に注目していく。そこでシペートが取り入れたのが、ヴィルヘルム・ディルタイ(Dilthey, W. C. D.)の解釈学であった(もっともフッサールの現象学も『イデーンI』以降からは次第にディルタイの歴史的視点を取り入れて人間の現実に根ざした生活世界と精神世界を議論するようになるので、シペートのフッサール批判はあくまでも『イデーンI』に限定されるものである)。

シペートがディルタイ解釈学を次第に指向していったことは、彼の1918年の『解釈学とその諸問題』に具体的に表れている。ディルタイの解釈学では、人間は歴史的・社会的な現実の中に生きている自己の「生」としての体験を持ち、またこの「生の現実」を認識している。まさに「生」を「自己省察」する解釈的行為こそが認識の本質であると考えた。そして、シペートは認識することは単に自分の内的な経験だけでは不十分で、自分が経験したことを他者も同じように認識していると共有することが必要だと考えた（p.55）。ここからシペートは、ディルタイの客観的精神の基礎にある経験の共有へと議論を進めていく。ディルタイは個人の経験は他者と相互連関しながら個人の経験を超えて共同の世界観になっていくとした。これが「客観的精神」である。ディルタイは個人の解釈過程を重視しながらも、同時に「客観的」な「精神」を認識の基礎として位置づけた。人間はこれらの客観的なものに直接関わることを通して生きた経験、「生の現実」、ディルタイの言う「生の客観態」を実感するようになる。これが人間の精神にあるものだ。シペートはディルタイを通してこのように考えた。[5] シペートが取った解釈学的視点は、彼の美学・文学研究、さらには人間精神の哲学的、心理学的研究の中で一貫して用いられ、彼の理論的基礎になっている。

(2) シペートとヴィゴツキー、二人の文学・美学研究

シペートが美学・文学を解釈学の立場で論じたものに、1922年に芸術科学アカデミー・哲学部門で報告した「現代美学の諸問題」がある。これは1923年の雑誌 **Искусство**（ローマ字翻字タイトル：Iskusstvo.『アート』）の第1号 pp.43-78 に収められたものである。この論文の背景には、ロシア・シン

ボリズムの中心的存在であったイワーノフ（Vyacheslav Vsevolod Ivanov）、ローセフ（Aleksei Fedorovich Losev）とシペートの間で1920年前後に交わされた議論があった。なお、ヴャチェスラフ・イワーノフとは同姓の記号学者、モスクワ・タルトゥ学派の中心人物・イワーノフ（Vyacheslav Vsevolodovich Ivanov）がいるが、二人は親子である。シペートはこの議論を通して美学・文学への解釈学的な立場を作り上げていった（Bird, 2009）。シンボリストのイワーノフは文学や芸術をシンボルやイメージといった唯心論的、個人的な心理作用によって説明していたが、これに対してシペートは解釈学的視点から作品という素材に着目し、それらが持っている記号的意味を解読・解釈していく活動を重視した。そこでは作品と読者のどちらか一方を取り上げるのではなく、両者の相互的関わりを重視していた。

ヴィゴツキーは『芸術心理学』の冒頭部分でシペートの「現代美学の諸問題」を取り上げている。ヴィゴツキーはここでは、美的経験を美的行動に代表されるような経験論的、心理学的な研究として扱う立場と美的経験を形而上学的に論じようとする反心理学的立場との対立があることを指摘しながら、次のように述べている。「ドイツ哲学において最近の十年間なかなか力のある反（アンチ）心理学流派が主張しており、かれらに共通した考えは、シペートの論文に見出すことができる。」（『芸術心理学』邦訳 p.25）。ここで言うドイツ哲学の反心理学流派というのは、シペートのディルタイの解釈学をベースにした美学・文学の解釈学的アプローチのことである。ヴィゴツキーは、この文章に続けて、心理主義の立場も反心理主義の立場も、両者は互いを否定し合うだけで、それは本質的に不毛で、論争を退屈なものにしているし、実際的な解決を引きのばしてしまっていると述べて、必ずしもシペートに対して肯定的な物言いをしてはいない。だが、シペートの論文をヴィゴツキーが反心理主義であり、心理主義とは相容れないような内容であるといった受け止め方をしているならば、シペートの論文を正しく理解したことにはならない。というのは、シペートはこの論文では、作品という素材が持っているシンボル的意味を読者は作品を手がかりにしながら解釈しており、いわば作品と読者との間の相互連関、あるいは作品素材＝客観、読者の意味構成＝主観の両者を対立的に考える発想を解釈学的視点から超えようとしていたからである。それは実は、ヴィゴツキーが『芸術心理学』で取った立場でもあった。

シペートが「現代美学の諸問題」で言っていたことを、もう少し詳しくロバート・バード（Bird, R., 2009）を参考にしながらみていこう。シペートが主にここで主張しているのは以下の点である。美学で扱われるものは実在するものとは切り離されており、現実にあるものを意味（meaning）として表している。だから我々はこれらに意味内容のレベルでアクセスしている。それらはイメージ（obraz）という形で扱われるが、イワーノフのように主観的、唯心論的なシンボルとしてしまうのではなく、あくまでも他者との共同の中に実在する共通の意味を表現したものとして扱うべきである。シペートは美学の対象を主観的、唯心論的なシンボルとする考えとは一線を画しているが、ヴィゴツキーがシペートのことを反心理学流派と称していたのはこのことである。

シペートがさらに美学・文学の問題についてまとまった議論をしているのは、1922～23年の『美学断章』である。この中でも特に文学の問題を集中的に論じているのは第3章の「時宜よく思い出させること――語の構造における美学的諸契機」である。ここでは、文学で起きていることは、読者が文学作品から形象（イメージ）を形成し、それらを美的経験、美的感動としていくという一連の解釈学的行為であるととらえている。シペートは文学における美学的感動は作者が作品の中で感情表出したものに触発されることで得られるとしたが、この説明はまさに、彼がディルタイの客観的精神の基礎として位置づけた経験の共有の考え方を使ったものである。そして、シペートは、作品と読者の美的感動の間をつなぐものとして内的形式という両者を媒介するものを想定している。この内的形式も作品の側が持っている内的形式と読者の側の美の内的形式とがあって、この二つの共有化の過程として最終的な美的感動が起きると考えた。これが彼の「内的形式論」の考え方で、彼の言語論を特徴づけているものでもある。言語は文化的存在としてあるし、我々の活動の単位である言葉は文化的意味を内的に形式化したものということになる。

バード（2009）は、ヴィゴツキーが『芸術心理学』で論じた文学作品の分析・解釈にはシペートの解釈学的文学論が反映されていると指摘する。ヴィゴツキーが『芸術心理学』で作品という素材が持っている側面とそれを受容・解釈する読者、あるいは観客の活動の二つは密接不可分な関係になっており、両者を統合する中で文学の本質をとらえようとしたのは承知の通りである。このヴィゴツキーの発想はシペートの解釈学的発想と同じである。ヴィゴツキーは『芸術心理学』の冒頭で、客観と主観という文学が持っている二つの側面をマルクス主義的な弁証法の発想で解くと言っているが、実際に文学の研究として彼が行ったのは解釈的アプローチであった。だから『芸術心理学』のはじめでも、芸術心理学を「芸術を社会的な感情の技術」（邦訳 p.21）として論じることだと述べている。

シペートは現象学と解釈学を結びつける試みによって、歴史と文化の変数を現象学に持ち込み、彼なりの新しい視点でフッサール現象学を読み直そうとした。ここからシペートは内的経験の相互了解を可能にするものとしての「記号」の存在と機能を論じた。それはまさに文化や芸術を「記号」として解釈することであった。ヴィゴツキーも『芸術心理学』で、芸術的感動は読者や観賞者という個人の内部でのみ起きていることではなく、社会・文化的な現象としてみていかなければならないと主張した。

バード（2009）は、ヴィゴツキーがシペートの解釈学的視点を使って文学作品を分析したのが、ヴィゴツキーの『芸術心理学』の中の「やわらかな息づかい」の解釈と分析であると言う。ヴィゴツキーがこの作品の分析で指摘していたことは、読者が物語の中の複雑な曲線を辿り、時にはこの流れが中断され、緊張を強いられることが動機となって全体としての意味世界を作っていくというものであった。ヴィゴツキーの発言である。「私たちは、事件が直線的に展開されているときとはまったく異なる感情をもって、殺人の場面や日記の場面を読むことになるだろう。つまり、一歩、一歩、一つのエピソードから次のエピソードへ、一つの文から次の文へとすすむごとに、それらがそれらに含まれているすべての緊張や、重々しく淀んだ感情を解消し、解放するかたちで選択され結びつけられており、事件の自然な結びつきの際に生ずる印象とはまったく別の印象を生むような関連において伝えられていることが、はっきりするのである。」（『芸術心理学』邦訳 p.207）。

このヴィゴツキーの分析で示されているように、彼は作品という素材を常に読者の解釈行動と関連づけながら論じていた。シペートとヴィゴツキーに共通するのは、作品が持っている意味と、それを受容・解釈する読者の活動とを相互に結びつけて論じている点であり、形式と作品を通して得られる内的経験とを一体にした解釈学的視点であった（Bird, 2009）。ヴィゴツキーがシペートの研究に新しいものを加えたのは、読者はこの作品にどのような解釈的行為を展開していったのかを具体的に分析したことである。シペートは理論的な提案は行ったが、実際の作品を詳しく分析はしなかった。

(3) シペートとヴィゴツキー、二人のロシア・フォルマリズムへの関わり

シペートとヴィゴツキーとはロシア・フォルマリズムに対する姿勢についても共通するものがあった。二人は共にロシア・フォルマリズムの前にあったロシア・シンボリズムに対して、文学を個人の主観的、内面的な世界のことだけにしてしまったと批判した。同時に彼らはロシア・フォルマリズムが作品の内容を無視した形式的な構造分析に終始することにも疑問を持っていた。シペートはフォルマリストの運動に理論面で一定の役割を果たしながら、結局はそこから離れていった。アクメイストに対する態度もそうであった。そもそもシペートが文学研究に示した姿勢と態度は複雑である。このあたりの事情は、ガリン・ティハノフ（Tihanov, G., 2009b）が詳しく述べている。

シペートもアクメイストとの交流を早い時期から持っていた。彼はキエフ時代にはアフマートワに心理学を教えたり、パステルナークがマールブルグ大学で哲学を専攻していたこともあって哲学の指導をしたりしていた。彼らはシペートより十歳ほど年下であった。シペートはまたモスクワ時代にはアンドレ・ベールィやヴャチェスラフ・イワーノフといったシンボリストの詩人たちとも交流を持っていたが、シンボリズムは芸術を形式的に擁護しようとする保守性が強く、単なる古典主義の復活に過ぎないと批判するようになる。革命後にシンボリズムは消滅し、また未来派の運動も衰退をしていった中で新しい美学の動きとして出てきたイメージ派にシペートは注目し、特にこの代表的な詩人で、今日でも人気があるセルゲイ・エセーニン、あるいはアナトリー・マリエンゴフといった、いわゆるイマジニストの運動を擁護するよう

になる。他方、シンボリストやアクメイストとは異なったロシア・フォルマリズムが文学運動の中心になっていった時には、シペートはアクメイストとは距離を置くようになる。ヴィゴツキーがアクメイストたちの考えを一貫して支持していたこととは対照的である。

シペートはフォルマリズム運動が台頭してくると、モスクワ言語学サークルのメンバーと深く関わるようになり、理論面から援護するようになる。だが、ここでもシペートとフォルマリストとは文学研究で何を目指すのかという点で違いがあった。シペートは作品の形式的な構造だけで美的意識の解明、つまり美学の研究にはならないと考えていた。この違いが、結局はシペートとフォルマリストとの間のズレとなっていった。

シペートからすると、文学研究はあくまでも美学研究としてのそれであって、美的対象とそこから生まれてくる美的意識の現象学的、解釈学的考察をすることであった。だから彼はフォルマリズムという一つの実践的な芸術活動とその運動に完全にコミットすることはなかった。特にフォルマリストの中でも「オポヤズ」のように作品だけを問題にしてその形式分析に終始するといった立場と、シペートのように美的意識をも考察の対象にしていく姿勢とは互いに相容れないものであった。シペートは、書かれたり話されたものがどのように美学的経験の対象となっていくか、その条件はどんなものなのかということに関心があった。彼の『美学断章』(1922-23) で展開されていることはまさに作品の意味 (sense, smysl) 的側面に関することで、フォルマリズムではそれを問題にすることはなかった。

美学研究者としてのシペートは当然、文学研究だけでなく他の芸術の分野でも研究を展開していった。シペートの演劇への関心はキエフ時代から始まっていたし、彼は革命後の新しい芸術運動を演劇の世界で展開したいわゆるアヴァンギャルド演劇運動とも関わっていた。だが、シペートの芸術理論の中心にあったのは、美的感動を呼び起こす美的対象やその美的表現という美的意識の発生にあったので、演劇に対する基本的な姿勢はリアリズムを重視し、美的感動を呼び起こす演劇表現に関心があった。その意味ではアヴァンギャルド演劇よりは、モスクワ芸術座を主な活動拠点としたスタニスラフスキーの演劇論に近かった（Tihanov, 2009b, p.72 以降）。このように、シペートとヴィゴツキーがとったロシア・フォルマリズムに対する批判的姿勢には共通するものがあったし、二人とも演劇にも関心を持ち、スタニスラフスキーの演劇論に強く惹かれていた。

3　シペートとヴィゴツキーの歴史・文化的視点

シペートとヴィゴツキーは共に歴史・文化的視点から人間精神を論じていた。ここにも二人の共通性があった。シペートは心理学研究の中に民族・社会心理学研究を位置づけていた。彼はヴントの民族心理学の研究を批判し、それを超えようとした。シペートが人間精神や意識を歴史・文化的な視点から考えようとしたことは、彼が『現象と意味』で社会的存在としての人間意識を論じていたことに既に表れている。他方、ヴィゴツキーも人間精神を歴史・文化的視点から論じ、シペートと同様に個人を単位に人間精神を論じる心理主義の伝統を超えて、新しい心理学を作ろうとした。ヴィゴツキーが歴史・文化的視点から人間精神を論じる前に、シペートは同じような主張をしていた。はじめにシペートの歴史・文化的研究をみていく。次に、ヴィゴツキーの歴史・文化的心理学の特徴とシペートの思想との関連性を確認していく。

(1) シペートの民族・社会心理学研究

シペートはモスクワ大学・心理学研究所にいた時の1920年に民族・社会心理学講座を開設している。1922年には彼は研究所を離れてしまうが、歴史・文化的心理学の研究を続け、1917年から18年の間に書いた『民族心理学の対象と課題』を増補・改訂した『民族心理学序説』を1927年に著している。

シペートの民族心理学はヴントと同じ名称を用いてはいるが、ヴントの民族心理学を批判的に扱ったものである。ヴントの民族心理学は民族精神の共通性とその文化的特徴を論じたものである。ヴントは人間の文化的行動を心理学的問題として論じないで民族を集合的に扱い、集合的経験や集合的意味を民族心理学の対象にしてしまった。さらにヴントは民族的特性の事実を記述するだけで、文化の諸変数が人間の行動や心理的なものにどう作用しているかを問わなかった。シペートがヴントを批判するのはこの点である(Zinchenko, 2000a, pp.21-24)。ヴントは民族学的史料としてタヒチの人たちの弓や矢、タヒチの女性の首飾り、ヤクートの呪術のためのタンバリンなどの存在を原始人の文化の実例として述べているが、これらを精神的な過程としては論じなかった。人間の精神的な活動としてこれらを論じないならば、それは「民族」についての「心理学的研究」にはならないとシペートは言う(Zinchenko, 2000a, p.22)。シペートがヴントを批判するのは、ヴントがとった基本的な心理学の説明原理に関係するものである。つまり、ヴントには人間心理を抽象的な形で記述するという態度がいつもあり、民族心理学もそのような形に収斂させてしまったのである(Zinchenko, 同上 p.23)。シペートがヴントを批判していることについて、バフチンたちも『マルクス主義と言語哲学』(1929) でヴントの言語論を批判する中で言及しており (第二部第一章の注10)、シペートの『民族心理学序説』はヴントのしっかりした批判になっていると言う。もっとも彼らはシペートの考え方、つまり個人心理を重視することを受け入れることはできないと指摘することも忘れなかった(ここでは北岡訳を使用。邦訳 p.129)。

城戸幡太郎は『心理学問題史』(1968) の中で、心理学草創期前後のドイツの心理学とその周辺領域の動きや、ヴントの民族心理学について詳しく述べているが、ヴントが民族心の表現として扱ったのは、言語、神話、芸術、道徳、法律といった客観的精神としての文化であったと言う (p.510)。そして、この民族精神としての民族の共通性、同型性を抽象的な形で抽出してしまったと指摘している。ヴントが民族心理学の研究で参考にしたのは、彼よりも少し前のモーリッツ・ラッツァルス (Lazarus, M.) とヘイマン・シュタインタール (Steinthal, H.) の民族心理学であり、彼らは国民精神あるいは民族精神としての民族心理学を論じたが、それは個人心理学とは対比される民族に共通する特性のことであった。ヴントも含めて彼らは民族の思想や特性が表れるものとして言語に注目し、言語構造を思考や意識を規定する文化的制約として考えたが、特にヴントは、それを未開民族の言語、ヴントの表現を使えば未開民族が用いる「原始言語」としている。つまり身振り言語や原始的な発音言語であるが、これが彼らの低次な思考様式や観念様式といった精神機能と結びついているというものであった。彼は精神機能やその過程を低次な水準にあるものと高次なものの二つに分け、前者の未開人の言語と思考を分析することで高次な思考活動を作っている言語や記号、象徴機能の役割が明らかになってくると考えてしまい、言語機能や思考様式をきわめて一般的な形で論じていた。このような考えは今日では全く受け入れることができない粗末なものである。

ヴントの民族心理学に対して、同じ時期にドレスデン工業大学の教授であったフリッツ・シュルツェ(Schultze, F.)が『自然民族の心理学』(1900)の中で、思考や意欲といった心的機能の発達を民族心理学の問題として位置づけていたことを城戸は紹介している(城戸 p.510)。シュルツェの存在についてはヴントの陰に隠れてあまり知られていないが、シペートがヴントの民族心理学を批判していたことと同じ問題意識で民族心理学の研究を行っていたのである。

今日、コール(1990, 1996)は、ヴィゴツキーが歴史・文化的視点から人間精神を論じていたことを「文化心理学」という名称で表現し、ヴントの民族心理学の発想を全く新しいものに発展させている。ここでコールが目指したのは文化の問題を文化間の比較、つまりヴントのような未開民族と文明化された民族との間の文化「間」(between cultures)の比較研究ではなく、人間の精神活動とその発達に果たしている文化の役割の解明というういわば文化「内」(within culture)の研究であり、文化が人間の現実の精神活動にどのように作用しているかを明らかにしていくことであった。あるいは、コールは文化の問題をある文化を背景にして、その文脈の中で人間が精神活動を営んでいるいわゆる「文化的実践」として具体的な精神活動を論じているが、この考えはシペートや、そしてシュルツェがとった考え方ときわめて近い発想であった。シペートの民族心理学の研究は、明らかに今日のヴィゴツキー派の文化心理学の思想的先駆けとして存在していた。

（2）ヴィゴツキーの歴史・文化的心理学

ヴィゴツキーは彼の初期の著書である『芸術心理学』で既に、ヴントの民族心理学は民族の中に見られる集合的特性をただ事実として記述しただけであると批判している。その批判の観点はシペートのそれと同じである。ヴィゴツキーは『芸術心理学』のはじめの第1章・芸術の心理学的問題、3「芸術心理学と個人的心理学」で、ヴントが民族心理学の研究対象としていたのは、言語、神話、風俗、芸術、宗教制度、法、および道徳規範であり、これらはイデオロギーの塊、結晶体であって、人間心理を扱っていないと批判する。彼は次のように言う。「心理学の課題は、どろどろした溶液、社会心理そのものを研究することであって、イデオロギーではない。言語、風俗、神話――これらはみな社会心理の活動の結果であって、その過程ではない。したがって、社会心理学がこうした対象を取り上げるとき、それはイデオロギーを心理にすり替えている」（邦訳 p.30）。

それではヴィゴツキーは文化心理を個人的な心理として論じるべきだとしたのかというと、そうではない。ヴィゴツキーは個々人の心理は社会的なものであり、社会的に制約されていることを前提にしながらも、この社会的なものを産物としてみるのではなく、個人の心理や精神的活動が社会的な制約の中でどのようにして社会的行動として展開していくか、その過程を個人と社会の相互連関としてみていくべきだと主張する。『芸術心理学』では人間の芸術的活動を、これらを支え、また制約を与えている芸術の社会的諸側面と相互規定し合いながら展開していく過程として論じたのである。

ヴィゴツキーは、その後も、ヴントが民族心理学でとった人間心理と精神活動の考え方を何度も批判している。たとえば、『精神発達の理論』(1930-31a)では、ヴィゴツキーは人間精神を歴史・文化的視点からみていくことの必要性を論じ、ヴントの民族心理学の方法は民族特性を記述しているだけだと言う。ヴントの民族心理学は「言語、芸術、習俗のような客観的精神形成物の解釈という方法」(『精神発達の理論』邦訳 p.65)によって構成されてしまった。ヴントがこのような方法をとったのは、ヴントが民族心理学の対象を客観的な精神形成物に求めてしまったためである。このような対象に対しては、事実として記述していく方法しかなくなる。だが、ヴィゴツキーが言うように、文化的なものを背景にして人が文化的実践を展開している過程として文化の問題を考えた時には実験的な分析が可能になり、まさに文化的発達とその形成過程を論じていけるわけである。

ヴィゴツキーの主著である『思考と言語』(1934)でも、言語の発達を系統発生的な視点から論じたヴントの言語論を批判している。ヴントは、未開民族と文明化された民族の思考様式を規定しているのは彼らが使っている言語にあるとしている。そして、この民族に特有の言語の内部形式があって、それは系統的発生によるものだと説明している(城戸『心理学問題史』p.489)。ヴントは言葉の発達としての「言葉のモチーフ」をこの系統発生的なものによって作られる内部形式に帰してしまい(ヴィゴツキー『思考と言語』邦訳 p.378)、そこではことばの発生において子ども自身の知的活動がそこに加わっていくといった要因を考えないでしまった(同上邦訳 p.103)と非難する。

ヴィゴツキーが彼のいくつかの著書でヴントの「民族心理学」を批判し、それを超えた新しい文化心理学を創造しようとしたことが、ヴィゴツキーの研究全体には流れている。そして、歴史・文化的な中に人間は身を置き、その制約を受け、またそれに支えられながら文化的実践を展開していく中で、人間の発達は形成されていく。その基本的な視点はヴントを批判したシペートの中にも見出すことはできるが、シペートの場合、それはあくまでも理論的なスペキュレーションであって、まさに人間発達として形成の過程を科学的に解き明かしたのはヴィゴツキーの大きな貢献であったし、そこにヴィゴツキーのユニークさがあった。

4　シペートとヴィゴツキー、二人の言語研究

ヴィゴツキーは思考することと話すことの二つの活動によって人間の意識活動が実現されていくと考えた。この切り離すことができない二つの活動を一つのユニットとして分析していくことで、意識の問題を観念論に陥らず研究することが可能になるとした。彼が思考と言語について議論する中で特に重視したのは思考活動を直接支えている言葉であり、これを自分の言葉とする「言葉の内的側面」についてである。このようにヴィゴツキーは言葉の役割に注目したが、彼が議論する前に既にシペートが「内的言語形式」の考えを出していた。シペートは言葉を自己の中へと内化して自分の言葉となっていくことを論じていた。

ここでは、「言葉の内的側面」について注目したヴィゴツキーとシペートの考えをみていく。ヴィゴツキーは『思考と言語』を書く前に、シペートが彼の言語論をまとめた『美学断章』と『言葉の内的形式』を読んでいたのだろうか。ヴィゴツキーの『思考と言語』にはシペートの名前は一切出てこないが、二人

の言葉に関する考え方には類似する部分が多くある。ヴィゴツキーは『思考と言語』を書く前に、シペートのこれらの著作にふれることができたはずである。シペートの名前を出していないのだからヴィゴツキーはこれらを読んでいないとすることもできる。だが、二人の関係と、議論している内容の類似性から推察すると、ヴィゴツキーがこれらを読んでいなかったとは考えにくい。ヴィゴツキーはシペートの本を読んでいたはずだというのが、ここでの「仮説」である。

(1) ヴィゴツキーとシペートの言葉の内化論

ヴィゴツキーは『思考と言語』(1934) の第1章「研究問題と方法」の冒頭で、「思考 (thinking) とことば (speech) の問題は、種々の精神機能、異なる種類の意識活動の関係に関する問題がもっとも重きをなす心理学的問題領域に属する。この問題全体の中心的要素は、もちろん、思想 (thought) と言葉 (word) の関係である」(邦訳 p.12, 英語訳にもとづいて一部文章を変更) と述べている。特に、思考と言葉の間のむすびつきを考える時に彼が重視したのは、自分の外に社会・文化的なものとしてあった言葉が自己の内部へと入って自分の言葉として働くようになることであった。だからこのすぐ後のところで、彼は思考と言語が一つのユニットとなった言語的思考は「言葉の内的側面 (inner aspect of the word)、その (言葉) 意味 (meaning) のなかに見出すことができる」(同上邦訳 pp.18-19) と言っている (ちなみに「言葉の内的側面、その意味のなかに」のロシア語原文は **внутренней стороне слова - в его значении** である)。ここで言う「言葉 (word, слово) の意味 (meaning, **значение**)」は、言葉の個人的意味やニュアンスを込めた「語の意味 (sense, смысл）」とは区別される「語の語義」である。言葉を表すロシア語には слово と речь があり、前者は単語としての言葉というニュアンスがあり、後者は話し言葉の意味に近く、英語では前者を word、後者を speech と区別している。ここでは日本語として、前者の слово を言葉、後者の речь をことばと表記しておく。ここでヴィゴツキーは言語の中の「言葉」とその意味＝語義を問題にしている。だからヴィゴツキーの「言葉の内的側面」は言葉の語義的意味に焦点を当てたものである。ちなみに『思考と言語』のロシア語原著名は Мышлениеиречь で、ここでいう言語は「ことば（speech）」のことである。

ヴィゴツキーは「この言葉の内的側面は、これまで特別に研究されることは、ほとんどなかった。」（邦訳 p.19）と言う。たしかにほとんど注目されることがなかったし、例外的にわずかな人しか議論していなかったが、このわずかな人たちがシペートであり、フンボルトであった。シペートは社会的産物としての言語のうち、特に言葉の語義的側面とその機能的意味を自己の中に取り込み、自分のものとしたものを「内的言語形式」として定式化した。シペートの「内的言語形式」をヴィゴツキーの場合は「言葉の内的側面」（『思考と言語』）と称し、『精神発達の理論』の中では「心内形象（inner image）」とも言い直して使っている（邦訳 p.218）。これらはいずれも外にある言語を内化して言葉の意味として獲得していくという点では同じである。

シペートのいう「言葉の内的形式」とはどのようなものなのだろうか。シペートが１９２７年の『言葉の内的形式（Vnutrenniaia forma slova、英語名 The inner form of the word）』で述べていることを、ジンチェンコ（Zinchenko, 2007）とセイフリッド（Seifrid, 2005）をもとにしてポイントをまとめると、次のようなことである。「言葉の内的形式」とは、人間は外部にある言語を声という自己の内部表現の形で取り込むことで内的な形式にしたものであり、さらにこの音声に思考的活動が加わることで言葉という言語的知性活動となっていくものである。「言葉の内的な形式」とは言語表現へと向かっていく志向的な（目的的な）活動と、それを具体的な意味的なものにしていく論理的な言語表現形式のことである。つまり、シペートは言語体系を声という言葉の形にすることで内的に形式化し、そこに言語的な理念、論理形式が備わることで言葉によって論理的思考が展開されていくことが可能になってくると考えた。このように、彼の言う「言葉（word）」には言語論理形式が含まれていた。

シペートの、音声によって言語を内的な形式という言葉にしていくという考えは『美学断章』（1922-23）でも述べられており、「言葉の内的形式とは外的形式として存在している言葉の形態論的形式を内化してまさに内的形式の形にしたものである」（邦訳 p.148）と定義している。このように、『美学断章』と『言葉の内的形式』で、シペートのいう「言葉の内的形式」とは、社会の中にある言語体系とその機能を自己の中へと移行して内的形式にすることで、自分が使う言葉となっているということである。

シペートの「言葉の内的形式」の考えは、フンボルトの「内的言語形式（innere sprachform）」の一部を変形したものである。フンボルトは人間の言語は外的な歴史的実在としてある言語（エルゴン）を主体が内部へと取り込み、自分の生きた言葉としてそれを使っていく活動（エネルゲイア）として考えた。この内化された言語形式がまさに「内的言語形式」なのだが、シペートはこの「言語」の部分を「言葉」に置き換えてフンボルトの言語をより具体的な言語活動の形態の言葉に読み直している。シペートの『言葉の内的形式』の副題は「フンボルトの主題についての習作と変奏」である。バフチンらは『マルクス主義と言語哲学』（1929）の第二部・「マルクス主義的言語哲学の道」で、フンボルトの言語思想をとりあげ、フンボルトの言語研究の幅の広さを評価し、注でもロシア言語学思想にも影響を与えていることに言及している。この注の中でもシペートが『言葉の内的形式』という刺激的で興味のある著作を発表していること、シペートは真のフンボルト像を描こうとしたとも述べている（桑野訳 pp.263-264）。もっともバフチンらの立場からすると、シペートの言語論は主観主義的なものであるとする批判の対象になっている。こうなると、バフチンらは、自分たちの言語思想以外は全部個人主義的なものにしてしまいかねず、バフチン言語論の中にある一部のもの（全部とは言わないが）については、受け入れがたいものがある。

（2）語の語義と語の意味について

ヴィゴツキーの言語思想の中核を成しているのは、言葉（word）を自分なりに意味づけ、自分の思想を加えたことば（speech）として使っていく主体の言語的活動であった。その時使われる言葉は、話し手が独自に意味を込めたもの、つまり語の「意味（sense）」的側面である。これは社会的に分け持たれ、他者と共有可能な形の語の「語義（meaning）」とは区別されるものである。ヴィゴツキーはこの二つをフランスの心理学者のフレデリック・ポーラン（Paulhan, F.）を使いながら『思考と言語』で次のように述べている。「言葉の意味（word sense）というのは、ポーランが言うようにその言葉によってわれわれの意識のなかに発生する心理学的事実の全体である。意味（sense）はつねに動的・流動的で、不動性がある中でも様々な領域を持っている複雑な構成体である。言葉の意味（word's sense）はそれが使われる文脈の中で変わってくるのに対して、語義（meaning）の方は固定的である。・・・（だが）実際の言葉の語義（meaning of the word）も不変ということはない。ある操作のなかでは、その言葉（word）はある語義（meaning）を持ったものとして表れてくるし、別の操作のもとでは別の語義（meaning）というものを獲得してくる。」（邦訳 p.415。ミニック 1987 の英文訳をもとに一部文章を改変）。

このように、ヴィゴツキーは語の語義と語の意味に関する説明としてポーランを引き合いに出している。何故か不明だが、ヴィゴツキーはシペートではなく、ポーランの方を使っている。[6] だが、語義と意味についいては既にシペートがヴィゴツキーよりも十数年前に『解釈学とその諸問題』（1918）で述べていたし、シペートの方がこの問題をかなり詳細に論じている。しかもヴィゴツキーとシペートの語義と意味についての議論にはかなり共通性がみられる。シペートは語の語義は辞書の中に固定された形で存在している意味の多様な集合であり、これに対して、語の意味は具体的に会話の文脈の中で使われる時に表れてくる意味の形態であると説明している。これはヴィゴツキーと全く同じ定義である。そして、シペートはヴィゴツキーが語の語義もそれが使われる文脈の中では別の意味が出てくると述べていたのと同じことを指摘している。シペートは次のように言う。「言葉が持っている多義的な意味は、言葉がどのような意味で使われているか、あるいはそれが意味として示していることを理解することが可能になっている会話の中でしか解消されない。一つの言葉を使用したり、同じ言葉に二つ以上の意味を伴わせて使うことは話し手の意図によっているのであり、このことが明らかになるのは言葉の語義の分析ではなくて話している者の意図を分析すること、そこで使われている修辞学的形態（寓意、擬人法、比喩など）がどのようなものかをみていかなければならない。したがって、言葉の語義がどう使われているかを理解していくためには語義だけを考慮に入れるのではなく、言葉が使われている複数の形態とその使用についての心理学的側面に注意を向けていかなければならない。」（以上、Zinchenko & Wertsch, 2009, p.51 より。）

以上のことはシペートが『言葉の内的形式』でも繰り返し指摘していたことである。彼は言語を作り終わった製品としてみるのではなく、生成されていく過程としてみていかなければならないと言う。だから彼は、言葉というものは生きて使われる社会的活動、会話の中でしか扱えないものだと考えた。この発想をヴィゴツキーは『思考と言語』では語義（meaning）はそれが使われる社会的状況によって変わると言っていた。「単語が文脈全体から受けとる意味（sense）によるその単語の豊富化が、語義の力動性の基本的法則なのである。単語はそれが織り込まれている文脈から知的・情動的な内容を吸収する。それは文脈がない孤立した状態にある時よりもはるかに多くの、あるいはより少ないものを意味するようになる。より多くのことを意味するようになるのは、その語義の範囲が拡張してくる、つまり新しい内容に満たされた領域を獲得するからである。より少ないことを意味するようになるのは、単語の抽象的な語義が限定され、一つの文脈の中でのみ意味するものに狭まってしまうからである。」（邦訳 p.415. ミニック 1987 の英文訳をもとに一部文章を改変）。言葉の意味（word's sense）も個人の意識によって、使われる文脈によって変化していくということである。このヴィゴツキーの主張はシペートの先にもう一歩進むものだった。

ヴィゴツキーは語の意味（sense）も語の語義（meaning）も、語を使用する側の志向＝目的と意識の中で確定してくるものであり、また同じ文脈と状況を有している者の間でその意味は共有されると言った。ここはあまり注目されることがない部分だが、重要な指摘をしているところである。具体例で考えてみよう。

辞書には「語釈」や「用例」が必ず書かれている。一つの言葉（word）の語義的な意味（meaning）と解釈を説明した説明書きであるが、実はこれは辞書によって変わっており、辞書の編纂者の解釈の違いが反映されている。時には辞書にどのような語釈と用例を入れるかで、編纂者同士の間の個性とそのぶつかり合いが起きてしまうことがある。ちなみに同じ三省堂に三省堂国語辞典と新明解国語辞典の二つが存在する。いずれもそこで書かれている語釈と用例のユニークさで有名だが、その背景には見坊豪紀と山田忠雄という二人の編纂者の語釈と用例の使い方、解釈をめぐる確執があった（佐々木 2014）。

もう少しこの「語釈」についてみていこう。三浦しをんの小説『舟を編む』（2011）でも出てくる「右」についての「語釈」と「用例」である。岩波国語辞典では、「相対的な位置の一つ。東を向いた時、南の方、また、この辞書を開いて読む時、偶数ページのある側をいう」となっている。学研現代新国語辞典では、「北を向いたとき、東にあたる方角。保守的なこと。〔縦書きの〕文章で、そこより前の方（にしるした事柄）」と書かれている。新明解国語辞典になると、「アナログ時計の文字盤に向かった時に、一時から五時までの表示のある側。明という漢字の月が書かれている側と一致」といった具合で、説明として使っている例がかなりユニークになっている。小学館精選版国語大辞典では、「正面を南に向けたときの西側にあたる側。人体で通常心臓のある方と反対の側。また東西に二分したときの西方」である。位置関係で説明しているところは共通だが、それ以外はこの言葉をどういう場面で考えるかでその説明の仕方は異なっている。[7]

これらの例からも分かるように、言葉の語義といえども決して一つで固定されたものではなく、これらが使われる具体的な文脈や状況に置かれることではじめてその意味を示すことができる。それをヴィゴツキーは先の『思考と言語』で、ある操作ではその言葉はある語義を持つし、別の操作のもとでは別の語義になると言っていたが（邦訳 p.415）、この「語釈」のことを言っていたのである。ヴィゴツキーの『思考と言語』の最終章には、「辞書のなかの言葉（word）は一つの語義だけを持っている。」という言い方をしている（邦訳 p.415）。この部分だけを読むと、語義は固定化された意味しか持たないような受け止め方をしてしまいかねない。だが、この後に続く文章は、「しかし、この語義（meaning）は実際の生活で話される中でしかそれが実現していく可能性はないし、実際に話される中で表れる語義だけが（言葉の）意味（sense）を構築していくための隅石（素材）になるのだ」（邦訳 p.415. 英文訳をもとに文章を改変）となっている。ここから分かることは、ヴィゴツキーは言葉（word）を、社会・歴史的なものにその起源があり、既に文化的道具として外部に存在しているものが個人の社会的な活動である他者へ向かっていくこと、そして同時にそれは自己へと向かって話される活動（speech）の中で、その文脈に則して語義として確定していき、さらに個人の言葉の意味（sense）となっていくことを示した。この対話という活動の中で語義から意味へと、そしてその逆の方向へと運動を起こし、相互連関し合っているのである。

（3）シペートとヴィゴツキーの言語論の相違

シペートとヴィゴツキーの違いについて確認しよう。シペートは『言葉の内的形式』では「言葉」とその機能を重視していた。しかも元々ある外的な言語体系を内的に移し変え、形式化したものという発想が強くある。これに対してヴィゴツキーの場合は、「言葉」ではなく、自分が他者と関わりながら自分の考えを作り出していくものとして「ことば（speech）」を位置づけた。そこでは「言葉」よりも個人の意味、感情的側面と多様性が担保されている。ここにシペートとヴィゴツキーの違いがある。シペートは言葉の中の「語の語義（meaning）」を重視したが、ヴィゴツキーは言葉の持っているもう一つの側面である「語の意味（sense）」に注意を向けていた。

彼は『思考と言語』の中では「話しことば」と「内言」の違いについても詳しく論じているが、「話しことば」は他者に向けられたメッセージであることから意味の相互了解を目指すものであって、そこでは当然言葉の意味があまり動揺しないように言葉の語義（meaning）も重視されることになる。だが、自分の中で使われることば、つまり内言になると、言葉の意味（sense）に力点が置かれることになる。「内言のなかでは、言葉の意味（word's sense）が言葉の語義に優越する」（邦訳 p.414）のである。

彼は晩年の1933～34年のゲルツェン名称レニングラード教育大学で行った講義の「三歳から七歳の危機」で、意味を持たない言葉（word）は言葉ではないから必ずそこには意味が含まれているが、この言葉の意味も子どもの知的活動によって作られた産物であること、だから言葉の意味はことばと思考（thinking）の二つの組み合わせ（単位＝ユニット）によっていることを述べている（邦訳 p.161. 英語版ヴィゴツキー著作集第5巻 p.294. 邦訳の文章の一部を英語版に基づいて変えている）。このようにヴィゴツキーにとっては、言葉はシペートが言うような外的な言語体系を内部に移行しただけのものではないことになる。

彼は言語の本質にあるのは、社会的活動として人と人との精神の間をむすんでいく「ことば」と対話的活動であるとした。ことばは日常生活の中の社会的な性質を持った最もリアルな言語の姿であり、この他者との関わりと個人の思考活動を通して言葉の意味は立ち上がってくる。このようなヴィゴツキーの考えと同じことを言っていたのが、言語哲学者のバフチンである。バフチンは記号とは個々人の意識の間の相互作用の過程の中で発生すると言った（1929, 邦訳 p.19）。ヴィゴツキーは、他者との間で交わすためのことばが今度は自分の精神的活動を支えるためのもの、内言として機能し、思考活動を支えていくとした。

ヴィゴツキーとシペートの最も違う点は、ヴィゴツキーが言葉を社会的な相互作用において展開する中で言葉の意味が作られてくる生成の過程を問題にした点であり、自分の言葉を作り出すためにはことばという他者へ向けた活動が必要だと考えたことである。「ことば」という情動的なものや、身体的なリズムをも含んだ主体の意志的なものを声の形で表し、それが互いに聴く‐話すという対話の中で展開される社会的な活動になっていく。さらにこれが自己の内部に向かった時には意味の生成になっていく。このようなものとしてヴィゴツキーは「ことば」を考えた。

これに対して、シペートは、言葉とそこに含まれている内的論理形式を重視し、いわば言葉は論理的思考やさらには思想を内的に含んだものとして扱っている。だからシペートは『美学断章』の中では、「言葉のない思考は意味のない言葉である。地上においても、海上においても、空においても、すべてを御しているのは言葉である」（邦訳 p.144）と言う。シペートは言葉に意味の論理的構成の力を込めている。ヴィゴツキーはシペートの後に続く者としてシペートが論じられなかったことを乗り越えようとした。あるいはフンボルトの言語論についても、ヴィゴツキーは次にみるフンボルトの対話的言語論を使いながら独自の発展を試みている。

5　フンボルトの言語論とシペート、ヴィゴツキーへの影響

フンボルトの言語論について、ここではシペートに影響を与えた「内的言語形式」と「有機体としての

言語」、そしてヴィゴツキーに継承された「対話的言語論」を主にみていく。

(1) フンボルトの「内的言語形式」と「有機体としての言語」

フンボルトの「内的言語形式」は、彼の言語論の大きな特徴である言語の内的産出の根拠として位置づけられている。彼は外部にある言語体系を自分の中に取り込み、これらを自分の言葉として使用することで生きた言語になっていくと考えた。フンボルトの「内的言語形式」については、1836年に彼の死後まとめられた『ジャワ島におけるカヴィ語について・序説』(邦訳『言語と精神――カヴィ語研究序説』1984, 亀山健吉・訳。以下、『言語と精神』と略)の第二十一節・「内的言語形式」で、「内面的でかつ純粋に知的な部分こそが、本来的に言語を構成しているもので、この精神的部分が言語を産出するために音声形式を用いている」(邦訳 p.138) と述べているが、ここでみるように明確な定義をしていない。要するに、外的な言語形式の音声形式を使用して言語を形づくる内的、知的なものが「内的言語形式」だというのである。「内的言語形式」についてはフンボルトが他の箇所で断片的に述べており、それらをまとめて泉井久之助は『言語研究とフンボルト』(1976) で次のように説明している。言語の外的な音声形式で与えられたものを情感的に受け止め、そこに意味を吹き込み、話者に対する真の理解を得る。この個性的な概念構成に加えて、情感や想像の作用や過去の経験や世界観の影響も入ってくる。そして個人的なものだけでなく民族的な形式原理も加わっており、それらは概念的記号(語根、語幹)、語彙の体系、文などである (pp.337-339)。ここから分かるように、「内的言語形式」は人類の言語に内在する知的構造体であり、言語構造の全ての要素に関わる言語一般の構造の内部に存在するものである。

フンボルトは、人間が言語使用の能力を内的言語の形式として持ったことによって主体的な言語活動が可能になっていると説明している。これが自分の言葉として言語を使用し、他者に向けて自分の言葉を発し、他者と関わることを可能にしているものである。フンボルトの言語論のポイントとなっている「エネルゲイア（活動性）」としての言語である。フンボルトは『言語と精神』で、言語の本質を次のように述べている。「言語というものは、その実際の本質に即して捉えて見ると、実は、終始中断することなく、あらゆる瞬間ごとに移ろい続けてゆくものである。文字に書き写して移ろう言語を留めようとすることでさえも、結局は、言語をミイラのような形で保存するだけの不完全なやり方に他ならず、書かれたものをもう一度、生々と口に出して我々の身近なものとすることが、どうしても必要となってくることになる。言語そのものは、出来上がった作品《ヴェルク》（エルゴン）ではなくて、活動性《テーティッヒカイト》（エネルゲイア）である。それ故、言語の本当の定義は、生成（ゲネティィッシュ）に即した定義しかあり得ないことになる。すなわち、言語とは、分節音声を思考の表現たり得るものとするための、永劫に反復される精神の働きなのである。」（亀山訳 p.73）。このようにフンボルトが言語の特質を述べていることは、明らかに言語を他者、そして自己へ向かって発せられる生きた声であり、ことばとしてとらえていたのである。それはとりも直さず社会的活動としての言語として論じるということであった。これが彼の「有機体としての言語」のエネルゲイアである。ここからも分かるように、フンボルトのエネルゲイア論はヴィゴツキーが自己と他者の間をむすぶ言語としての「ことば」を位置づけた源流になっていることが分かる。ヴィゴツキーはフンボルトを読んでいた。そして『思考と言語』でも、わずかであるがフンボルトにふれている。

もちろん、フンボルトはエネルゲイアだけを問題にしたのではない。エネルゲイアの遂行が可能なのは所産としてある所与の言語体系（エルゴン）がなければならないこと、逆にこのエルゴンを実行可能なものにしているのがエネルゲイアでもある。これらは相互不可分、表裏一体の関係になっている。村井則夫（2003）は、（フンボルトの言う）言語とは、活動（エネルゲイア）の遂行性と所産（エルゴン）の所与性が相互不可分に絡み合いながら運動しており、不断に発生している事態だと述べている（p.105）。「エネルゲイア」や「内的言語形式」という言葉から外部世界とは独立した内的活動や内的イメージを想定してしまいがちだが、そのようにとらえてはいけないのである。このことを端的に言い表せば次のようなことである。「『コトバ』は意味へと自己を分節し、意味は言語を招き寄せ、エネルゲイアとしての言語はエルゴンとしての事象を喚起する」（若松 p.250）。これは若松英輔（2011）が井筒俊彦の言語哲学について語った文章の一部である。井筒はフンボルト、そしてフンボルト研究者のレオ・ヴァイスゲルバー（Weisgerber, L.）の言語論を言語哲学の思想的基盤としていた。

このフンボルトのエルゴン‐エネルゲイア論をポテブニャは自分なりに解釈して、「内的言語形式」をイメージとしてみなし、またそれは個々の具体的な対象についての感覚イメージを超えた普遍的な機能をもった総合体としての表象としてしまった。これは明らかに「内的言語形式」の一部を言っているだけで、個人の内的活動を過度に強調するものになってしまった。そこで、シペートは『美学断章』の中で、ポテブニャの解釈は心理主義に陥ったもので、言語の内的形式の概念の名誉を傷つけるものだと強く批判した（邦訳 p.251）。逆に普遍的な記号として言語を考えるソシュールやチョムスキーの考え方も、フンボルトの考えとは相容れないものである。ユルゲン・トラバント（Trabant, J., 1986）が指摘するように、フンボ

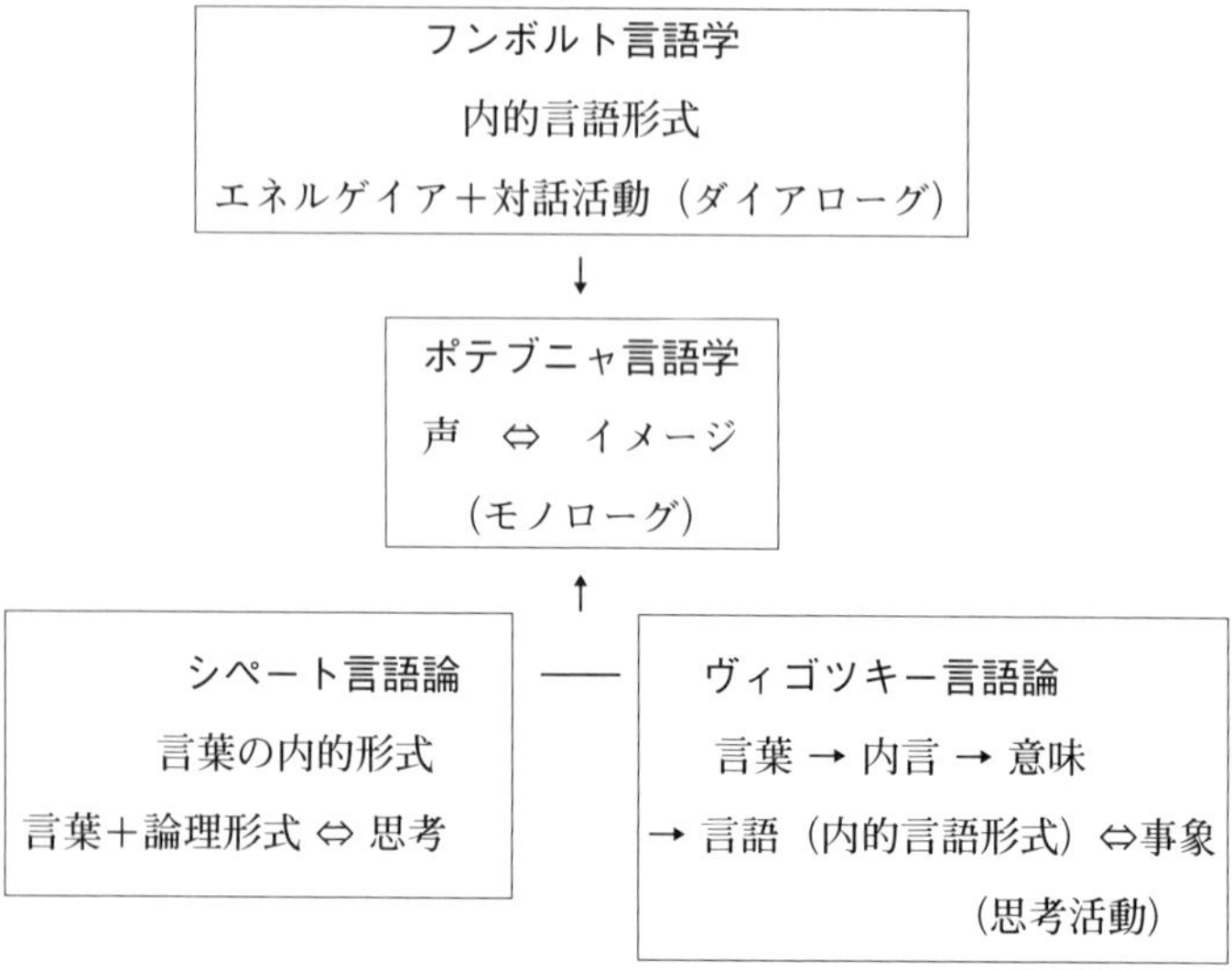

図４　フンボルトからはじまるシペートとヴィゴツキーの言語論

ルトは言語を普遍的な機能と意味を持った記号として論ずるような発想を否定していた。そこには、フンボルトが考えた言語の多様性と民族の独自の思想世界がある。

フンボルト、シペート、そしてヴィゴツキーの言語をめぐる議論を整理しておこう（図4）。フンボルトの「内的言語形式」と「エネルゲイア」の考えは、ポテブニャの内的なイメージと声という偏った解釈でロシアに入った時、それを批判的に乗り越えて本来のフンボルト言語学に戻そうとしたのがシペートと、そしてヴィゴツキーであった。あるいはそこには、バフチン・サークルも入るだろう。シペートはフンボルトの「エネルゲイア」の中にある主体の対象的関わりとしての志向（intention）的活動と、その言語的手段としての内的な言葉の形式を考えた。シペートは外的対象を言葉によって表現していくことで世界を論理化、抽象化していく論理的思考の中で言葉を位置づけていた。ヴィゴツキーのことばの中にも、当然のことながら外へと向かう意思的活動が入っていた。それは、彼の場合は他者との間の対話的活動であった。

（2）フンボルトの比較言語研究と言語の多様性

フンボルトは人間が「内的言語形式」や「有機体としての言語」を持つことで、民族独自の言語体系と精神世界を形成することが可能になっていると考えた。そこでは多様な言語と精神文化が生まれてくるが、彼は民族が持っている精神世界と言語の間にある密接な関係を解こうとした。これがフンボルトの膨大な量にのぼる比較言語研究である。彼は諸言語の構造の差異には民族精神の差異があり、また言語には民族の文化と思想を表現の形で具体化し、結合していく総合の働きがあるとした。彼が取り組んだのは、スペインのバスク地方の言語、インドのサンスクリット、そして、バリ島やジャワ島で用いられていた古語のカヴィ語の生成であり、そこに伝わる叙事詩（ブラタ・ユッダ）を分析することで解いた「カヴィ語研究」などである。彼が一貫してとった比較言語研究の姿勢は、民族間、文化間の間にたとえ言語の類似性や共通性があったとしても、それはあくまでも各言語の固有性を比較してみた結果にすぎないのであって、言語の一般性を想定して論じてはいけないというものであった。

彼はカヴィ語研究に着手する前に比較言語についての研究を行っていた。1820年の『言語発達の様々な時期に関係した比較言語研究について』（Über das vergleichende Sprachstudium in Beziehung auf die verschoedenen Epochen der Sprachentwicklung,『比較言語研究』と略）』では、一連の言語研究の基本的な課題である有機体的活動によって言語が生成されていく機序と、文化や学問、芸術の形成を言語活動と結合させて論じていくという二つの問題が設定されていた。フンボルトは言語の中には部分を統一しながら全体を形成するという民族の知的努力を見出すことができ、それは精神的形成であると同時に、この努力は人類の発展をもたらしたものだとも述べている。

ヴァイスゲルバーは『母語の言語学』（1964）で、言語共同体と現実世界（外界）の中間にあって両者を媒介するものとして語内容と語音があり、これが精神的な世界、つまりフンボルトの言う「内的言語形式」とそれが含み持っているエネルゲイアであると述べている。民族によって異なった言語が生まれてくるのは、この現実世界を媒介し、両者の整理と構成を行っている中間世界、つまり言語内容の多様性があるからだと説明している。図5がヴァイスゲルバーの考え方を簡潔に表したものである。

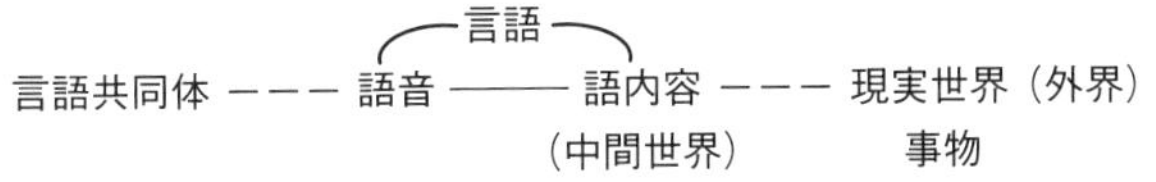

図5　言語共同体と現実世界を媒介する中間世界の語音・語内容
（福田, 1994より）

フンボルトが言った言語形式と言語活動の多様性は、シペートとヴィゴツキーの言語観に引き継がれている。シペートが1917年にFilosofskie誌に書いた「知恵か理性か？（Wisdom or Reason ?)」という論文があるが（Zinchenko, 2000; Zinchenko & Wertsch, 2007）、そこでシペートも、言葉には多様な形態、つまり文法的、表現スタイル的、美学的、論理的形態が含まれていると言う。そして、この言葉にみられる形態は、決して偶発的な経験の結果として生まれてきたものではなく、それは基本的には安定し、かつ独自の自立的な形でその形態が作り出されていったものである。この多様な形態をなしているものをフンボルトの「内的言語形式」に倣って「理念的な内的言語形式」と名付けている。ここでも、この形態には多様なものが含まれていることが確認されている。

フンボルトは、言語の一般性を論じ、言語に普遍的な機能があると主張したアウレリウス・アウグスティヌス（Augustinus, A.）の考えに強く反対をしたが、これはアウグスティヌスが記号としての聖書の意味の普遍性を唱えたことに対してであった。ここには聖書の理解の仕方に、読者が勝手に解釈するような余地や自由などはあってはならないという態度があった。アウグスティヌスの主張の背景には言語に対する一つの前提的な確信があったが、その前提にある考えが間違っているとフンボルトは言う。つまり、言語を思考の運搬装置とし、しかも言語を正確に相手の側に内容を伝達していく記号とするという発想である。フンボルトはこのような発想による言語研究はきわめて遺憾なことだと考えた。彼は『比較言語研究』(1820)の中で、言語を記号と同一してしまうような発想は「知性の横暴」(p.26)だと言う。フンボルトが『人間の言語構造の相違について』(1827-29)の第二章・三五節「知的活動と言語」の冒頭で、言語というのは思考を運ぶだけの運搬装置ではなく、「言語は思想の形成的機関」(邦訳 p.129)だと述べている。フンボルトは、知的活動と言語とは互いに分かちがたい形で結ばれており、言語を思想の単なる従属的なものとするような言い方は絶対にできないと強く主張している(邦訳 p.130)。思考とその内容があらかじめあるとし、言語に思考形成の働きを認めないような発想は、フンボルトにとっては言語の重要な部分を全く欠落させたものでしかなかったのである。

フンボルトがアウグスティヌスの聖書解釈の背景にある言語運搬装置という考えに強く反発していたことに呼応して、シペートが1918年に書いた『解釈学の諸問題』(1918b)の中に「アウグスティヌス」という論文がある。この論文からフンボルトがアウグスティヌスの何に反対していたのか、その内容をもう少し詳しく知ることができる。批判の対象になっているのは、アウグスティヌスの『キリスト教の教え(De doctina Christiana)』と『教師論(De Magistro)』の二つである。ここでアウグスティヌスは聖書の言葉は一義的、普遍的な意味を持った記号であり、その記号的情報は歴史や状況を超えて安定した意味と解釈をもたらすものだとしていた。教父としてのアウグスティヌスにとっては、記号で表されている聖書の教えをそのまま読む姿勢の正しさを説いたわけだが、彼には言語＝記号はモノ、つまり聖書の教えを確実に運び、指示するものという言語観があった。

このように言葉を一方から他方（神から民衆）へ思想を確実に、かつ間違いなく伝えていくための伝達手段＝記号装置とする発想は、フンボルト、シペート、そしてヴィゴツキーにとって受け入れることができないものであった。アウグスティヌスの考えは、ヴィゴツキーが言葉と思考内容とは相互に関連を持ちながら形成していくと主張していたこととはほど遠いものだった。

そして、シペートからみると、アウグスティヌスが犯した最大の過ちは、言葉には複数の異なったメッセージと意味があることを見落としてしまったことである。したがって、当然のことながら複数のメッセージの受け止め方と異なった解釈の仕方があるという、今や「常識」となっている言語観からは、アウグスティヌスの物言いは大きく外れてしまっていたのである。

アウグスティヌスの言語観には、一つの言葉には唯一つの意味しかないという発想があったが、このアウグスティヌスの間違いと同じことを人は時々犯してしまうことを、ヴィゴツキーは『思考と言語』の中で具体的な例をあげながら指摘している（邦訳 pp.373-374）。ヴィゴツキーはフンボルトの著書に出てくる逸話を使って述べているが、この逸話がフンボルトのどの文献に載っているかは確認できない。こういう例である。天文学の学生が星の距離やその運行について議論しているのを聞いていたある人が「星の名前がどうして分かったのか」と尋ねたというのである。つまり、この人は星の名前はその星の形態と結びついていると思い込んでしまって、天文学の学生は名前に由来する星の姿をどうやって知ったのだろうかと疑問を持ったのである。つまり記号は事物と固定的にむすびついているとしたアウグスティヌスの発想と同じになっていたのである。対象に付けられた名前はあくまでも恣意的なものであって、物の名前は物の性質から切り離すことができるという考えに思い至らなかったということである。

ヴィゴツキーには、フンボルトが言う言語の多様性を指摘している箇所がある。彼が注目したのは、フンボルトが詩と散文ではそこで使われることばの働きが違っているとした部分で、そこでは言語には多様な形式があり、そこで使われることばの機能は違っているという考えを継承している。「言語は、言語学者の観点からしても、単一的形式の言語活動ではなく、多様な言語機能の総和である。機能的観点、言表の条件や目的の観点からする言語研究が、研究者たちの関心の中心となってきた。すでにフンボルトは、詩と散文の言語に関して、ことばの機能の多様性を明確に自覚していた。詩と散文とは、そのめざすところや方法において相互に異なり、詩は音楽と共にあり、散文はもっぱら言語に委ねられるものであるため、決して一つにされることはできない。」(『思考と言語』邦訳 p.404)。この後の文で、ヴィゴツキーは言語一般で論じてきた言語学や言語心理学の間違いを指摘している。そして、彼が主に問題にした「ことば」について、その機能は話しことばでは対話形式をとり、書きことばと内言では独語形式となっていくという根本的な違いがあることを述べている。ヴィゴツキーはここから、対話形式としての話しことばが持っている独自性とその研究の必要性を主張していくことになる。

(3) フンボルトとヴィゴツキーの対話的言語論

フンボルトは『双数について』で、言語の基本にあるのは他者との対話的活動であると述べて、同時に、対話によって他者との相互理解がどこまで可能かという根本問題も論じている。ヴィゴツキーはこのフンボルトの対話論に注目していた。

フンボルトが1827年に書いた『双数について（Über den Dualis）』と1827〜29年の『人間の言語構造の相違について（Über die Verschiedenheiten des menschlichen Sprach- baues）』は、彼の言語についての基本的な考え方が確認できるものである。それを一言で言えば、言語活動は対話によって展開されるということであり、呼びかけと応答の社会的活動として行われているのが言語だということである。このような対話的言語観を背景にして、彼の言語＝エネルゲイア論や「内的言語形式」の考えがあった。『双数について』はフンボルトが古い時代の特殊な言語が持っていた文法形式の「双数」の分析から人間精神の起源の中にある二元性の存在を論じ、ここから人間は他者との対話関係に入らなければならないという必然性を説いている。「双数」は我々にはなじみにくいものだが、「二」ではなく、二つという単数であり、集合数であり、対である（泉井 1976, p.265）。また、井筒俊彦が短いエッセイの「単数・複数意識」（1984）の中で、単数・複数だけでなく文法的範疇としては単・複・双の三つを考えなければならないとし、単数（一つ）か複数（多く）かの二つでは区分できないものがあると指摘している。そのことが文法形式として表れている典型的な言語に、古典アラビア語があったと言う（pp.428-429）。ここでは説明を簡単にして、名詞の場合を考えてみよう。名詞として一つの場合の単数形、複数ある場合の複数形は容易に理解できるが、これ以外に二つの対になったものを双数形として表す言語がある。たとえばメガネや靴下がその実例で、メガネは二つのレンズから一個として成り立っている。だが、今はこの双数形は複数形として扱われているので、たとえば英語では glasses となっている。日本語には文法形式としてはこの双数形はない。一部の言語には今でも双数形を持っているものがある。ここからフンボルトは、人間の精神構造とその原形には異なったものの組み合わせによって作られており、どちらか一方に吸収されてしまうことがないものがあると主張する。フンボルトは『双数について』の中の「言語の本質としての対話」の節で、言語にとって決定的なのは二つで一つ、つまり自己と他者、あるいは自己の中にあるもう一つの自分という異質なものの存在であり、だからすべての言語活動は対話に基づくものであり、他者と語り合うこと、そして自己自身と語ることで、自分との類縁性の範囲を確認し、また他者との違い＝分離を知ることになると言う。[8]

『人間の言語構造の相違について』では、言語の本質は対話であるというフンボルトの思想がよりはっきりと展開されている。ここでは、対話によって共通の理解が成立するかのように思い込んでいる我々の「常識」を疑う言語論を提示している。

フンボルトは『人間の言語構造の相違について』の第二章・第六五節「すべての理解は同時に非理解である」というショッキングなまでのタイトルを付けたところで、対話の中での対話者相互の言語理解は不完全であるという論を展開している。ここで彼が述べていることは、ヴィゴツキーの対話の考えに影響を与えた重要な部分である。フンボルトは言語活動というのは互いに呼びかけと応答をし合うことだと言ったが、ここから導かれることは、言語によって展開される意味の地平を話す人、聞く人が完全にコントロールできないということである。そこには理解の不可能性という危険が伴っている。たとえば、「あの店のパンは美味しい」と言った時、ある特定のパンだけが美味しかったのかもしれないし、店の近くを歩いている時に話したのであれば、「この店に一緒に行こう」と誘った言葉かもしれない。あるいは、「今度買ってきて欲しい」という意味で言った言葉かもしれない。このように考えると、聞き手は発言の意味をさまざまに解釈することになり、言語の理解は不完全になってくる。

「すべての理解は同時に非理解である」とは、言語研究では面と向かって言えることではない。だがフンボルトはあえて、この「常識」を疑ってみたのである。彼は言う。「だれひとりとしてある語のもとに他人とまったく同じことを考えるひとはいない。…どれほどわずかな相違も言語全体に波のように震えながら伝わっていく。…すべての理解はつねに同時に非理解であり、思考と感情におけるあらゆる一致は同時にひとつの乖離でもある。」(邦訳 p.168)[9]。

ヴィゴツキーはこのフンボルトの言葉を、『芸術心理学』の中の文学の理解について述べたところで使っている。次のような文章である。「フンボルトがまったく正しく規定しているように、すべての理解は無理解である。ということは、他人の話によって呼び起こされる思考過程は、けっして話者において進行する過程と完全には一致しないのである。私たちはだれでも、他人の話を聞き、それを理解するとき、自分なりに言葉とその意味をとらえるのであって、話しの意味は、芸術作品の意味とまったく同じ程度に、それぞれの人には決まって主観的なのである。」(邦訳 p.64)。ここから分かることは、ヴィゴツキーはことば(speech)とその生きた現実の中の姿である対話的活動の問題を生涯にわたって追い求めたが、既に若い時期に書いた『芸術心理学』の中にフンボルトを位置づけていたということである。フンボルトが1820年に書いた『比較言語研究』の中には、次のような文章がある。「全ての語られたものは語られていないものを作り上げ、準備する」(p.3)。この短い文章には、人間精神の生成の問題を対話的関係の中で論じなければならないというヴィゴツキーの基本テーゼが既に書かれていた。

フンボルトの言語思想は、シペートとヴィゴツキーよりも百年前に存在していた。そして、百年の時代を経て、もう一度シペートとヴィゴツキーの言語研究の中にフンボルトの思想はその姿を現した。シペートとヴィゴツキーの研究を通して、我々は改めてフンボルトの壮大な言語研究とその研究の重要性を知ることができる。[10] 村岡晋一の『対話の哲学』(2008) はドイツを中心にした「反・モノローグ」的言語論や自己中心主義に異を唱える思想的系譜の存在を教えてくれるが、そこでもフンボルトの対話的言語論は重要な位置を占めている。フンボルトがロシア言語学に与えた影響は、ポテブニャ、シペート、そしてヴィゴツキーの他にも、パーヴェル・アレクサンドロヴィチ・フロレンスキイ (Florensky, P. A.) の言語論にも及んでいる。フロレンスキイは彼の論文集『逆遠近法の詩学』(1918-1922) に収められている「言語の二律背反」(1918) などの論文で、エルゴン・エネルゲイアを盛んに論じていた。フロレンスキイは宗教から、自然科学、芸術などの幅広い分野で活躍した人物であるが、ここではこれ以上詳しくみていくことはしない。

6 シペートとヴィゴツキーの思考・言語研究

ヴィゴツキーの心理学研究の最大の特徴は、人間の思考活動を「ことば」との相互的関わりとして論じたことである。ヴィゴツキーは両者の関係を「言語的思考」という言葉で表現していた。この「言語的思考」の単位を成しているのは、言葉が持っている意味 (meaning)、つまり語の語義である。ここには言葉が持っている意味の一般化を可能にするものがある。それによって人間は一部、言語的思考を展開することになる。このように、ヴィゴツキーが思考と言葉の機能的連関として「言語的思考」を考えた前提には、「言葉（word）」が持っている言語的論理思考の働きがあった。この考え方は、シペートがとったものでもあった。シペートは「言葉（word）」を言語的論理活動を遂行するためのものと位置づけていた。このようにシペートの場合は、言語と思考の間の関係についての説明は簡単である。というのは、言葉と思考、あるいは思想とは密接不可分な関係、裏表のようなものだと考えたからである。シペートは、言葉とそこに含まれている内的論理形式を重視し、いわば言葉は論理的思考や、さらには思想を内的に含んだものとして扱われている。思考はたしかに感性的なものによって与えられるかもしれないが、それだけでは不完全なものでしかなく、思考の最終的な形態である抽象化へと高く飛び上がっていくためには言葉という「跳躍台」が必要（『美学断章』邦訳 p.142）だと言う。「思考のきっかけとして感性的に与えられたものを跳躍台として高く踏み切った後、思想は物質的な抵抗を克服するだけでなく、環境を支えるものとして言葉を利用しなければならない。思想が物が全部詰まった荷物を引きずっていたら抽象化に向かって高く跳び上がれない。言語の形式を環境に適合させていかなければ思考はその理想的な状態を保つことはできないし、そうでなければ空虚な実体のないものの中におかれてしまうことになる。思想の形象的、形式的、具体的な姿を示し､観念的な実体となっているもの､それが言葉（word）なのである。」（『美学断章』邦訳 p.143. 原文をもとに大幅に訳文を変更）。シペートにとって、思考あるいは思想は、言葉を通した意味作用と言葉によって世界が抽象化されたものである。だから言葉と思考、そして思想とは表裏一体なのである。言葉のないところからは思考は生まれてこないとして、次のように言う。「言葉は思想のおむつではなく、思想の肉体（body）である。思想は言葉の中で生まれ、また言葉と共にある。」（同上邦訳 p.144）。シペートは言葉には経験、理性、感情を一つにするシンボル作用の役割があると言う（Zinchenko, 2007, p.220）。

シペートの場合は外的な言葉の形態論的形式を自分の中に取り込んで内的形式にすることで現実の言語活動で使える言葉になっていくとしたが、そこにはヴィゴツキーのような他者との関わりという活動の過程そのものは入ってこない。しかも彼の「言葉の内的形式」には論理的思考が組み込まれており、思考と言葉を静的な関係としてとらえてしまっている。ここにヴィゴツキーとシペートの違いがある。

ヴィゴツキーはことばが社会的活動にその起源を持っていることに注目し、さらにことばが自己の思考を作り、またその活動を支えていくためのものとして個人の精神的活動に大きな働きを持つ側面に注目する。ヴィゴツキーの『思考と言語』の最終章「思想と言葉（thinking and speech）」の文章である。「思想（thought）と言葉（word）の関係は何よりも物ではなくて過程である。この関係は心理学的分析の見地からすれば、それ自身の本質的な特徴において真の意味の発達と呼び得るところの変化を遂げる一連の段階や相を経過する発達過程としてあらわれる。もちろん、それは年齢的な発達ではなくて機能的発達なのであるが、思考（thought）から言葉（word）へと向かう思惟（thinking）の運動が発達の過程である。思考は言葉で表現されるのではなく、言葉の中で遂行される。だから言葉の中での思考の生成（有と無の統一）ということを語ることができる。」（邦訳 p.366, 英文訳をもとに一部文章を改変）。この「思想（thought）と言葉（word）の関係は何よりも物ではなくて過程である」と言い、また「思考は言葉で表現されるのではなく、言葉の中で遂行される。だから言葉の中での思考の生成（有と無の統一）ということを語ることができる」と言っているその思想的起源は、明らかにフンボルトの言語＝エネルゲイア論にあった。フンボルトが強調していたことは、言語の中でも声として外に発せられたことばとその音形式が思考を結合させ、言語と思考を総合させる中核になっているということであり、この音形の下地には情感も含めた声があったということである。フンボルトは感情的な要素も含めたものとして言語活動を表現したくて「エネルゲイア」という言葉を使った。それをヴィゴツキーは「ことば」として、この機能的意味を追究した。ことばという動的な活動として言語をとらえたのである。だから思考と「ことば」の関係についても、動きのない思考ではなく、思考する活動（thinking）と話す（speech）ことの間にある動的関係をみようとした。

ヴィゴツキーは『思考と言語』の最終章「思想と言葉」の中で、「ことば」の意味的側面と音声的側面とは発達変化も違っており、異なった働きをしていることを指摘する。「ことば」が知的、意味的な機能を持つのは、それが内言という自己に向けられるものとなることによる。ヴィゴツキーは言語と思考という二つがどちらか一方に包摂されることなく、それぞれの機能的意味を持ちながらも勝手に動くのではなく複雑な相互的な関係を持ちながら展開していることを指摘し、そしてこの二つの活動がどのように生成変化をしていくのか、その生成の過程を問題にした。その時には言語の日常における現実の単位である「ことば」とその多様な機能を問題にしなければならなかった。シペートの場合は、いわばでき上がったものとしての言葉とその機能を問題にしていたのであって、二人の問題にしたこと、そしてどこに注意を向けたのか、そこが違っていた。

ヴィゴツキーは思考の背後には、主体の情動的、意識的なものがあるとも言う。ヴィゴツキーは思想は思考活動とそれが持っている情動的‐意志的なものから明らかになるとしたが、フンボルトが内的言語形式を作り出しているエネルゲイアという心的活動の働きを述べていたこととほぼ同じ発想をとっていたことが分かる。ヴィゴツキーの思想と言葉の関係は、フンボルトの思想の延長にあった。

フンボルトに強く惹かれていた井筒が宗教者の前で語った言葉がある（井筒 1968）。「コミュニケーションや表現より先に、もっと大事な、根源的な機能、人間を人間たらしめる機能がある。それはコトバの意味生産機能、さらに進んで、その意味が存在を生産していく機能、意味の存在生産機能、ということであります。つまり、コトバは意味を通じて存在世界を産み出していく、ということなのであります。」（p.264）。ヴィゴツキーの思想と共鳴し合う発言である。

ここまでヴィゴツキーとシペートの言語論の二つをみてきて、ヴィゴツキーの中には彼よりも先に言語研究を完成させていたシペートの影響が多分にあったが、同時に、ヴィゴツキーの研究はシペートとは違ったもの、彼独自のユニークな言語研究になっていたことを改めて確認できる。あるいは、ヴィゴツキーはシペートができなかったリアルな人間の言語活動の実像というものを描き出していた。

注

［1］シペート（Shpet）の日本語表記として、シペートの他にシュペート、シュペット、あるいはシュペトと表記しているものがある。ここでは、シペートの表記を使う。また、シペートの経歴については、主に木部（2005）と Tihanov（2009a）を参考にしている。

［2］シペートの詳しい著書・論文のリストは Tihanov（2009）編の論文集 Gustav Shpet's contribution to philosophy and cultural theory にある巻末の文献一覧から知ることができる。ここにはロシア語以外に他の言語で翻訳されたものやシペート研究者の最近の論文名も掲載されている。また、Tihanov（2009）編の著書についての詳しい内容紹介を、野中進（2011）が書評の形で行っている。この書評では論文集の各章の内容を

丁寧に紹介しており、シペートの問題関心の広さとその今日的意味を確認できる内容になっている。近年のシペートの再評価の動きもこの書評から伝わってくる。

[3] ブロンスキーの詳しい経歴や著書、研究内容の概要等については、所伸一の作成した資料が詳しい(所伸一(2009)「ロシアの新教育」古沢常雄・米田俊彦編『教育史』学文社・所収(pp.91-95)、所伸一(2010)「ブロンスキーの検討から見直すロシア教育史」北海道教育学会第54回研究発表大会配布資料、所伸一(2011)「1930年代ロシアの授業・評価制度の確立について――ブロンスキー等の言説に注目して」北海道教育学会第55回研究大会発表資料、所伸一(2012)「20世紀ロシア教育学の遺産――P・ブロンスキー」北海道大学最終講義配布資料)。

[4] 木部敬(2005)は彼の学位論文「グスタフ・シペートにおける言語と文化の哲学の構想」の第2部・構想期の著作についての第2章・構想の萌芽で、シペートの「心理学の一つの道、それはどこに通じるのか(1912)」を詳しく紹介している。木部によれば、このシペートの論文は、当時のモスクワ心理学協会代表のL・M・ロバーチンの研究・教育活動の三十周年記念論文集のために書かれたものである。

[5] シペートはディルタイが人間精神について指摘したもの(『精神科学における歴史的世界の構成』、最終節の第四節「作用連関としての精神的世界」)を使って、ディルタイの解釈学から得たことを次のようにまとめている(『解釈学とその諸問題』p.60)。つまり、一、体験したことを超えて知識が広がっていくのは生の客観的精神についての解釈を通してである、二、個別的な理解はその中に一般的な知識が含まれている、三、部分的な歴史的経験の理解のためには大きな歴史的な全体に関係づけなければならないが、同時にこの普遍的な歴史的展望は個々の部分の理解を前提としている。この三つである。

[6] フレデリック・ポーラン(1856-1931)についてはあまり知られていないが、詩人で後生の思想家たちにも影響を与えた言語学についての思想家であるジャン・ポーランの父親として合田正人(2014)が紹介している。合田によれば、フレデリックはフランスのニームで高等教育を受けたが大学には進学せず、また吃音のために教職にも就かなかった。独学で心理学、哲学を学んで、リボーが主宰する『哲学評論』に論文を書いている。フレデリックは一時ニーム市の市立図書館の司書をしたが、定職には就かなかった。その後パリに転居するが、執筆活動は続けていた。1902年にリボーの推挙で道徳科学・政治科学アカデミーの会員になっている。推測だが、ヴィゴツキーがポーランのことを知ったのは『哲学評論』をきっかけにした可能性がある。

[7] 語釈には辞書編纂者の個人的な経験が入っていること、またそれを多分に辞書の特徴にしているのが、三省堂の新明解国語辞典である。この第七版の中に「実社会」の語釈がある。「実際の社会。美化・様式化されたものとは違って、複雑で、虚偽と欺瞞に満ち、毎日が試練の連続であると言える、厳しい社会を指す」。ここまで言い切ってしまったり、踏み込んでいるのがこの辞書である。無難な岩波国語辞典では、「美化されたり観念的に考えられたりしたのではない、実際の社会」となり、小学館精選版国語大辞典は「実際の社会。小説などに書いてあったり、学校などでかんがえていたのとはちがう現実の社会、実世間」となっていて、実社会とは何であるかには全くふれられていない。この語釈の違いからも分かるように、辞書の中の言葉も決して一つの語義(meaning)だけで完結しているのではない。

[8] フンボルトの『双数について』の「言語の本質としての対話」の節の文章である。「言語にとってとりわけ決定的なのは、そこではほかのどこよりも二元性が重要な地位を占めるということである。すべての言語活動は対話にもとづいており、対話においては、語るひとは、たとえ語りかけられるひとが何人いようと、つねに

彼らを単一なものとみなして、彼らと向かいあう。人間は、たとえ心のなかで語るときにも、ある他者とのみ語りあうのであり、自分と語りあうばあいでも、他者と語りあうかのように語りあうのであって、そしてそのあとで、おのれの精神的な類縁性の範囲を画定し、自分のように語るひとを別様に語るひとから分離するのである。」（邦訳 p.30）。この後にも、次のように述べている。「言語の根源的本質のうちには、ある変更不能の二元論がひそんでおり、言語活動の可能性そのものが呼びかけと応答によって条件づけられているのである。思考でさえも、社会的存在への傾向を本質的にともなっており、人間は、すべての身体的・感覚的な関係は別にしても、みずからのたんなる思考のためだけでも、〈私〉に対応する〈君〉を切望する。人間にとって概念は、なんらかの他者の思考力からの反射によってはじめて、その明確さと確実さに到達するらしいのである。」（邦訳 p.31）。

［9］『人間の言語構造の相違について』の第六五節「すべての理解は同時に非理解である」。「だれひとりとしてある語のもとに他人とまったく同じことを考えるひとはいない。言語をあらゆる元素のなかでももっとも流動的な元素にたとえてみれば、どれほどわずかな相違も言語全体に波のように震えながら伝わっていく。個性はすべてを一様に支配するものだから、この同じ相違はすべての思想と感覚に反作用をおよぼす。そうだとすれば、すべての理解はつねに同時に非理解であり、思考と感情におけるあらゆる一致は同時にひとつの乖離でもあって、これは実生活においてもみごとに活用できる真理である。ただこうした相違は、それが概念と感覚の一般性の背後にかくれているところでは、眼に見えるものとはならない。それにたいして、その力が増して一般性を突き破り、意識にとってもいっそう鮮明に個性化するところでは、この相違は明確なかたちであらわになる。」（邦訳 pp.168-169）。

［10］ヴィゴツキーは思春期の子どもの概念発達を論じたところ（「思考の発達と概念の形成」）でも、フンボルトの言語論（エルゴン - エネルゲイア連関）が概念の形成を論じていくうえで欠かせないことを指摘している。「フンボルトの正しい指摘に従えば、思想は概念の中でのみ明晰となるのであり、概念形成とともにのみ少年たちは自分自身を、自分の内的世界を真に理解しはじめるのです。このことなしには思想は明晰になることができず、概念となることもできません。…概念においてのみ、少年たちは、社会的意識の世界をはじめて理解し、体系化するのです。この意味において、言葉によって考えるということは、自分の個人的思考を一般的思考に合流させることを意味すると語ったフンボルトの定義はまったく正しいと思います。」（邦訳 pp.85-86『思春期の心理学』所収）。

第6章　ヴィゴツキーとゲシュタルト心理学

＜架空の対談＞

V：ヴィゴツキー、L・S／Lur：ルリヤ、A・R／Lew：レヴィン、K／Z：ゼイガルニク、B・W

V：私たちがそれまでの心理学研究所を刷新して新しい心理学研究を作り上げようとした時、参考にしたのはゲシュタルト心理学でした。

Lur：私たちは行動主義心理学や条件反射学の要素主義に反対して新しい心理学を進めていたゲシュタルト心理学に強い関心を持っていました。私たちはゲシュタルト学派の人たちとは早くから研究の交流をしていました。

Lew：私のもとにはロシアから来たゼイガルニクやビレンバウム、デンボーといった優秀な研究者が集まり、優れた研究を残してくれました。

Z：私がモスクワに戻ってから、レヴィンが二回ほど私たちのところに来てくれました。最後のモスクワ訪問は、不幸にも米国に亡命しなければならない直前のことでした。レヴィン、あなたの研究はロシアの心理学に大きな痕跡を残してくれました。

V：そうですね。私がゼイガルニクと一緒に取り組んだ研究から情動と知性の関係を論じていくようになりました。レヴィン、あなたが情動と知性を人格としてみていく発想は大変に刺激的でした。そして、あなたが知的障害児に取り組んだ研究も参考にしました。

Lur：私たちはゲシュタルト学派の人たちと深く交流ができました。コフカとは一緒に中央アジアの民族調査の研究を行いましたし、レヴィン、あなたがモスクワに滞在していた時は私たちの共通の友人のエイゼンシュテインも加わって、心理学の研究方法としての映画の可能性について議論もしました。

Lew：私はドイツから米国に研究の拠点を移しましたが、優秀な研究仲間と一緒に新しい心理学を作ることができました。あなた方がロシアで研究をしてはどうかと誘ってくれましたが、結果的には米国で努力したことが報われました。

V：私たちは若かったですが、新しい心理学を作ろうという意欲にあふれていました。私たちのまわりには優秀な研究者が集まっていたし、ゲシュタルト学派の皆さんと交流ができたのは幸運でした。

ヴィゴツキーが本格的な心理学研究を始めるにあたって、心理学の手本にしたのはドイツのゲシュタルト心理学であった。彼はゲシュタルト心理学が行動主義心理学で取った要素主義の考えを批判しながら新しい心理学の構築を目指していたことに強い共感を示していた。ヴィゴツキーは「心理学の危機の歴史的意味」(1927)で、当時の心理学研究の代表的な基本的原理として、精神分析、反射学、ゲシュタルト心理学、人格主義心理学を論じているが、その中でもゲシュタルト心理学については比較的肯定的な論調を展開している。もちろん、ヴィゴツキーはゲシュタルト心理学がゲシュタルトという説明原理を過度に一般化してしまい、精神物理学的法則であらゆる心理現象を説明してしまった問題点を指摘することも忘れなかった。

ヴィゴツキーは、ゲシュタルト心理学者の中でもコフカとクルト・レヴィン（Lewin, K.）の研究をかなり詳細に論じている。特にレヴィンについては、彼の感情・意識論などをヴィゴツキー自身も追試研究を行いながらレヴィンとは別の視点からの説明と解釈を行うなど、重要な研究として位置づけた。そこにはヴィゴツキーとレヴィンの間に直接的な研究の交流があったこと、そしてレヴィンの下で研究を行い、モスクワに戻ってからヴィゴツキーと一緒に研究を行ったロシア人女性の研究者の存在があった。あるいはルリヤがレヴィンをはじめ、ゲシュタルト学派と研究の交流をしていたことも、ヴィゴツキーとゲシュタルト心理学との関わりを考える上では欠かせないことである。

ヴィゴツキーにとって、反射学や行動主義の心理学を超えて新しい心理学を構築していく上でゲシュタルト心理学の存在は大きかった。ヴィゴツキーの研究には、特にレヴィンの影響が強くあった。

1　ヴィゴツキーとゲシュタルト心理学の関わり

この節では、ヴィゴツキーがゲシュタルト学派の研究に注意を向けていたことを具体的にみていく。その背景には、マルクス主義心理学の確立に向けてロシアにおいて支配的だった精神反射学と観念論的心理学の二つを超えて新しい心理学、つまりマルクス主義心理学を確立しようという目標があった。ヴィゴツキーはゲシュタルト心理学に新しい心理学の構築のための手がかりを求めようとした。ゲシュタルト心理学は反射学や行動主義心理学で取っていた人の心を小さな単位の反射や行動の寄せ集めとする発想ではなく、一つの全体として人の意識や行動をとらえようとしていた。ヴィゴツキーはここに、新しい心理学の理論と方法論的な可能性を求めたのである。

(1) 新しい心理学の構築とその課題

ヴィゴツキーがモスクワ大学・心理学研究所で研究を始めた当時、1923年に所長がチェルパーノフからコルニーロフに代わり、チェルパーノフが進めてきたヴント流の内観に基づく意識研究は観念論であるとして否定された。そして、パブロフの条件反射学を人間の意識に当てはめて考えるベヒテレフ精神反射学も克服すべき対象となった。精神反射学は神経過程と反射という個人の内的な狭い枠の中で考えるという発想が強かった。コルニーロフは人間心理を反射学ではなく「反応学（reactology）」として解こうとした。反射は生理学的事実による説明であるが、反応としての人間心理は主観的、客観的なものも含めて、様々な反応様式を含み持っているという違いがあった。その意味では、「反応学」は行動主義が客観的な行動を問題にしていたことや、反射学が人間精神を脳内活動単一の過程の現象にしてしまうこととも異なっていた。

コルニーロフが観念論的心理学や反射学という、いずれも個人心理の枠で考える発想を否定しようとした背景には、革命後の史的唯物論によるマルクス主義心理学の構築という要請があった。だから、コルニーロフは1923年と1924年の全ロシア精神神経学会の大会で、弁証法的唯物論を基礎にした心理学の方法の構築（「心理学とマルクス主義」）や、個人心理学一辺倒の狭い枠に留まることなく史的唯物論の理論を踏まえた心理学の実現（「心理学における弁証法的方法」）を主張していた。コルニーロフは1925年の「現代心理学とマルクス主義」で次のように述べている。「生理学的反射も、心理的体験も、それぞれ別々に人の行動の基礎にあるわけでなく、両者があわさってまわりの環境の刺激に対する生きた有機体の基本的なあらわれとして反応行為に一体化したものが行動の基礎にある。」（ペトロフスキー 1967, 邦訳 pp.160-161）。

だが、コルニーロフの「反応学」は、客観的な精神反射学と主観的な観念論的心理学の二つを統合しようとしたものの、具体的な内容は不完全なものであった。それは、反応の速度や強さといった行動主義心理学で行動変化を問題にしたのと類似した発想で考えたり、ベヒテレフ反射学の反射を行動反応のための心的エネルギーとして位置付けるといったように、いろいろなものを折衷的に組み合わせたものである。しかも彼の「反応学」では、マルクスの原理をどう位置付けるかということも曖昧であった。

このような状況の中で、ヴィゴツキーは研究所に異動する前の1924年1月の全ロシア精神神経学会第2回大会で、人間の心理を反射学では説明することができないことを説得的に論じていた。この報告は、コルニーロフ編『現代心理学の問題』に「反射学的研究と心理学的研究の方法論（The methods of reflexological and psychological investigation）」（1926）として収められている（van der Veer & Valsiner, 1994の英語訳、および中村 1985 の日本語訳）。精神神経学会でヴィゴツキーが指摘したことは、人間意識の研究のためには被験者の言語的反応を正しく用いるべきであり、ベヒテレフ反射学では客観性を重視するあまりに被験者に問いただすことは不可能と考え、ただ反射だけを記録している。しかし、実際は人間の場合には、言語を媒介にした思考の介入が反射の流れを変えているという現実があり、反射だけでは人間心理を正しくとらえることはできないと批判した。反射学による研究が支配的であった時に、また他方ではチェルパーノフらの内観心理学による意識研究がまだ広く行われていた状況の中で、ヴィゴツキーは客観性にこだわってすべてを反射で説明するベヒテレフ反射学の過ちを主張したのである。彼は意識や思考過程に関わっている言葉による媒介のメカニズムを考えることで意識心理学が陥った「内観」の隘路を抜け出すことができると言った。[1] これはベヒテレフ反射学とチェルパーノフの内観心理学の二つの壁をどのように越えて新しい心理学を作っていったらよいかを模索していたコルニーロフにとっては、格好のアイデアであった。

ヴィゴツキーはこのような機縁で1924年の12月に心理学研究所に研究員として移ってくるが、この時の研究所は研究部門が六つあり、彼が所属したのは第一部門・一般実験心理学で、六、七人の研究員で構成されていた。このセクションの上級研究員には既に1923年当時から研究所の所員であった二十二歳のルリヤが就いており、彼が所属研究員の人選を行っていた。この時、ヴィゴツキーは二十八歳であったが、ほとんどのメンバーはヴィゴツキーと同じ年齢であった。この部門では、高次の複雑な反応の客観的な指標、連合的反応の抑制などの問題に取り組んだが、そこにはコルニーロフの「反応学」の問題とも重なるものが含まれていた。だが、コルニーロフの「反応学」は研究所の所員たちにとっては基礎的な理論とすることはできなかった。ヴィゴツキー、ルリヤ、アレクセイ・レオンチェフらの研究員は組織上はコルニーロフとつながりを保ってはいたが、具体的な研究について彼らは独自な展開をしていた（ペトロフスキー 1967. 邦訳 p.159）。彼らはコルニーロフのマルクス主義心理学の主張をより精緻なものにするために、改めて弁証法的唯物論による心理学の構築を目指すことになった。ヴィゴツキーはこの弁証法的唯物論の視点から諸々の心理学理論を批判的に論じていくことになり、この後にみるケーラーやコフカのゲシュタルト心理学への批判もこの視点から出されたものである。コルニーロフの時代の心理学研究所における研究テーマや研究体制については、ファン・デル・ヴェーアとヴァルシナー（van der Veer & Valsiner, 1991）の第6章「コルニーロフと反応学（Kornilov and reactology）」に詳しい記述がある。

(2) ヴィゴツキーのベヒテレフ精神反射学批判

ヴィゴツキーはこの研究所における最初の仕事として、ベヒテレフ精神反射学の批判と新しい心理学の構築のための理論的検討に着手している。彼が1925年に書いた「行動の心理学の問題としての意識」（『心理学の危機』所収）では、ベヒテレフ精神反射学は人間心理をすべて反射で説明してしまう乱暴な議論をしていると批判する。「感覚とは何か？ それは反射である。言葉とは、身ぶりとは、表情とは何か？ それも同じく反射である。」（邦訳 p.67）[2]。こういった具合である。だが、当時のロシアの心理学では、このような複雑な心的活動を反射というきわめて小さな反応の単位で説明する考えが広く浸透していたし、パブロフやベヒテレフのような目に見える客観的なものだけを手がかりにして、それらの組み合わせで心的なものを考える機械論的唯物論の発想が支配的であった。しかも、この精神反射学には、表面的には意識を排除しながらその裏には唯心論があり、言わば「主観‐客観の二元論」の考えがあったとヴィゴツキーは言う。主観的な現象や意識の現象は反射の第二系列の現象、つまり組み合わされた諸々の反射に随伴する特殊な内面的現象としていたのである。ヴィゴツキーの言葉である。「人間の行動は、主観的現象にたよることなしにすみからすみまですべて説明でき、心理ぬきの心理学を樹立することが可能だとする反射学の根本前提は、純粋な心理だけを抽出して研究しようとする主観的心理学の二元論の裏返しである。それは、古い二元論の他の半分なのだ。つまり、かっては行動ぬきの心理学が論じられ、ここでは心理ぬきの行動が論じられているわけで、かってもいまも《心理》と《行動》とは二つの異なった現象と理解されている。」(「行動の心理学の問題としての意識」邦訳 p.65)。

ヴィゴツキーはこれではいっこうに人間心理を解明することにならないと考えた。彼はこの文に続けて次のように言う。「研究しなければならないのは、反射ではなくて行動の方なのであるが、行動の機制・組成・構造である。動物や人間の実験をしている時にはいつも反応や反射を研究しているような錯覚を持ってしまう。というのも、実際の研究では反応や反射が顕著に出てくるようにあらかじめ対象になっている行動を一定の仕方で組み立てておいて、その行動を研究しているからである。」(邦訳 pp.67-68。訳文を van der Veer, 1991 の英語訳を使って大幅に変えている)。このようにあらかじめ限定をかけた上で動物や人間の行動を反射によるものだと扱い、そういう枠組みで人をみてしまっている。「人間の行動を、条件反射という鍵によって完全にその本質が暴かれた機制と見なすような見方を改める必要がある」(邦訳 p.68)し、「反射は土台ではあるが、その上に何が建設されるかは、この土台にもとづくだけでは何も語ることができない」(同上邦訳 p.68)のである。

ヴィゴツキーが１９２７年に書いた長大な論文「心理学の危機の歴史的意味」（『心理学の危機』所収）では、当時の心理学が抱えていた「危機」を次のように述べている。自然科学的・唯物論的心理学（ベヒテレフ精神反射学）と唯心論的心理学（チェルパーノフの主観的経験の心理学）という全く異なる心理学が存在しており、この二つは和解することが不可能な全く異なった原理論に立脚している。決裂した状態になっている現状が心理学の危機をもたらしているし、さらに、この異なった二つの心理学を安易にまとめてしまう第三の心理学が存在すること、これがまた心理学の危機を招いている。このようにヴィゴツキーは言う（邦訳 pp.209-210）。この第三の心理学とはコルニーロフの反応学的心理学のことである。ヴィゴツキーはこのようなコルニーロフが取った方向は混沌とした状態を招くだけで、心理学の危機を解消することにはならないと暗に批判をしている（「一般心理学はせめぎ合っている二つの心理学に新たにつけ加えていく第三の心理学などではないのだ」邦訳 p.210）。

ヴィゴツキーがこの論文を書いた１９２７年にベヒテレフは亡くなっているが、その後も彼の考えを受け継いだヴィクトル・プロトポポフ（Protopopov, V. P.）のような反射学者もいたし、パブロフも１９３６年まで健在であった。特に、ヴィゴツキーの「心理学の危機の歴史的意味」の中では何度も出てくる哲学者のアレクサンダー・ウヴェデンスキー（Vvedensky, A. I. 柴田他の訳ではフヴェデンスキーの表記）は、他人の心理状態を体験することを我々はできないので、科学としての心理学は不可能であり、結局、心理学は純粋に生理学的学説になるしかないと言ってしまっている。客観的な心理学の方法のためには生理学が必要であるとして、生理学を単純に心理学にあてはめることをその論法にしていた。ウヴェデンスキーは自らの考えの信憑性を高めるためにパブロフやベヒテレフを利用していたのである（ヴィゴツキー「心理学の危機の歴史的意味」邦訳 p.138)。ここまでパブロフやベヒテレフの反射学が心理学の中に入り込んでしまって、人間心理、そして意識についての本来の心理学的研究は閉ざされたままであった。このことをヴィゴツキーは心理学の危機と称したのである。ヴィゴツキーが「心理学の危機の歴史的意味」で訴えていたことは、当時のロシアの心理学では意識を解明するには程遠い現状であり、彼が目指したことはそれを打破することであった。

ヴィゴツキーの『心理学の危機』に収められている複数の論文は1920年台のソビエト・ロシアの心理学が置かれた状況について書かれたものであるが、1920年前後のソビエト・ロシアの心理学の歴史についてはペトロフスキーの『ソビエト心理学史』(1967)がある。ベヒテレフの精神反射学、チェルパーノフ、コルニーロフの心理学とその動きなども、ここから詳しく知ることができる。

(3) ドミナント概念とゲシュタルト心理学

ヴィゴツキーは、反射学の基本原理である条件反応間の静的・並列的な組み合わせに疑問を抱き、同じ反射学でも「ドミナントの法則」を提出しているウフトムスキーの考えに注目している。ヴィゴツキーは1925年の「行動の心理学の問題としての意識」で、「人間は、決して反射のいっぱいつまった皮袋ではないし、また脳は、偶然に隣合わせて宿をとることになった一連の条件反射にとっての宿泊所ではない」(邦訳 p.66)と述べ、小さな単位である条件反射同士が平板的につながってはいないと言う。むしろ、そこには神経系の上位・下位間の支配的な構造的連関があるとするウフトムスキーの「ドミナントの法則」

が当てはまると考えた。ウフトムスキーは1923年の「神経中枢の活動原理としてのドミナント」で「ドミナントの法則」を提示しているが、この考えは、同時に作用しているすべての中枢のうちで若干のものが最大の被刺激性、つまり反応を示す結果、それによって他の中枢の活動が抑制されたり、あるいは逆に他の中枢の興奮を自分の方に引き寄せて、反応を促進するというものである。ここでは特定のドミナント（優位）な興奮をする中枢があり、いわば支配の構造的関係を指摘している。この考えは、ヴィゴツキーにとっては心的活動の意味構造を反射のレベルで示したものであった。実際、ヴィゴツキーは、1926年の「ドミナント反応の問題」の中で次のように述べている。「パブロフ流の条件反射の実験でも、一つの反射が他の反射と葛藤を起こしており、動物の行動は条件刺激とその反射的行動の単なる寄せ集めではなく、複数の反射の衝突から生じていることが明らかになっている。一つの反射ともう一つの反射が加わることで二つの反射がおきるのではなく、新しい行動の形態がそこから生まれてくる。このような単純な行為であっても相互作用の過程としてみなければならないということである。パブロフの学説では、二つの反射は文字通りその力の度合いは均等だと言うだろう。だが、反射の力の度合いは複雑でダイナミックな全体性を示すものであり、小さな単位が鎖のように連鎖しているのではなく、構造的な結合をしており、行動もそういうものである。」（以上、van der Veer & Valsiner, 1991, p.165）。このように、ヴィゴツキーは人間行動がドミナント原理によって組織されていると言う。彼は精神的反射の考えを人間の行動の基礎に据えたとしても、既に反射のレベルでもドミナントで、かつ全体構造的な反応があるので、人間の行動を考えた時にはそこに構造的特質を考えないわけにはいかなくなると結論づけている。ヴィゴツキーは「ドミナント反応の問題」を書いたのと同じ時期にまとめた『芸術心理学』（1925）で、文学作品の中の特定の部分が作品全体のトーンを描き出していく働きを持っていること、作品を全体と部分との相互連関としてみていく必要性を指摘していた。なお、ヴィゴツキーは文学におけるドミナントを論じた時には芸術哲学のブローダー・クリスチャンセンの「ドミナント」の概念と、反射学の分野でウフトムスキーが神経中枢のドミナント特性を述べていたことをつなげて論じていた。このことは既に、本書の第2章で述べておいた。

ヴィゴツキーにとってドミナント学説は人間行動にある構造的全体性を考えていく上で大きな示唆となるものであったが、ここからゲシュタルト心理学への関心を深めていくことになる。ヴィゴツキーがゲシュタルト心理学について最初に注目したのは、ケーラーの類人猿の知的活動に関する研究である。

2 ヴィゴツキーはケーラーの『類人猿の知恵試験』をどう読んだか

ヴィゴツキーは従来の条件反射学やヴント心理学といった伝統的な心理学の路線がとっていた要素主義や試行錯誤による学習論とは違う心理学の可能性をケーラーの類人猿の学習から見出していた。

(1) ヴィゴツキーがケーラーから学んだもの

ヴィゴツキーはケーラーの『類人猿の知恵試験』(1917年、第二版は1924年)のロシア語訳が出版されることを強く希望し、実際に1930年に出版されたロシア語版に序文を書いている（Vygotsky, 1930d. Chapter 13: Preface to Köhler, The collected works of L. S. Vygotsky, vol.3 所収）。この論文の冒頭でヴィゴツキーは、ケーラーが類人猿の問題解決行動を詳細に観察・分析することで、人間と高等動物の間に共通の学習の機構があり、人間にのみ知性が存在するという発想をとらなかったことに注目している。ヴィゴツキーはこの論文で、ケーラーの研究から高等動物も有意味的に振る舞い、学習や問題解決の中に洞察的な操作があることを指摘したことは大きな転換をもたらしたと言う（同様のことを『ヴィゴツキー心理学論集』に収められている「ゲシュタルト心理学における発達の問題」でも述べている。邦訳 p.103）。

ヴィゴツキーがケーラーがとった研究方法として特に重視したのは、ケーラーが高等動物の行動を特定の問題状況の中で観察していく方法をとり、彼らと人間の間にある能力や問題解決能力の違いを自明のこととして論じなかった点である。ケーラーはヴュルツブルグ学派のナルシス・アッハ（Ach, N. K.）やビューラーのように、高等動物と人間の知的活動の決定的な違いをもたらしているものとして彼らの表象の違いを前提にしたり、ヨハン・リンドヴォルスキー（Lindworsky, J.）が世界を関係付けていく知覚の仕方とその機能的発達の違いをあらかじめ想定するような、いわば上からの説明原理を使わなかった。そうではなくて、ケーラーは類人猿の問題解決行動をつぶさに観察し、彼らが問題状況をどのようにとらえ（知覚し）、またどのような行動をとったのかという感覚・知覚と活動の間の連関を見出そうとした。このケーラーの姿勢を、ヴィゴツキーは感覚・知覚過程と行動の過程とを統一的に論じたものとして高く評価しており（p.190）、実際、ヴィゴツキーの研究の中では、複数の心的過程が連関し合っているものとして人間心理をとらえる「心理システム論」の発想につながっていった（ヴィゴツキー「心理システムについて」邦訳 p.12）。

(2) ヴィゴツキーのケーラー批判

だが、このようなケーラーのいわば下（高等動物）から上（人間）の能力を説明するという方法は、結局は人間の能力の起源を霊長類のそれに求めることになり、両者の共通性を強調することになってしまった。だからケーラーは次第に、類人猿と人間の道具の使用の共通性を言うようになった。だが、ヴィゴツキーが言うように、類人猿と人間にとって道具が果たしている意味は大きく異なっているのである。一つは、人間の場合には言語や概念の使用という独特の道具使用があること、もう一つは、人間は道具そのものを加工し、新しく作っていく存在だということである。前者については、ヴィゴツキーはケーラーの類人猿と比較するために幼児を用いて問題解決を比較してみたところ、4歳児の場合は複数の色のサイコロで作られた見本図形と同じものを作る時にも言葉を用いて問題を解決していた。子どもは知覚的判断の際にも言語的な符号という道具を利用していたのである。この研究について、ヴィゴツキーは「動物心理学と児童心理学における実際的知能の問題」（1930b,『新・児童心理学講義』の第2部「子どもによる道具と記号（言語）操作の発達」所収）としてまとめ、ケーラーの実験についても詳しく取り上げている。

後者に関しては、類人猿の場合にはあてがわれた道具を使用するだけであるが、人間の場合は自分たちの活動の目的に合うように道具を作るという大きな違いがある。人間にとって道具には独自の意味があることを、ケーラーは見出すことができなかった。ヴィゴツキーはマルクスの『資本論』を引用しながら次のように言う。「労働の手段の使用と創造は、萌芽の形態で、ある種の動物に特有なものであるが、しかし、それは人間の労働過程の特別な特徴となっており、そのためにフランクリンは人間というものを道具を作る動物、製造する動物と定義している。」(Preface to Köhler, 1930d, p.178)。あるいは、ゲオルギー・プレハーノフ(Plekhanov, G. V., 1922)も次のように指摘している。「人間が道具を作り出す動物となった時、新しい発達の段階へと入った。つまり、動物的発達は終わり、歴史的時代が始まった。道具の使用はたとえそれが完全でなかったとしても、精神的能力の多大な発達を必要としたことは明らかである。」(同上 p.178)。だから人間は、否応なしに道具を作り出すと同時に人間の能力を発達させてきたのである。ここでヴィゴツキーが引用しているマルクスとプレハーノフの言葉の一部は、ヴィゴツキーの『人間行動の発達過程――猿・原始人・子ども』(1930a)の第一章・類人猿の行動でも使われている(邦訳 p.54)。

ケーラーは類人猿が与えられた場面や状況の構造を変換して解決のための手がかりを見つけ出していく(洞察)ことを可能にしているのは、環境を構造的な意味としてみるゲシュタルト原理があるからだと説明した。この後でみていくコフカの場合と同様に、ケーラーも人間の発達を可能にするものとしてゲシュタルトの存在を前提に説明しており、しかも人間(あるいは類人猿)にあらかじめ生得的に備わった原初形態としてしまった。ヴィゴツキーはこのような説明では、ゲシュタルト原理を自然の産物としてしまい、自然主義心理学の発想になってしまうと批判する。だからゲシュタルト心理学では歴史・文化的な中で独自の人間的発達を遂げていく人間心理の独自性を説明しなくなったのである。そして、ケーラーは最終的には、ゲシュタルト原理を脳の活動的特性によって説明する「心理物理同型説(psychophysical isomorphism)」を持ち出してしまった。心的現象であるゲシュタルト性は大脳皮質過程の反映であって、両者の生起は同型的であるとした発想は、まさにヴィゴツキーが批判する自然主義的な心理学なのである。

(3) ゲシュタルト原理をめぐる議論

このようにゲシュタルト心理学が人間の持っているゲシュタルト的特性を脳の活動との間の平行性に求めてしまったことに、現象学者のモーリス・メルロ＝ポンティ（Merleau-Ponty, M.）もヴィゴツキーと同じように厳しく批判をしている。メルロ＝ポンティは『行動の構造』（1942）で、人間の世界把握の基礎としてのゲシュタルト的秩序を詳細に論じながらも、心理的なゲシュタルト反応を神経の構造化や脳の活動に帰してしまうことの過ちを次のように述べている。「ゲシュタルト学説は、一方では心的なものと同じゲシュタルトをもち、他方では物理的構造と同質であるような神経の構造的過程を発見することによって、心身関係の問題と知覚的認識の問題とを解決してしまったと考えている。だが、そうすればまた、認識論の改革などは必要ではなく、自然科学としての心理学の実在論も、結局は保持されるということになる。」（邦訳 p.200）。こうなると、外部世界と関わりない形で作用する固定的な世界認識の存在を考えてしまい、まさにア・プリオリな形で人間に備わったものということになってしまう。メルロ＝ポンティはゲシュタルト的秩序はそういうものではないと言う。「ゲシュタルトというのは、〈意味〉という観念よりも、むしろ〈構造〉という観念である。つまり理念と存在との見分け難い〈合体〉、素材がわれわれの面前で意味を持ち始めるような〈素材の偶発的な配列〉、生まれ出ようとしている〈理解可能性〉なのである。」（同上邦訳 p.307）。つまり、人間が世界と関わりながら刺激を受け取り、またそれによって世界の中にある構造に気付き、全体構造を把握するようになる。そこでは外部世界と内部にあるゲシュタルト的傾向とがまさに相互作用し合う中でゲシュタルトが生まれてくる。このような過程の中でゲシュタルト形成は起きているのである。メルロ＝ポンティはこのように考えた。

マイケル・ポランニー（Polanyi, M.）も『暗黙知の次元』（1966）の中で、「ゲシュタルト」は、認識を求める過程で、能動的に経験を形成しようとする活動の結果として生まれるもので、外部世界と内的な認識活動との間で行われている統合であると言う（邦訳 p.21）。だから、人間の世界把握はあくまでもヤーコプ・フォン・ユクスキュル（Uexküll, J. v.）の言うような人間と外部世界とが一体化された「環世界（Umwelt）」の中で絶えず外部世界と相互連関していく過程の中で生まれてくるのであって、その意味では、本来の「ゲシュタルト」というものは、ヴィゴツキーが正しく指摘したように自然主義的心理学であってはならないのである。

ドゥルーズは人間精神を「生成」という視点から一貫して論じた哲学者であるが、彼は『襞』（1988）の中で、「ゲシュタルト」がはじめから存在しているかのような発想で考えることを強く否定する。知覚は「適切な形」の法則に基づくようなゲシュタルトによって得られるのではなく、知覚は事物から直接受け取る小さな知覚的情報を取り込みつつ、対象に規定されない形態として把握していくという複数のプロセスを経て成立していくものだと言う。そこでは、身体レベルの明断さを欠いたものから判明な意識的知覚に至るまでのたくさんのフィルターを経て知覚のゲシュタルトが生成されていくのである（邦訳 p.162）。

ヴィゴツキーが指摘したゲシュタルト原理に歴史的なものを入れなければならないという議論であるが、それではゲシュタルトをどこまで歴史的産物とすることができるのだろうか。たしかに人間にとっては、どの部分を取っても外部世界はメルロ＝ポンティの言う「人間的秩序」で彩られている。そこでは人間を絶えずゲシュタルト化へと向かわせるように方向付けている。そして、人間にはこのような反応刺激を受け止め、ゲシュタルト的反応に向かっていくためのものが原初形態としてなければならない。この原初にあるもの全てを、ヴィゴツキーが言うような歴史的なもので説明し尽くすことはできないだろう。ヴィゴツキーがゲシュタルト原理を心理物理同型論としてしまったことを自然主義心理学に陥ってしまったと批判したのはメルロ＝ポンティよりももっと前のことで、きわめて当を得たものではあるが、ゲシュタルト原理を全て歴史的産物で説明してしまうことにも無理がある。ヴィゴツキーの歴史的産物という発想の背景には、彼の言語的機能の重視がある。それに対してメルロ＝ポンティの場合は、言語以前の世界把握のための枠組み＝構造化としてゲシュタルトがあり、言語が介在しない無言のコギト（認識）としてのゲシュタルトという発想がある。両者の違いはさらに議論をしていくべき重要な問題を含んでいる。ヴィゴツキーの説明で全て終わっているのではなく、課題はまだ解決されずに残っている。

3　ヴィゴツキーとコフカのゲシュタルト発達論

コフカ（1886-1941）は、マックス・ヴェルトハイマー（Wertheimer, M., 1880-1943）、ケーラー（1887-1967）と共にゲシュタルト心理学の基礎を作った人物である。ゲシュタルト心理学は知覚の理論とむすびつけて受け止められることが多いが、それはこの学派創設の中心的役割を果たしたヴェルトハイマーが知覚の全体的把握を問題にしていたことに拠っている。ゲシュタルト心理学はコフカとケーラーがヴェルトハイマーの研究に加わって誕生したという経緯がある（ゲシュタルト心理学の草創期のことについてはヴェルトハイマーの息子で、心理学史の研究者でもあるミッシェル・ヴェルトハイマーが１９７０年の『心理学史入門』の中で、短いながら簡潔な紹介をしている）。だが、実際のゲシュタルト学派はケーラーのような問題解決学習やコフカの発達研究、そしてレヴィンが行った人格や情動、集団構造といった多様な問題に取り組んでいた。

ヴィゴツキーは人間発達の問題をゲシュタルト心理学の立場から論じたコフカの発達理論を詳しく検討している。ここでは、ヴィゴツキーがコフカの『精神発達の原理』のロシア語版（1934）のための序文として書いた比較的長文の批判論文を取り上げる。この論文の英語訳が The collected works of L. S. Vygotsky, vol.3 に収められている。ヴィゴツキーはこの論文でコフカの発達理論の中にある自然主義的傾向を厳しく批判しているが、ここからヴィゴツキーの人間発達に対する理論的姿勢を確認することができる。

（1）コフカとヴィゴツキー派との交流

コフカの名前はゲシュタルト心理学の理論と研究の実際を体系的にまとめた『ゲシュタルト心理学の原理』（1935）と共に知られている。この著書はゲシュタルト心理学の研究内容が特定の分野に偏ることなく、全体を網羅する形で書かれており、鈴木正彌らの邦訳でも総ページ数が８００ページを超える大きなものである。これは、ゲシュタルト派の各分野の研究内容を知ることができることもあって広く読まれてきた。

だが、彼自身はそれほど広く知られてはいないが、ゲシュタルト派の発達理論を論じた研究者であった。

彼の『精神発達の原理（Der grundlagen der psychischen entwicklung）』は初版の1921年に続いて1925年に第二版が出ているが、初版と第二版は内容が相当改変されている。日本語訳は懸巻太郎訳で1935年に出版されているが（邦訳名は『児童精神発達の原理』）、その内容から判断すると1921年の初版ドイツ語原書を用いている。

ヴィゴツキーが序文として書いたロシア語版は1934年のもので、コフカが第三版として改訂に向けて書いた原稿を使っている。この第三版は結局、ドイツ語としても英語としても出版されることなく未完に終わっている。第三版はロシア語版だけである。

この第三版に向けて準備された原稿がどうしてヴィゴツキーの手に渡ったのかということであるが、ここでコフカがヴィゴツキー、そしてルリヤと関わりを持っていた興味深い事実が出てくる。ルリヤとヴィゴツキーは1931年から中央アジアのウズベキスタンの複数の地域でここの人たちの認識能力に関する民俗学的調査を行っている。一部は山岳キルギスの辺境の村落や夏期期間だけの放牧場も調査地として選ばれている。この調査地域では革命を機に集団農業化や共同的な生産経営や工業化の促進が目指され、それ以前の天然綿栽培が主流の農業形態を大きく変えていく制度が半ば強制的に進められたところである。この社会・経済的な改革を進めていくために比較的文盲の人たちが多かった辺境の地域に学校が設置され、文盲撲滅のための講習会が行われ、学校教育の制度と体制が長期計画で導入されていった。この新しい教育改革によってウズベク人の心理的活動や認識にどのような変化があらわれているかを調査するために、モスクワ大学・心理学研究所の仕事としてルリヤとヴィゴツキーらが行った。その時に行われた心理学的調査では論理推論課題、抽象的な概念分類課題といったものや、直観によらない想像的思考、判断能力をみる課題など、実に多面的な角度から彼らの認識的特徴が調べられた。この調査課題の中には、幾何学図形などをどのように知覚的に認識するかという課題も含まれていたが、この調査部分を担当するためにコフカが参加したのである。コフカはこの調査が行われた時にはドイツから米国のスミス・カレッジの教授として活動の拠点を米国に移していた。ユダヤ人としてヒトラーによる政治的迫害を心配しての決断であった。ルリヤは以前からドイツを何度か訪れてゲシュタルト学派のメンバーとは知己の間柄であった。ルリヤは1929年のイエール大学における国際心理学会に出席するために米国に滞在し、その時にコフカと会っている（ルリヤがレヴィンに宛てた書簡。松野豊 2004 による）。このこともあってコフカがこの調査に参加し、アムダリヤ川とシルダリヤ川の両岸の上流域での調査旅行にも同行した。だが、この調査の途中でコフカは回帰熱に罹患し、途中で米国に帰国したために実際の調査のまとめはルリヤらによって行われた。

この調査研究を通してヴィゴツキーとルリヤにコフカの第三版に向けての原稿が渡ることになったと思われる。中央アジアの研究についての詳しい内容は、ルリヤによって四十年後の1974年に世に出され、その詳細が明らかになっている（森岡修一・訳『認識の史的発達』）。この調査で明らかになったことは、ウズベクの人たちの文盲を改善すべく様々な教育改革が行われたが、彼らの歴史や文化を無視するような形で教育施策を行っても彼らの認識能力の改善にはならず、ウズベク人が持った彼ら特有の認識の仕方は大きく変わることはなかったということである。そして、コフカが担当した知覚特性について言えば、コフカの考えでは、幾何学図形の認識の仕方はゲシュタルト原理である全体をまとまった形で知覚するいわゆる「プレグナンツの法則」に従って文化的背景を超えた人間に普遍的なものとして表れてくると予想した。コフカの人間精神の考え方にはゲシュタルト原理の普遍性、文化を超えた原初性という発想があり、それは彼の『精神発達の原理』の中にも色濃く表れていた。だが実際は、そこでは、文化特有のものの見方の違いが表れており、図形の形態分類も、彼らは実際の事物が持っている形の類似性で判断し、幾何学的錯視についても、その錯視量は予想されるよりも小さなものだった。

(2) コフカのゲシュタルト発達論とその特徴

コフカの『精神発達の原理』の大きな特徴は、ゲシュタルトの原理は生得的であるとしたことである。コフカの場合はゲシュタルト心理学の立場からの発達論としてゲシュタルト原理の生得性を鮮明にしている。彼はあえて本能という言葉を使ってはいないが、人間に生得的、始原的に備わったゲシュタルト的素質があるという、いわば新しい形の人間精神の生得説である。ヴィゴツキーがコフカを批判するのは主にこの部分である。コフカが言わば本能の別バージョンのように、原初形態としてのゲシュタルト原理という考えを持ってしまった背景には、彼の研究経歴が強く関係している。

彼はカール・シュトゥンプ(Stumpf, C.)の指導を受け、哲学博士号を得ている。ケーラーも同じくベルリン大学のシュトゥンプの下で学び、哲学博士号を取得している。シュトゥンプはブレンターノの流れをくむ心理学者で、色や音の表象(現象)とこれらの対象に向けた意識や志向(作用)、そしてこれらの間の相互作用を問題にして、精神現象を対象に向けられた内在的志向性として考えるブレンターノの考えを継承している。特にシュトゥンプは対象に向けられた作用とその経験をあるがままに吟味することが現象の本質の解明であるという現象学の基礎を築き、それはシュトゥンプの弟子のフッサールへとつながっていった。シュトゥンプが後のゲシュタルト心理学の形成に大きな影響を与えたのは音の知覚の研究で、複数の音が一つの協和音として一つの全体を形成する音融合の現象を指摘したことである。これはまさに要素は全体的な音として構成されているというゲシュタルトの発想を導くものであった。そもそもシュトゥンプは音楽に造詣が深く、六つの楽器を完全に演奏できる腕前の持ち主でもあったとも言われている。もっともゲシュタルトの発想は、シュトゥンプよりも前にクリスチャン・エーレンフェルス（Ehrenfels, C.）が1890年に、音は全体の音の統合として知覚されており、メロディーの音を一音符上げても、下げても同じメロディーとして感じられるといういわゆる「ゲシュタルト形質」の考えを出しており、ヴェルトハイマーはエーレンフェルスの講義を聴いてこのアイデアの影響からゲシュタルトの発想を発展させたのである。ケーラーとコフカは、シュトゥンプから直接影響を受けてゲシュタルトの考え方へと近づいていった。

シュトゥンプの表象と対象に働きかける行為とそこから受ける感覚・知覚とを密接不可分な全体としてとらえるべきだという考えは、コフカが1912年に書いた彼の最初の著書である『表象とその法則の分析について（Zur Analyse der Vorstellungen und ihrer Gesetze）』につながっている。つまり、コフカは表象を物的対象から直接得られる物的表象と、物的対象とは距離を置いた内的な心的表象の二つに区別したが、通常の表象の意味で用いられている心的表象も対象から直接得られる物的表象と切り離されることなく一つの全体としてまとまった形で機能しているとした。この二つの表象、特に後者の心的表象の作用によって内的なゲシュタルトが形成されてくると考えた。

コフカはシュトゥンプの考え方に影響を受けて『表象とその法則の分析について』をまとめた時期にヴュルツブルク大学のオスヴァルド・キュルペ（Külpe, O.）とカール・マルベ（Marbe, K.）の助手となっており、ヴュルツブルク学派の考えを受け継いでもいた。キュルペらはヴントの要素主義的な感覚研究を中心とする心理学に対抗して、高次の精神過程を直接扱うことを目指していた。そこでは思考過程の組織的な観察を通して、思考をその要素であるイメージに帰することはせず、無心像思考の存在などを主張していた。

ここでヴュルツブルク学派の思考研究とコフカのゲシュタルト派発達論との関連について確認をしておくと、ヴュルツブルク学派と、ゲシュタルト心理学は共に意識の有機的全体としての組織が心的な世界の中で作られることを想定した。そして、この部分を統合していく有機的構造の背景には生物学的発想があり、その発生と発達を考えた時には生物学的な自然心理的なものの存在を想定することになる。ここにコフカがゲシュタルト原理を生得的なものとする考え方があり、動物と人間の間にあるゲシュタルト的把握の連続性を想定した。ちなみに、コフカと同じようにビューラーも人間と動物を一つの行動原理で説明してしまい、人間精神の背景にある歴史・文化的視点を欠落させた自然主義的発想をとってしまっている。ビューラーはヴュルツブルク学派の代表的な人物で、コフカと同じようにヴュルツブルク学派の中心人物であったキュルペの助手を務めていた。

（3）ヴィゴツキーのコフカ『精神発達の原理』批判

コフカはゲシュタルト心理学の中核にあるゲシュタルト原理は生得的に人間に備わっているとしたが、

彼の『精神発達の原理』ではどのような根拠をもとにしながら生得性を主張したのだろうか。あるいはヴィゴツキーはコフカの主張に対してどのように批判をしたのだろうか。コフカの主張していることを確認しながら、ヴィゴツキーのコフカ批判を具体的にみていくが、ここではヴィゴツキーのコフカ発達論について論じた長橋聡・新井翔・佐藤公治の「ヴィゴツキーのゲシュタルト発達論批判」(2011) の一部を使用する。

コフカの『精神発達の原理』は全部で六つの章から成り、はじめの二つの章では、ゲシュタルト心理学の前提にある主体の意志や目的といったものを心理学の中で正統に位置づけるべきで、単に行動の機能面だけを重視した説明(「機能概念」) だけではなく、内面にあること(「叙述概念」) を記述することの必要性を指摘している。コフカのゲシュタルト的発達論が具体的に展開されているのは3章以降である。彼は、発達初期の幼児が色の弁別学習でも色の相対的な関係に着目した反応をし、早い時期からゲシュタルトによる形態把握をしている例などをあげながら、ゲシュタルト原理を生得的に持っていると主張する。あるいは下等な動物も刺激や状況をゲシュタルト的に把握していると主張している。たとえば、クモがハチから逃れようとする行動をとる時にも、そこにはゲシュタルト的形態の把握があるといった具合である。「クモはハチがどんな位置や方向からやってきても逃げ出す逃走運動を起こすが、クモの逃走行動を刺激するハチの情報は実に多様であって、決して特定の情報と反応とが固定的に結びついているような固定的感覚説では説明できない。クモもハチの動きや姿勢を形態として把握しているのであって、そこには原初的な形態(primitive configurations) の特質がみられる。」(コフカ英語版 p.242)。さらに、彼は行動主義学習論の試行錯誤による刺激 - 反応連鎖の形成では説明することができない例として、エドワード・トールマン(Tolman, E. C.) のサイン・ゲシュタルト説をあげ、たとえ下等な動物であっても学習状況についての全体的構造を認知しながら学習をしていると言う。つまり、トールマンが「潜在学習」と呼んだ中でネズミが行っていたことは迷路の認知地図の形成であり、これは試行錯誤的な学習と強化の原理では説明できないものである。ここからコフカは、学習は動物の目的を志向する中で行われるもので、自己の行動の目的に合致するように状況を構造化していくこと、つまりゲシュタルト化があらゆる動物の行動と学習の基礎にあるとした。たしかに、コフカが言うように、行動主義では動物の学習を極めて単純な刺激・反応の機械的、要素的な連鎖として扱ってしまい、動物の能力を正しく理解していないという指摘は正しいだろう。コフカの言葉である。「動物の問題の解き方は決して偶然によるものではない。そしてこの問題解決の本質は従来考えられているような習慣となっている既存の諸動作が結合するということではなく、全分野の新たなる形態化である。」（同上 p.222）。

コフカにとってはゲシュタルトの原初的形態が下等な動物の行動にもあり、人間がとるゲシュタルト的行動は動物種にもみられる自然的、生得的なものとなってしまった。明らかにコフカは動物種の学習と行動の違い、つまり彼らを取り巻いている問題状況とその内容を無視してゲシュタルト原理という共通項で括ってしまった。だから、動物種による行動の違いというのはゲシュタルト的行動として表れた表現形態の違いだけであって、本質にあるのは共通のゲシュタルト原理ということになる。[3] 彼は本能的行動から人間の特有の知的行動までの全てをゲシュタルトという一つの原理で説明してしまう過度な一般化の過ちを犯してしまったのである。ここをヴィゴツキーは批判する。

ヴィゴツキーはゲシュタルト心理学を、当時主流であった行動主義心理学からの脱却を可能にした記念碑的な研究として評価し、『精神発達の原理』についても新しい発達研究を目指したものであると一定程度肯定的な意見を述べている。つまり、これまでは、学習を教えられたことを記銘することによって得られるという機械的な記憶や徹底した経験として説明してきただけで、新しい行為がどのように出現するかということ、つまり本質的な学習と発達の問題については論じられることがなかったのである。この問いに直接答えようとしたのがコフカである。このようにヴィゴツキーは言う。「コフカにみられる問題設定の新しさは、学習の問題そのものに重心を移していることにある。彼は、問題全体のこの重心を、記憶からいわゆる最初の新行為出現の問題に移している。」(ヴィゴツキー英語版 p.198)。

コフカはゲシュタルトの原理によって問題状況の構造を把握して新しい行動を展開する、つまり学習と発達を実現していると説明する。この考えは基本的には正しいだろう。だが、コフカが説明として間違ってしまったのは、ゲシュタルト形成という言葉で全て説明を済ませてしまったことである。これは本来、学習や発達の問題として解かなければならない「問い」の内容のはずである。そして、コフカはゲシュタルト原理の原初は下等な動物の行動にもあるし、高等動物や人間に共通に見出される学習と発達に関する本質的なものとしてしまった。だから、ヴィゴツキーはこのようなコフカの発言に対して、「私たちは、前ゲシュタルト的原理に逆戻りしてはならず、ゲシュタルトの原理に立脚しつつも、そこから前進しなければならない(同上 p.225)」と言う。ゲシュタルトで学習や発達の全てを説明するのではなく、ゲシュタルトの原理を使いながら、どのような学習と発達を展開していくのか、そこを明らかにしなければならないのである。ヴィゴツキーは、このようにコフカを批判する。

コフカはゲシュタルト原理を下等な動物の行動にまで無限に当てはめてしまい、動物の行動と人間の知的活動との本質的な違いを見失ってしまった。彼は人間に独自に存在する世界への対処の仕方である

「人間的秩序」を忘れてしまった。それは言葉による世界の把握であり、表現行為である。「私たちは言葉の意味（word meaning）の助けによってはじめて概念の抽象的思考が可能になっている。猿には不可能な人間だけの活動が可能になっているが、その本質というのは視覚的に知覚したもの、視覚野のゲシュタルト的把握に基づいて行動するのではなく、思考によって行っていることである。」（ヴィゴツキー英語版 pp.219-220）。ヴィゴツキーは、ヨハネス・フォルケルト（Volkelt, J.）やアデマール・ゲルプ（Gelb, A.）、ジェームズの論を引きながら、人間の知性に固有の特徴は、具体的な状況から思考を解放させること、想像力を働かせるということであり、そこに働いているものはことばである。ことばというファクターが介入してくることによって、原始的なゲシュタルトの性質は変化をしてくる。このようにヴィゴツキーは考えた。人間の「環世界」は記号化されたもの、人間にとって意味を持ち、そのように秩序づけられた意味世界である。そこはまさに、ゲシュタルト的に構造化された人間的秩序の世界である。この人間の歴史・文化的存在があるから人間のゲシュタルト的形成が可能になっている。同時に、人間は人間の文化に入っていくことによって、比較的早期の段階でゲシュタルト原理に基づいて世界を把握するようになる。

ヴィゴツキーはコフカのように、ゲシュタルト原理を生得的なもの、生物的なもので簡単に説明しようとはしなかった。同じように、先に述べたメルロ＝ポンティは現象学の中でもゲシュタルト原理を理論の中核に据えていたが、彼はゲシュタルト形成には文化が強く与っていると言う。彼が死後残していった「研究ノート」には、文化による知覚の形態化作用というものがあり、ゲシュタルトの「プレグナンツの原理」（世界を一つのまとまりとしてとらえる認識枠組み）は環境（環世界）として開かれた（開在性）文脈のうちに保持されていなければならないと書き残している（「研究ノート」野生の知覚・直接的なもの・文化的知覚・

Learning〔学習〕邦訳 pp.305-307）。

4　ヴィゴツキーとレヴィンとの交流

ここでは、ヴィゴツキーとレヴィンとの関わりを取り上げる。ヴィゴツキーはレヴィンが情動や感情、意志の発達を子どもが置かれている全体の状況の中で論じている姿勢を高く評価し、研究として多くのことを参考にしている。はじめに、レヴィンとヴィゴツキー、ルリヤ、そしてブリューマ・ゼイガルニク（Zeigarnik, B.）らとの交流について確認をする。そして、本章の後半ではヴィゴツキーがレヴィンの研究をどう受容し、また彼自身の研究としてどう発展させていったのかをみていく。ヴィゴツキーは１９３０年以降、精神遅滞児の知的行動について、情動と知性とを関連づけながら論じるようになるが、彼が参考にしたのはレヴィンの研究であった。このように、ヴィゴツキーは後半の時期になってレヴィンの研究に深い関心を寄せるようになり、彼自身の著書でもレヴィンの研究を多く取り上げている。たとえば、ヴィゴツキーは障害児の学習特性について、レヴィンの実験を追試しながら彼とは違う視点から独自の理論を展開している。このようにヴィゴツキーはレヴィンとの関係を深くしていくが、これまでヴィゴツキーとレヴィンとの関係については、一部の研究者の間で議論されることはあってもあまり言及されることはなかった。ファン・デル・ヴェーアとヴァルシナー（van der Veer & Valsiner, 1991）の中の第８章「ヴィゴツキーとゲシュタルト心理学」と、最近のヤスニツキーの一連の研究（2009; 2011; 2012）は、二人の関係について詳しく述べている。

(1) レヴィンの存在とその影響

レヴィン（1890-1947）は、ヴェルトハイマー、ケーラー、そしてコフカのゲシュタルト学派の創設者たちよりも少し後にこのグループに加わった研究者であり、年齢もケーラー、コフカよりも三、四歳年下である。レヴィンはケーラー、コフカと同じくベルリン大学のシュトゥンプの指導学生であった。いわばこの三人は同窓の仲間ということになるが、三人は同じゲシュタルト学派でもそれぞれ独自の研究を展開していた。レヴィンの研究の特徴は、ゲシュタルトの発想を使って人間を取り巻いている生活の場と、そこで行われる人の行動や動機、意志がどのように有機的に連関して展開しているかを明らかにしたことである。レヴィンは人の行動法則を「生活空間」という場が持っている力学的関係と関わらせて導き出している。

レヴィンはゲシュタルト心理学の中でも人間の行動をその場が持っている意味と関連づけて論じるという幅広い視点を持っていた。同時に彼は、広く人望を集める人物であった。彼の研究室には多数の外国からの研究者が集まり、レヴィン自身も熱心に指導をしていた。たとえば、レヴィンの研究室にはロシアとバルト諸国からやってきた若い女性たちが集まっていた。そして、彼女らはレヴィンの指導の下で優れた研究成果を上げている。ロシアから来てレヴィンの下で研究をした人たちはレヴィンとヴィゴツキー派との研究交流にとって欠かせない存在であった。特に、ゼイガルニクはレヴィンとヴィゴツキーとのつながりを考えた時には重要な人物であった。彼女は、1924年にレヴィンの下で研究を始めているが、それは、夫がロシア通商代表部の職員としてベルリンに派遣されたことによる。彼女ははじめは文学の研究を希望していたが、ベルリン大学には文学についての学科がないために、心理学科に籍を置くことになった。この時期、ロシアからは複数の学生がレヴィンのところにやってきている（ギタ・ビレンバウム（Birenbaum, G.）、タマラ・デンボー、ニーナ・カウリナ、そしてマリア・オフシアンキナ）。オフシアンキナ（Ovsiankina, M.）はロシア通商代表部次席夫人であった。レヴィンの下で学んだこのような人たちは後に優れた心理学者となっている。ゼイガルニクはモスクワ大学の心理学教授となったし、デンボー（Dembo, T.）はクラーク大学、オフシアンキナはカリフォルニア大学・バークレイで心理学者として活躍した。

ゼイガルニクの研究は英語表記では「ツァイガルニク効果」と言われて、今日でも心理学で取り上げられるものである。この研究は、子どもと大人に複数の課題を与え、これらを意図的に作業を中断させると、中断した作業内容をよく憶えているというものである。この結果から作業が未完了のままに終わることで緊張が持続するという心理的効果を明らかにしている。[4] 日本からもベルリン大学に留学した心理学者として佐久間鼎や小野島右左雄がいる。二人はケーラーの下で学んでいたが、実際に二人の研究上の世話と助言をしたのはレヴィンであった。彼らは日本に戻ってもレヴィン・クラスという研究会を作り、これが日本におけるゲシュタルト心理学のブームの素地になった。レヴィンが日本を訪れた時にも、このレヴィン・クラスの人たちが中心になって研究会を催している。

（2）レヴィンが心理学研究で目指したもの

ヴィゴツキーが関心を寄せたレヴィンの研究にはいくつかあるが、はじめにヴィゴツキーが注目したのは、レヴィンが心理学的研究で明らかにすべきことは表面的な現象の記述ではなく、その背後にあるものを分析・説明することだと指摘した点である。ヴィゴツキーは『精神発達の理論』（1930-31）の第3章「高次精神機能の分析」でレヴィンを詳しく取り上げて、心理学の説明として、レヴィンの言う顕型的（phenotypic）観点ではなく、元型的（genotypic）観点から分析をすべきであると言う（柴田義松の日本語訳では、「顕型」と「元型」を「表現型」と「因子型」と表現しているが、正しくは「顕型」と「元型」である）。ヴィゴツキーは、現象の外的形態だけに注目した現象記述ではなく、現象がなぜ起きているのか、その「条件的・発生的分析（conditional-genetic analysis）」（柴田訳では「発生的・条件的分析」）を説明しなければならないと言うのである。研究として明らかにすべきことは外的表現の裏に隠れている因果的条件とその発生的過程の解明なのである。ヴィゴツキーの言葉である。「この分析（条件的・発生的分析）は、発生と消滅、原因と条件を問い、現象の基礎に横たわるあらゆる現実的関係を問題にする。このような意味において私たちは、レヴィンに従い、顕型的観点と元型的観点との区別を心理学に当てはめることができる。問題を発生論的にみていくことで、発生として起きていること、因果的 - 力動的原理を明らかにすることである。」（邦訳 p.123. 一部、英語版 The collected works of L. S. Vygotsky vol.4. によって訳文を改変）。

ヴィゴツキーがここで取り上げているのは、レヴィンが１９３０年にカント学会で報告した論文「生物学および心理学におけるアリストテレス的思考様式からガリレオ的思考様式への移行（Der Übergang von der aristotelischen zur galileischen Denkweise in Biologie und Psychologie）」（『認識論』“Erkenntnis”誌Ⅰ、第6号所収）で、またこれは、彼の主著の一つである『パーソナリティの力学説』（1935）の第1章「アリストテレス的考え方とガリレオ的考え方との抗争」にも収められている。

レヴィンがアリストテレス的思考様式からガリレオ的思考様式へと進むべきだと述べていることは次のようなことである。つまり、科学の進歩の中でアリストテレス的な発想は、現象を対照的な対、たとえば善と悪、黒と白などとしてとらえ、これらは全く別のものとして分類してしまっている。二つの間には明確な境界があって無縁なもの、両者は変化してどちらかの方に変わっていくといったことはない静的なものと考えてしまった。他方、ガリレオ的な思考では、これら対になっているものは一つの連続体の一方の側のことであって、それらは連続的なものの中にある動的なものなのである。したがって両者の間に境界はなく、連続的な変化、動きをみせるものとして考えることになる。

このようにレヴィンが考えた背景には、彼が学生時代にエルンスト・カッシーラー（Cassirer, E.）から受けた強い影響がある。レヴィンはフライブルグ、ミュンヘンと二つの大学を短期間の間に移っており、最終的には1910年にベルリン大学の学生として落ち着く。その時に学んだのが新カント派の泰斗・カッシーラーから受けた考え方、つまりヘーゲル的な体系である理性の実体概念は変えていくべきというものだった。ヘーゲルが考えるような内在的な実体としての理性、永遠にある理性ではなく、理性は持続的に絶えず変わり、現実化していく過程の中でしか存在しない。いわば完結した姿としてみるべきではないという発想である。レヴィンがカッシーラーの授業を受けていた1910年というのは、カッシーラーが有名な『実体概念と関数概念』を出した時であった。そこでカッシーラーが強調したのは、近代的思考の流れとして、意識や概念を実体として考えることや、二分法的な分類ではなく、関係的、機能的、関数的なものとしてとらえていくことであった。それはまさに連続的な過程を重視していく発想（これを「階級法」と呼んでいた）であった。レヴィンからすると、この授業から受けた影響は三十年後の彼の論文に表れているのである。

レヴィンの中にある機能的概念の重視は、彼の人間行動の研究の姿勢にはっきりと示されている。人間の行動を予測できるのはある生活空間の中の、ある時点における行動の流れをみることができる場合だけであり、また単一の具体的な行動や事例をその全体性の観点からみることによって明らかになるのである。そこでは、多くの事例を集めてそこから平均的な姿を導き出すのとは違った方法がとられることになる。レヴィンはむしろ、単一事例でもそれを全体的、具体的な事態の中でとらえ、その事例の固有の性質とその発生の過程と条件を分析することが大事であって、それはまさに「元型」を目指した研究ということになる。ガリレオの出した妥当性の基準は決して多数回の観察に基づくものではなく、単一の事例が一つの法則の確実な根拠になっているのである。

レヴィンが心理学の研究として１９３０年代に出した主張は、今日であっても決して古くはない。ヴィゴツキーも心理学の研究の姿勢としてレヴィンから学ぼうとした。ヴィゴツキーがレヴィンの研究から具体的に学んだことは、レヴィンの意志や欲求の研究などである。

(3) レヴィンとヴィゴツキー派との交流

ヴィゴツキー派とレヴィンの研究交流は比較的早い時期から行われていた。ルリヤは1925年にドイツを訪問して、ベルリン大学の心理学研究所でゲシュタルト学派のメンバーと研究交流をしている。当然、ここでレヴィンとも会っているし、その時にレヴィンの研究室にはオフシアンキナ、ビレンバウム、デンボー、そしてゼイガルニクといった若い女性たちがいた。ルリヤは、この後1929年にイエール大学で行われた第9回国際心理学会からの帰路、ベルリンに立ち寄ってレヴィンと再び会っている。レヴィンもこのイエール大学における国際心理学会には参加していた。ルリヤはこの後、レヴィン宛の手紙で1931年から開始された中央アジア地域の認識能力についての民俗学的調査に参加して欲しいと誘っている（松野 2004）。レヴィンはこれに参加することができず、コフカが途中まで参加したことは前に述べた通りである。このように、レヴィンとルリヤは以前から親しい仲であった。

ヴィゴツキー自身もルリヤと同じ1925年に単独でベルリンを訪問し、ゲシュタルト学派の面々と会っている。彼は1925年7月にロンドンで開催された国際聾唖教育研究大会に出席するために英国に渡っているが、その途中でベルリンに立ち寄ったのである。ベルリン大学の心理学研究所ではヴィゴツキーはケーラー、ヴェルトハイマー、レヴィン、そして、ロシアから来ていた若い研究者たちとも会っている。コフカは既にこの時米国に移っていた。ヴィゴツキーは7月8日にベルリンに到着し、7月17日にベルリンを離れてオランダ経由でイギリスに向かっているので、ベルリンには一週間以上滞在したことになる。ルリヤも同じ時期にベルリンにいたので、一緒にゲシュタルト学派のメンバーと会っていた可能性もある。ヴィゴツキーがベルリン、そしてロンドンを訪れていたことはあまり知られていないが、ヴィゴツキーが残していったメモの整理やその内容を分析する中で、ロンドンにおける学会活動の様子などがかなり分かってきている。これらについては、最近のファン・デル・ヴェーアとザヴェルシネワ（van der Veer & Zavershneva, 2011）によって詳しく知ることができる。ヴィゴツキーは結核の病を持っていたこともあったし、三十七歳の若さでこの世を去ったため、外国旅行はこれが最初で最後であった。

レヴィン自身は二回モスクワを訪れて、ヴィゴツキーやルリヤ、そしてかってのレヴィンの学生であったゼイガルニク、ビレンバウムらと研究交流をしている。レヴィンが最初にモスクワを訪れたのは1931年11月で、二回目はレヴィンが1933年に米国と日本での滞在の後、ドイツへの帰路の途中、モスクワに立ち寄った時である。この二回目のモスクワ滞在の前後には大きな出来事があった。レヴィンは1932年の5月から半年間スタンフォード大学の招聘で客員教授として米国に滞在している。その後、1933年の3月に日本に向かい、東京、九州で講演などを行っている。佐久間鼎や小野島右左雄、日本のレヴィン研究（レヴィン・クラス、後に木曜会と称していた）のメンバーと研究の交流をしている。その後、旧満州の京城を経てシベリア鉄道でモスクワに向かい、ここで二週間ほど滞在している。モスクワでは、ヴィゴツキーの自宅で何度も熱心に議論を重ねている。

モスクワでレヴィンが会ったもう一人の重要人物がいる。本書の第4章で取り上げた映画製作者のエイゼンシュテインである。この時期、エイゼンシュテインはヴィゴツキー、ルリヤらと映画論を含めて映像についての心理学的研究を共同で行っていた。レヴィンも心理学的研究として映像の可能性を追求しており、子どもの行動や表情の変化などを映像によって分析するためにいくつかの短い映画フィルムを製作していたこともあって、二人は映像表現が持っている可能性を論じ合っている。彼らが会ったのはこれが最初ではなく、1929年にルリヤを仲介にして会っている。これらの事情については、ヤスニツキイ（Yasnitsky, 2009）が詳しく述べている（pp.58-59）。

レヴィンが製作した映像記録はいくつかあるが、その代表的なものが彼の姪・ハンナが一歳半の時に石の上に腰掛けようとした動きを撮ったものである。石の上に座るためには石に背を向けなければならないが、この女の子は石から目を離さないで座ろうとするので石のまわりを何度も回ってしまう。これは石に向かう誘因性が強く、これに背を向けて座ることに苦心を感じたことを示した映像で、一歳半の子どもは目標から外れた運動をあえてとるように場面を再構成することが難しいことを描いてみせたのである。いわば「回り道」の課題であったが、結局、ハンナは石のまわりを回り続けくたびれた末に、両脚の間に頭を持ってゆき、そこから石を見ながら後ずさりして座ったのである。この時のハンナの動きを映像として見せることで、場における力がどんな意味を持っているかを見事に示してくれている。この映画フィルムは日本に立ち寄った時にも日本の研究者に見せ、モスクワでもエイゼンシュテインに見せている。レヴィンはカメラを持って子どもを追いかけて説得的な映像を映画に収めていた。今日で言う映像記録とその分析の可能性に先鞭をつけるような研究方法を開拓していたのである（マロー 1969, pp.81-84）。レヴィンは統合失調症の児童の衝動や感情の表出を映画で表現することも行っている（『パーソナリティの力学説』邦訳 p.238）。

1933年には、レヴィンがモスクワに向けて日本から出発する直前にヒトラーが政権を取ったニュースが流れるが、彼は日本の新聞報道を読むことができなかったために、詳しい事情を知ったのはモスクワに着いてからであった。その後、ユダヤ人であったレヴィンは5月にベルリンに一時戻ったが、もはやドイツで生きていくことはできないと覚悟して米国行きを決意し、8月にはドイツを離れている。[5]

(4) ゼイガルニクとヴィゴツキー

ゼイガルニクは1931年にモスクワに戻って、モスクワの実験医学研究所の精神神経学クリニックでヴィゴツキーと共に働いている。ゼイガルニクは1900年生まれなのでヴィゴツキーより四歳程年下であったが、年齢が近いこともあって二人はヴィゴツキーが関心を寄せていた精神医学的な病態について共同研究をしている。彼らは病態心理学的な現象、特に感情の痴呆の問題などに取り組んだが、ゼイガルニクはこの病態心理学の問題に動機づけという人格的なアプローチをとることとの必要性を指摘していた。ここにレヴィン派の考えが二人の研究に反映されている。ヴィゴツキーが亡くなった後の1930年代以降のゼイガルニクの研究活動については、ジューン・タップ（Tapp, J. L., 1984）が書いた短い記事（Journal of Social Issues 誌）から概要を知ることができる。この短い記事は、ゼイガルニクがクルト・レヴィン賞を受賞したことを機に彼女の経歴を紹介したものである。[6]

ゼイガルニクもクルト・レヴィン賞を受賞したのを受けて Journal of Social Issues 誌（1984）に一つの論文（「クルト・レヴィンとソビエト心理学」）を寄稿しているが、前半部分では、レヴィンのパーソナリティの力学的構造を実験的に検討した研究とその背景にある理論と方法論の特徴を概観し、さらにレヴィンが米国に移ってから行われたグループ・ダイナミックスの研究についても論じている。

この論文で特に注目したいのは、レヴィンとヴィゴツキーの関係を詳しく述べた後半部分である。ゼイガルニクは、レヴィンの考えがヴィゴツキーを始めとするソビエト心理学に与えた影響についていくつかあげているが、レヴィンが知的活動を情動や意志といったものと関連づけて論じていたことをヴィゴツキー派が高く評価していた点である。ヴィゴツキーはレヴィンの知的に遅れた子どもが示す情緒的な反応の研究などから、独自の障害児心理学の理論を発展させている。障害児心理学はヴィゴツキーが後半になって取り組んだ大きな研究課題の一つであった。

ゼイガルニクは彼女自身の研究も含めてレヴィン派の研究が1930年の後半以降のロシアでも継続して行われていたことを指摘している。レヴィン派のホッペ（Hoppe, F.）が行った「要求水準」の研究は、メーロヴィッチ、セレブリアコヴァ、ボゾヴィッチなどによってその後も行われているし、カルステン（Karsten, A.）たちによって開発された「心的飽和」という心的な内容を具体的な行動レベルで分析する手法を使った研究もソロヴィエフ、ゼイガルニクによって続けられていた。

もちろん、ヴィゴツキーはレヴィンの研究に対してその重要性を受容しながらも、問題点を指摘することを忘れなかった。レヴィンが言うように、知性と感情を一つのセットとすることは心理学を科学的に考える上では重要であるが、レヴィンはそれを内在的なものとして扱ってしまい、そこには歴史的な関心が欠けている。あるいはレヴィンは動機と欲求の過程を人間の中にある原初的なものとし、高次な精神活動である意識の問題として考えることはしなかった。このようにヴィゴツキーは批判する。たとえば、レヴィンは「賞と罰」（『パーソナリティの力学説』の第4章「賞と罰との心理学的事態」）を心理的事態（その強さと状況）

で説明していることや、「代償動作」（『パーソナリティの力学説』の第6章「代償動作と代償価」）の問題では、知的障害児が一つの行為が禁止された時、別の行動を自分の判断でとることが少ないことから、彼らの緊張体系には「緩慢さ」があるといった説明をしている。このように、レヴィンは知的行動を個人の感情の世界の中で論じている。レヴィンは感情＝柔軟性、知的過程＝安定性といった図式で考えているが、ヴィゴツキーは、両者を力動的で弁証法的な関係として考えなければならないこと、さらに、人間の高次な精神活動、たとえば知性や意識は下位の感情の機能とその意味を変えていくものとして論じていくべきであると言う。

(5) ヴィゴツキーとレヴィンの人格＝情動・知性論

ヴィゴツキーがレヴィンの研究を参考にしながら行ったのが知的障害児に関する一連の研究である。ここでは「知的障害の問題」（1935. この論文は生前に書かれたが、この論文を収めた著書の出版年とした）を取り上げるが、この論文では、レヴィンの研究に言及しながらもヴィゴツキーは自分で資料の収集と分析を行い、独自の解釈を展開している。

ヴィゴツキーは心理学研究所で本格的な心理学研究を開始した直後から障害児の心理と教育の問題に取り組んでおり、理論的研究と同時に障害児に関する実践的問題は彼の重要な研究テーマであった。彼の障害児に関する論文も多数にのぼっている（The collected works of L. S. Vygotsky vol.2. The fundamentals of defectology には20本近い論文が収められている。また柴田・宮坂訳の『障害児発達・教育論集』にも9本の論文が収められている)。これらの半数近くは1925年前後に書かれたものである。ヴィゴツキーとレヴィンは共に知的障害児の問題解決の過程から知性と感情、意志の関係を解いていくことができると考えていた。

レヴィンは、感情や意志が知的活動を方向づけていくことを強調し、知的障害児は感情や意志の統制の側面では柔軟性に欠けていること、それが彼らの知的活動の特徴になっていると言った。この考えは、これまでの知的障害を知性の低下という主知主義的なもので説明してきたこととは異なる、新しい発想であった。まさに知性と感情の二つの側面をトータルにとらえ、この綜合的なものを人格として論じたのである。ヴィゴツキーは「心理システムについて」(1930e) でも、レヴィンは人格を個々の機能の関係のシステムとしてみていると高く評価している (「K・レヴィンは、心理システムの形成が人格の発達と一致すると正しく述べている。」邦訳 p.36)。

ヴィゴツキーはこのようなレヴィンの考え方を重視しながらも、情動と知性の関係は決してどちらかが優勢な働きをしているわけではなく、まさに相互連関し合っていること、さらにはこの両者の関係は決してレヴィンの言うような固定的な関係ではなく、関係そのものも変化していくものだと言う。たとえば、障害児に適切な教育が準備され、文化的発達を保証していくことで知的活動が促され、感情や意志は変化をしていく。ここにはヴィゴツキーが生前最後の問題として取り組んだ情動の問題、情動と知性とをトータルにとらえ、人格の問題として論じていく問題意識があった。

ヴィゴツキーは「知的障害の問題」の中でいくつかの実験的研究をもとにしながら、情動と知性の機能的連関について新しい考えを展開している。これらはレヴィンが知的障害児と健常児に行ったものに新たな課題状況を加えたもので、活動の目的と意味を変えることで活動が変わることを明らかにしている。ヴィゴツキーはレヴィンの言う「心的飽和」で飽きてしまった子どもたちにどうしたら行動を回復させることができるか、その方法を考えた。知的障害児の場合は顔の絵を繰り返して描く作業で別の色の鉛筆を与えてみると、作業に飽きることが少なくなった。そして、健常児の場合には、作業の意味を変えて、「他の子どもにその活動の仕方を教えるためにもう少し続けてください」と頼むと、活動が継続するという効果があった。つまり、彼らは他の子どもに教えてあげるという教師、あるいはインストラクターとなることで、それまでの活動の状況の意味が変わったのである。心的飽和という情動を変えるのは活動の意味のとらえ方という高次な精神活動なのである。

実は、このヴィゴツキーのアイデアは、アン・ブラウン（Brown, A.）らの知的障害児の子どもの学習において、生徒が他の子どもに「教師役」になって教えるという経験をすることで、自分の学習そのものに大きな効果がもたらされたという有名な「相互教授法」のアイデアのもとになったものである。ブラウンらは活動の状況の意味を変えてみることを中学生の知的障害児の学習活動に当てはめたのである。その劇的な教育効果はよく知られている。

ヴィゴツキーはツァイガルニク効果についても、作業の意味内容のとらえ方という知的な側面が関わっていることを明らかにしている。作業が途中で中断してしまうことによってその後の作業への意欲は高くなるが、健常児の場合は全く同じ作業内容でなくてもよく、類似しているものであれば、そこに積極的に向かっていった（たとえば、粘土で犬を作る代わりに犬を写生する）。だが、知的障害児の場合は、同じ種類の作業を続けることにこだわったり、粘土で犬を作る作業と同じように物を作ること（機関車のレールを作って遊ぶ）を代償行為として選ぶ傾向があった。これらの結果から分かることは、知的障害児と健常児との違いは、活動や課題に意味レベルで反応していたかどうかということであった。知的障害児の場合は、与えられた作業の素材そのものを直観的に受けとめることが支配的であった。

ヴィゴツキーがレヴィンの実験を批判的にみて、新しい実験状況の下で行ったこれらの研究から論じていることは、知的障害児だけでなく、健常児も含めて情動と知的行動の関係は決して固定的なものでなく、状況を変えることによって関係そのものが変化してくるということであった。情動と知的活動とは密接な関係にあって、それらを統一的にみていかなければならないのである。レヴィンは思考が情動に一面的に依存していることを強調しがちであるが、ヴィゴツキーは情動と知的活動とは決して固定的な関係ではなく、相互的、流動的な関係になっていることを強調している。ヴィゴツキーはスピノザの考えの一部を使って、情動は私たちの肉体の行動力を強めたり、弱めたりするし、思考を一定の方向性に動かしてもいると言う（邦訳 p.125）。

もちろん、ヴィゴツキーは同時に、思考が情動の奴隷や召使いになることもあるし、逆にその主人になることもできるのだと言うことも忘れなかった（同上 p.133）。人間は具体的な目標に向かった活動をし、その目的を実現するために思考をし、対象に働きかけていく。これが「対象行為」である。私たちは具体的な目標に向かって様々な行為を展開し、またそのために思考する。この思考の過程の中で情動を統制してもいる。ヴィゴツキーはこの論文の最後で次のように述べている。「知能や情動を自足的な実体として別々に形而上学的に研究することから脱すること、つまり、知性と情動とは内的に連関し合い、一つのユニットとなっているものと認識しなければならないのであって、思考が感情に一面的に依存しているという考えから私たちが解放されることである。・・・（それより先に進むためには）・・・私たちの関心の中心になっている知性と感情の関係を、ものではなく過程として考察していかなければならない。」（邦訳 p.134. 一部英語版をもとにして文章を改変）。

ヴィゴツキーにとって、知性と情動の問題は人間を全体的にとらえていくことであり、知性と情動とは相互に関連し合ったユニット、つまり人格としてあると考えた。そして、彼が最も重視したのは、この関係は固定的なものではなく、関係そのものが変化をしていくということ、変わるということであった。ヴィゴツキーは「心理システムについて」（1930e）の中で、次のように述べている。「発達過程、とくに行動の歴史的発達の過程において変化するのは……諸機能相互間の関係、結びつきが変化し、修正され、先行段階では見られなかった新しい組み合わせが生ずるというものである。それゆえ、ある段階から別の段階に移行する場合の本質的な相異は機能内変化ではなく、機能間の変化、機能間結合、機能間の構造の変化である。」（邦訳 p.11）。このように、ヴィゴツキーの発達論の根幹にあるのは機能間の変化から発達が生成されてくるということである。ヴィゴツキーにとって、思春期特有の問題もパーキンソン病も、そして統合失調症も、その背後にあるのは心理システムがみせる現象である。思春期は世界観と人格の形成というシステム統合の課題を抱えた時期であり、また統合失調症は思春期に形成されたものが崩壊する現象なのである。

ヴィゴツキーは研究の初期から障害児の心理とその教育の問題に取り組み、理論を実践の問題とつなげる姿勢を持ち続けていた。彼は亡くなる少し前からモスクワの実験医学研究所の精神神経学クリニックで、ゼイガルニクと共に成人の精神医学的な病態研究に取り組んでいる。また失語症、統合失調症、アルツハイマー症、パーキンソン病、ピック病といった多様な精神症状の患者の特有の感情レベルと知性の問題についての臨床心理学的研究を行っている（van der Veer & Valsiner, 1991, p.75）。彼のこれらのいわば病態心理学的研究では、臨床的な問題と同時に、情動と知性についての理論的問題の解明も行っている。それがヴィゴツキーの最後の、そして未完の仕事となった情動の研究である。

彼が残していった未完の手稿『情動にかんする学説 ― 歴史的・心理学的研究』（1931-33）は、彼が障害児心理学や成人の精神病の臨床的研究を行っていた時期に書かれたものであり、情動と知性の関係についての彼の関心を背景にしたものである。何故、ヴィゴツキーが情動の理論に取り組んだのか、またスピノザの情動論に特別な関心を示したのかということも、情動と知性の間の関係と、それらの組み合わせが人格であるとした彼の考えについて思いを巡らせてみるとよく理解できるようになる。

注

［1］以下は、ヴィゴツキーの「反射学的研究と心理学的研究の方法論」（中村和夫 1985; van der Veer & Valsiner, 1994）の内容である。ヴィゴツキーはベヒテレフに代表される反射学だけでは行動を理解できないが、他方、主観的な意識研究だけでは客観性に欠けていて不十分であって、意識の問題を心理学としてどのように科学的な研究として成立させるべきか、このいまだ解かれていない問題に心理学は積極的に立ち向かうべきであると言う。この論文では、人間意識の研究のためには被験者の言語的反応を正しく用いるべきであり、ベヒテレフたちの反射学では、被験者に問いただすことは不可能と考え、ただ反射を記録している。しかし、思考の介入が反射の流れを根本的に変えているとヴィゴツキーは言う。セチェーノフとベヒテレフは、このような思考も抑制反射なのだと言って済ませてしまっているが、仮に反射学が行動を理解しようとするならば、反射

学は思考のあらゆる心理を考慮しなければならないのである。しかし反射学ではこのような発想はとらない。たしかに人間心理はもっぱら抑制運動ではあるが、じかに手にふれたり見えたりすることだけが客観的なのではない。顕微鏡や望遠鏡、あるいはX線でしか見えないことも客観的なのであって、単に行動だけが客観的なのではない。あるいは、ヴィゴツキーは次のようにも言う。「耳に聞こえたコトバは刺激であり、発音されたコトバはまさにその同じ刺激を作り出している反射である。意識（反射のからみあい）のための土台を創りあげているこれらの可逆的な反射は、社会的交流と行動の集合的な調整の基礎となっている。… コトバの広い意味では、言語行為の中には社会的な行動と意識の起源が存在している。言語行為は、一面では社会的接触の反射体系でもあるが、他面では主として意識の反射体系、つまり他の体系の影響を反映するための反射体系でもある。意識や思考過程に関わっている言葉媒介に注目することで個人の内観という主観のレベルを超えて人間意識を科学的に研究することが可能になる」。

［2］「行動の心理学の問題としての意識（Consciousness as a problem for the psychology of behavior）」の中の一文である。「感覚とは何か？　それは反射である。言葉とは、身ぶりとは、表情とは何か？　それも同じく反射である。本能、言い間違い、情動は？　それもすべて反射である。ヴュルツブルク学派が見出した思考の高次過程におけるあらゆる現象、フロイトが示した夢の解釈。これらもすべて反射である。たしかにそれは真実だろう。だが、そこで起きていることをただそのまま確認するだけでは科学的には不毛である。この研究方法を使うならば、現象に光を当て、明るみにすることはできない。その対象、形態、現象を区分けし、限定をしていくことができない。逆に、あらゆるものを薄暗がりのところで見せるようになってしまう。そこでは、すべてが混ぜ合わされてしまい、対象の区別がつかないものになっている。これも反射、あれもしかり。だが、

これとあれとを区別するものは何なのだろうか？」（p.66）。

［3］ここで、コフカは動物や人間の違いを超えて同じゲシュタルト原理を背景に持っていても、その表現形態は違ってくることを指摘している。「そうは言っても、ここで犬を愚かな人間と同じように見たり、人間を賢い犬と同じようにしてしまう擬人的な説明に戻ってしまおうというのではない。犬と人間との間に共通の特徴を見いださない限り、両者は違っていると言わなければならない。我々がここで言いたいことは、知能も習慣も本能も同一の形態原理がそれぞれ異なった条件の下で異なった形で働いているということなのである。そこでは、知能、習慣、本能をビューラーが考えたような三つの異なった装置に基づいたものであると考える必要などないのである。」（コフカ英語版 p.244）。

［4］ゼイガルニクは164名の子どもと大人に20種類前後の作業（都市の名前をあげる、なぞなぞの問題を考える、ビーズを糸で通す作業など）を与え、これらの作業を最後まで完了させる場合と、途中で中断させる場合の条件を設けた。この二条件のグループについて、作業の内容をどれだけ憶えているかを調べてみると、未完了作業の方がはるかに再生成績が良かった。この結果には、作業が中断されたことによる情緒的ストレスが起きたことが原因である可能性もあるので、別の実験で途中で作業を中断させた後で完了することが許される場合も加えて調べてみると、全て完了した場合と違いはなかった。ここから作業の中断そのものではなく、完了しないまま残されているという未完了性の感覚、緊張が解消されないまま持続したことが原因であったと言える。これが「ツァイガルニク効果」と呼ばれているものである。

［5］レヴィンの日本滞在の時の日本の研究者との交流などについては、アルフレッド・マロー（Marrow, A. J.）の『クルト・レヴィン――その生涯と業績』（1969）の巻末にある「レヴィン・クラスからの寄せ書き」にあ

る数名の日本のレヴィン研究者が書いたものから知ることができる。レヴィンの日本滞在の様子や彼が九州大学の佐久間鼎に与えた影響などについては、佐久間章（2000）の記述がある。レヴィンがモスクワからドイツに一度戻って夫人と二人の子どもと共に急いで米国に行くことを決意した時の様子なども、このマローの著書には書かれている。なお、このマローの著書はレヴィンの研究を体系的に述べていると同時に、レヴィンの生涯をきわめて詳しく紹介している。補論としてクルト・レヴィンの業績目録やベルリン時代の研究、アイオワ大学における研究、さらには米国に渡った１９３５年当時のトポロジー研究のメンバーの一覧などもあり、レヴィンの研究の全貌を知ることができる。このトポロジー研究のメンバーは実に多彩であり、かつ心理学史の中でも必ず登場してくるような著名な研究者が多数いたことが分かる。レヴィンを含めドイツを離れて米国に渡ったゲシュタルト心理学者の米国などでの活躍については、ジョージ・マンドラーとジーン・マンドラー（Mandler, G. & Mandler, J. M., 1969）が「実験心理学におけるディアスポラ――ゲシュタルト心理学者を中心に」で詳しく述べている。ルイス・コーザー（Coser, L. A., 1984）の『亡命知識人とアメリカ』の中でも、米国に渡ったゲシュタルト心理学者について二つの章で論じられている。その他、ビューラー夫妻や精神分析学者のことも、他の章で詳しく取り上げている。ヴェルトハイマー、コフカ、そしてレヴィンはユダヤ人であったために、ヒトラー政権下では研究はおろか、生活をすることにも不安を抱えていた。ケーラーはユダヤ人ではなく、エストニア出身で、五歳の頃に北ドイツに移住していたが、ナチズムにはきわめて批判的で、ナチス政権が大学からユダヤ人教授を追放しようとしたことにも強く抗議していた。このようなこともあって、ケーラーも米国に行くことを決意した。米国に渡ったゲシュタルト心理学者は必ずしも恵まれた研究環境の中で研究をできたわけではなかったが、別の地でゲシュタルト心理学が新しい形で展開されていったことは間違いがない。その中でもレヴィンは米国で大きな研究成果を上げている。今日ではレヴィンのことについては心理学史を除いてほとんど取り上げられることはないが、もっと注目してもよいだろう。ゲシュタルト心理学者の創造的で斬新な発想の背景には、ナチズムが生まれる前まであったワイマール共和国によるワイマール文化の存在がある。ワイマール文化のプラス面を論じたのはピーター・ゲイ（Gay, P., 1968）である。これらワイマール文化の中で醸成された創造的活動が、心理学の世界で一つの形となっていったのがゲシュタルト心理学であった。

［6］ヴィゴツキーが亡くなった後も、ゼイガルニクは精神に障害を持った患者や身体的疾患に伴って生じた心理的変化について研究を行っている。1940年代には脳損傷者のリハビリテーションの研究を行っている。彼女は、研究所の精神病理研究部門のディレクターやモスクワ大学で指導者として働いていたが、1950年代になってからは夫がドイツのスパイであるという容疑で十年間の服役刑を受けたり、反ユダヤ主義の名残が残っていたこともあってユダヤ人を教員として排除する動きがあり、研究活動は停滞してしまった。だが、彼女は1957年には研究所に復帰し、1967年からはモスクワ大学心理学部の神経・精神病理部門の教授となっている。1988年にゼイガルニクはレヴィン賞を受賞しているが、受賞式のために出国することができなかった。共産党党員になることを出国のための条件にされたが、彼女は党員になることを拒否した。そのために、彼女は受賞式出席に代えて論文を提出している。これが1984年の Journal of Social Issues 誌に掲載された「クルト・レヴィンとソビエト心理学」である。ゼイガルニクは1988年に亡くなっている。

おわりに

モスクワ・タルトゥ学派の中心人物で記号学の泰斗、ヴャチェスラフ・イワーノフが山口昌男との対談で、ヴィゴツキーのことにふれている（『山口昌男対談集――身体の想像力』1987）。ヴャチェスラフ・フセヴォロドヴィチ・イワーノフは父親がロシア・シンボリズムで知られるヴャチェスラフ・フセヴォロド・イワーノフであった。このことは本書の第5章でもふれておいたが、彼は幅広い視点から文化記号論を論じ、映像、文芸、神話・宗教の分野で多彩な研究を行っている人物である。そして、私たちがこの人に感謝しなければならないのは、一時行方不明になっていたヴィゴツキーの芸術心理学の原稿がエイゼンシュテインの書斎にあったのを発見し、今日日の目を見るようにしてくれたことである。イワーノフはヴィゴツキーの『ハムレット』と『芸術心理学』の編者として詳細な注解を付けて、私たちの理解を助けてくれている。彼はヴィゴツキーとエイゼンシュテインの仕事とその意味を十分に理解している人である。彼は山口昌男との対談でも、ヴィゴツキーがエイゼンシュテイン、ルリヤ、言語学者・マールと小さな研究サークルを作り、映像的思考や直観像など言語以外の問題を盛んに議論していたことを述べている。また、ヴィゴツキーはマンデリシュタームやグミリヨーフといった詩人や文芸研究者といった人たちと緊密な研究グループを作っていたとも言う。この逸話は、ヴィゴツキーが主張していた創造性は個人の才能ではなく、協同的な活動の中から生まれてくることを物語っている。

イワーノフがこの対談で強調していたのも、個人の才能ではなく交友関係こそが彼らの知的活動を支え、創造的なものを産み出していく原動力になっていたということである。

本書で目指したこともまさに、イワーノフが指摘してくれたことを明らかにすることであった。ヴィゴツキーの思想は多彩な人物との交流の中で生まれ、醸成されていった。彼は三十七年という短い時間の中で多くの研究成果を残していった。そして、人間精神について新しい理論を提出した。ヴィゴツキーが本格的に研究に取り組んだ期間は十数年しかない。彼はこの短い時間の中で実に多くの研究に触れ、また実に多彩な研究者と交流を続け、そこから貪欲に自分の研究の糧となるものを吸収していった。本書で明らかにしたように、彼は自分の完全なる揺るぎない理論をはじめからもっていたわけではなかった。人間心理についての彼なりの視点はあったが、理論構築と具体的に彼が提出した多くの著書は、彼が先行の研究に接し、また直接交流した研究者の示唆を受けながら、自己の理論構築を目指してこれらを摂取していったのである。だから、彼の理論構築へと向かっていった流れは先達がたどってきた大きな流れに合流し、そこで新しい人間と人間心理の姿を築きあげていったのである。

そうなると、彼が人間精神の真の姿を描き出そうとした営みは、他の研究者との相互批判の営みの歴史であったとも言えるだろう。本書ではヴィゴツキーの思想を考えていく上で重要と思われるいくつかの人物とトピックスに絞り、そこに焦点を当ててみた。

本書の前半では、ヴィゴツキーの初期の著作である『ハムレット』と『芸術心理学』を取り上げた。彼の『ハムレット』は、人間の心の中にある二重性、昼と夜、あるいは明るい部分と闇の部分という二つの異なった側面を持っている人間の本質を作品の分析によって垣間見せてくれた。そして語ってはいけない、沈黙せざるを得ない闇の部分があることもヴィゴツキーは示唆していた。ヴィゴツキーが『ハムレット』を論じていく上で大きな影響を受けていたのは、ロシアの詩人のチュッチェフであった。この「闇の詩人」と言われている人の思想が彼の中には入っていた。

『芸術心理学』では、彼がこの著書を最終的にまとめ上げていく時期に隆盛を極めていたロシア・フォルマリズムとの対話を通して、それを乗り越えて真の人間心理に迫っていく芸術心理学を創り上げようとした。そこにはフォルマリズムとは別の芸術運動を展開していたマンデリシュターム、そしてグミリヨーフといった詩人との交流があった。特にヴィゴツキーとマンデリシュタームとの関わりは、ヴィゴツキーの文学ばかりでなく、言語に対する姿勢を考えていく上で重要な部分である。

本書の後半では、ヴィゴツキーが直接関わりを持ち、影響を受けた人物としてシペート、映画製作者のエイゼンシュテイン、そしてゲシュタルト心理学のレヴィンを取り上げた。シペートについてはこれまでのヴィゴツキー研究ではほとんど取り上げられることがない人物であるが、両者の言葉を巡る理論、さらにはヴィゴツキーの歴史・文化的視点から人間精神を論じるという発想は、既にシペートの中にあった。ヴィゴツキーはシペートから一方的に影響を受けたのではなく、シペートの理論を参考にしながら、それを批判的に乗り越えて新しい言語理論を打ち出していった。ヴィゴツキー研究ではほとんど言及されることがないフンボルトについても取り上げたが、ヴィゴツキーの言語論、特に彼の対話論にはフンボルトの影響があった。

ヴィゴツキーの研究の中心にあった課題は、紛れもなく人間意識の解明であった。人間の思考活動と言語活動を入り口にして、人間意識を解明していく世界に分け入って行こうとした。心理学が解くべき最大のテーマである人間の意識に取り組んでいけると考えたのである。このような彼が注目したのは人間の言語活動であり、それと密接不可分な形で起きている思考活動であった。この両者の関わりから人間意識を解こうとしたのである。もちろん人間意識であるから、これだけで全てが明らかになるとは考えなかった。だから彼は、言語以外の映像的思考や直観像の問題なども研究していた。特に映画という視覚世界の可能性を、エイゼンシュテインとの共同研究の中で議論していた。ヴィゴツキーとエイゼンシュテインとの組み合わせは奇異に感じるかもしれないが、異なった分野で二人はタッグを組んでいた。しかも以外なほど、二人の問題意識は共通していたことも驚きである。

もう一つのヴィゴツキーとの組み合わせで意外と感じられるのは、レヴィンとの関係である。ヴィゴツキーがゲシュタルト心理学に強い関心を示していたことはよく知られているが、レヴィンとの交流や、ヴィゴツキーが障害児心理や意志の問題を考えていく上でレヴィンの研究から学んでいたことはあまり知られていない。ヴィゴツキーは人間意識の解明のために意志の問題に取り組み、認識と意志の関係を障害児、統合失調症患者、パーキンソン病患者について臨床のレベルで考えたが、いくつかのアイデアはレヴィン由来のものであった。

ヴィゴツキーは『芸術心理学』でも美的経験や情動的感動を人間心理の問題として論じていたし、言語の問題を議論している際にも個人の内的意味世界の存在を忘れることはなかった。彼はいつも一人ひとりの人間の内面世界、意識の小宇宙を問題にしていた。それは未完に終わった情動の研究で完成されるべき大きな研究のテーマであり、研究の構想であった。彼は若くして夭折してしまったために未完成に終わったものも多いし、実際に彼が残していった研究メモには、これから取り組むべき研究課題が書かれていた。その中心にあったのは人間の意識の解明であり、そこに向けての壮大な研究構想であったことが明らかになっている。いわば彼の代表作である『思考と言語』は、この後に続く予定であった意識研究の序論であったようだ。彼の最後の論攷となった『思考と言語』の最終章「思想と言葉」にも、次に取り組むべき研究内容が示唆されている。

最近になって、これまでのヴィゴツキー研究に新しい視点を加えた大きな本が出ている。全部で21の章から成る『ケンブリッジ・ハンドブック：文化・歴史的心理学』（The Cambridge handbook of cultural-historical psychology）である。この本にはロシアのヴィゴツキー研究者の最近の研究成果も反映されており、従来の北米、あるいは北欧一辺倒のヴィゴツキー研究とは幾分趣を異にしている。この本には、フンボルト言語学とヴィゴツキー言語論との関係を論じたものや、エイゼンシュテインとヴィゴツキー、ルリヤの映画芸術の問題についての章、さらにはイワーノフの記号論を扱ったものもあったりして、本書で詳しくみてきた内容とも深く関連することを論じた章がいくつかある。

ヴィゴツキーは革命前夜に学生時代を送り、モスクワの心理学研究所では革命の思想に沿った形で弁証法的唯物論に基づいた心理学の構築を目指した研究を行っていた。彼の初期の理論的研究である「心理学の危機の歴史的意味」や『精神発達の理論』は明らかに革命思想に沿う形で心理学を批判し、またその改変を試みたものであった。このような形で彼は否応なしに革命の動きの中で心理学の研究に向かっていった。だが、革命政権は今度はヴィゴツキーの心理学に弾圧をかけてくる。それが児童学批判であった。

ヴィゴツキーが研究生活を送っていた時期というのは思想的にも厳しい時代であった。思想的な弾圧を受けた人は彼の周りにもたくさんいたし、幸か不幸か彼自身は若くしてこの世を去ってしまったので、生前は大きな弾圧の憂き目に直接あうことはなかった。だが、彼の死後、彼が取り組んだ児童学やその考えに基づいた発達と教育についての研究は児童学批判の形で思想的弾圧を受け、彼の研究を受け継いだ仲間の多くは厳しい時代を送らざるを得なかった。彼自身も生前、革命の中での思想的に厳しい状況は十分に感じ、このような中でヴィゴツキーはぎりぎりのところで自己の主張をしなければならなかった。たとえば、彼にとっては重要な友人の研究者の実名を伏せて、自分の著書の中で取り上げざるを得なかった事実がいくつかある。詩人でヴィゴツキーも交流を続けていたマンデリシュターム、そしてグミリヨーフについては、ヴィゴツキーの『思考と言語』ではある詩人として書いただけで、実名を出すことはできなかったのである。シペートもそうであった。彼らは厳しい思想的弾圧を受け、流刑になり、そして最期は銃殺されている。

武藤洋二（2011）に『天職の運命――スターリンの夜を生きた芸術家たち』がある。スターリン時代という暗黒の時期にきわめて不当な思想弾圧を受けた人たちの実態を描いたものだが、思想的弾圧のためにはその罪名などは何でも良く、要するに処刑すべき人数だけが先に決まっていて、それに数合わせをするために後で理由を付けて処刑をするといったことが公然と行われていた時代であった。このような暗黒の時代を過ごし、命を落としていった人たちの存在。それを忘れてこの時期の人たちの思想、芸術活動を語ることはできないだろう。この著書はかって良く読まれた亀山郁夫（2002）の『磔のロシア』とは比べものにならない程のリアルさ、現実のむごさを語ってくれている。亀山のものからは、どことなくその人たちの生き様のリアルさを感じない形式的なスターリン時代の語りを感じてしまうのである。

これまでヴィゴツキーについては邦訳も多く出されているし、ヴィゴツキーに関する論攷も既にいくつかある。私自身のことでも、これまでヴィゴツキーを手がかりにしながら人間の発達の問題を考えてきた。しかし、これまでに行ってきたことは、都合の良いようにヴィゴツキーを読み、理解し、またそれを使ってきたように思う。本当にヴィゴツキーの人間と人間心理をめぐる思想をきちんと押さえてきたのかというと、その不十分さにとても反省などという簡単な言葉で済ませてしまうことなどできない。

本書は、私がかねてから取り組んでみたいと考えてきたことの一つのまとめである。ヴィゴツキーの心理学、いやもっと広くは人間の思想についての思想をヴィゴツキーはどのように形成してきたのか、またその思想形成の中ではどのようなことが起きていたのかをつぶさにみて、明らかにしたかった。これまでヴィゴツキーの思想をきちんと整理したものがなかったことがその大きな動機であった。いま、改めて少し腰を落ち着けて文献に眼を通し、また未蒐集であった文献や資料を集めることが可能になったこともあり、自分が解決したいと目指していた課題の一部を取り崩すことはできたように思う。

だが、結局は解かなければならない課題の一部を取り崩しただけであり、残された課題が山積している。ヴィゴツキーとスピノザとの関係については、ここではドゥルーズの視点からスピノザをみただけである。本格的なヴィゴツキーとスピノザとの関係についてはほとんど未着手である。もっとも、スピノザもさることながら、ドゥルーズの思想を手がかりにしながらヴィゴツキーの人間研究とそこに流れている思想を明らかにすることも重要な課題である。だが二人は何の接点もないし、ドゥルーズはヴィゴツキーよりも少し後の世代の人であるから時代の重なりもほとんどない。しかしあえて対比的に言えば、ヴィゴツキーが人間精神の「生成の心理学者」だとすると、ドゥルーズは「生成の哲学者」であり、共に人間の精神の生成過程を問い続けてきた人である。ドゥルーズの精緻な理論はヴィゴツキーの思想にある本質を照射し、照らし出してくれる。

ヴィゴツキーに大きな影響を与えたブロンスキーについても全く取り上げることができなかった。ブロンスキーについては教育学の視点から論じた研究はいくつかある。筆者のかつての同僚であった所伸一氏は精力的にブロンスキー研究を続けている。ブロンスキーを心理学、あるいは教育・心理学の側面からみていくことは必要だろう。シペートについても限定的にしか扱うことができなかった。まだ手つかずの多くの資料がある。あるいは、シペートの背景にはヨハン・ゴットフリート・ヘルダー（Helder, J. G.）、フンボルト、そしてカッシーラーへとつらなる、いわゆるドイツ・ロマン派言語学の潮流がある。ヴィゴツキーにはシペートとフンボルトの言語思想の摂取があったことは確認できたが、ヴィゴツキーはドイツ言語学をどのように受けとめていたのかという問題はまだはっきりしていない。

ヴィゴツキーはフロイトの『日常生活の精神病理』に並々ならぬ関心を持っていたと言われている。それは彼の後半期の「具体性の心理学」からも示唆されることではあるが、精神分析学に対するヴィゴツキーの姿勢については、スイスからロシアに戻った精神分析学者のザビーナ・シュピールライン（Spielrein, S.）の存在も含めて考えなければならない（ザビーネ・リッヒベッヒャー 2005）。

私たちはヴィゴツキーが人間心理の真の姿とその本質をとらえようとして格闘したことをもう一度振り返り、今日の発達研究と心理学研究がこれでよいのか、本当に人間の心理的現実に迫っているのか反省をしてみることが必要なのではないだろうか。ジャック・デリダ（Derrida, J.）とエリザベト・ルディネスコ（Roudinesco, E.）の対談集『来るべき世界のために』（2001）で、デリダは、遺産を相続しようとする者は応答しなければならない。批判して、それを現在によみがえらせる責任を持っていると述べていた。私たちはヴィゴツキーの遺産をどのように継承していくべきなのだろうか。それが改めて問われている。

今、本書を書き終えてみて、改めてヴィゴツキーの思想世界の広さとその限りない面白さを感じているが、それはヴィゴツキー自身の知的好奇心の強さと多くの人と研究交流を深めていった姿勢から感じる人間的魅力にあるのではないだろうか。その魅力をどこまで本書で伝えることに成功しているか、また本書がどこまで有益な内容を読者の皆さんに提供できたのかどうかは、最終的にはこの本を読まれた方の判断に委ねるしかない。この本を手にして目を通していただいた方から、この本の内容についての善し悪しのご意見をいただき、独りよがりの考えや間違いを訂正していきたいと思う。

本書を最終的に仕上げる段階の校正チェックと索引作成では北海道大学大学院・専門研究員の長橋聡さんに協力をいただいた。誤字・脱字などをたくさん見つけていくことができました。ここに記して感謝を申し上げます。

最後に、新曜社の塩浦暲さんには心よりお礼を申し上げなければならない。いったいどれだけの人がこの本を手にして読んでくれるか確信が持てない中で、出版の価値を認めていただき、このような形で世に出していただきました。また、いつものことながら、原稿の不備などについても貴重なコメントをいただきました。塩浦さんには前著の『音を創る、音を聴く』に続いてお世話になりました。また丁寧に原稿をみていただき、原稿の不備を直していただきました。曲がりなりにも読めるものにしていただきました。

著者紹介

佐藤公治（さとう・きみはる）

北海道大学名誉教授。専門：発達心理学・教育心理学

北海道大学大学院教育学研究科博士課程単位取得退学。1997年，博士（教育学）（北海道大学）。北海道大学大学院教育学研究院教授，同特任教授を経て2013年，定年退職。

著書として『認知心理学からみた読みの世界――対話と協同的学習をめざして』（北大路書房），『対話の中の学びと成長』（金子書房），『保育の中の発達の姿』（萌文書林），『音を創る、音を聴く――音楽の協同的生成』（新曜社）、『学びと教育の世界――教育心理学の新しい展開』（あいり出版）など。

ヴィゴツキーの思想世界
その形成と研究の交流

初版第1刷発行　2015年5月1日

著　者　佐藤公治

発行者　塩浦　暲

発行所　株式会社　新曜社
101-0051　東京都千代田区神田神保町3-9
電話（03）3264-4973（代）・FAX（03）3239-2958
e-mail：info@shin-yo-sha.co.jp
URL：http://www.shin-yo-sha.co.jp/

印　刷　新日本印刷
製　本　イマヰ製本所

ISBN978-4-7885-1428-7　C1011

人名索引

■ア行

アウグスティヌス（Augustinus, A.） 199, 200
アッハ（Ach, N. K.） 227
アフマートワ（Ahmatova, A. A.） 49, 159, 174
伊藤　崇 57
伊藤美和子 57
イョラフスキー（Joravsky, D.） 11, 164
イワーノフ（Ivanov, V. V.） 28, 56, 67, 117, 122, 148, 170, 265
井筒俊彦 77, 195, 203
ヴァイスゲルバー（Weisgerber, L.） 195, 198
ヴァルシナー（Valsiner, J.） 10, 18, 23, 29, 30, 61, 164, 221, 244
ヴェルトハイマー，マックス（Wertheimer, Max） 232, 237, 244, 249, 262
ヴェルトハイマー，ミッシェル（Wertheimer, Michel） 233
ヴェルトフ（Vertov, D.） 126
ヴェレソフ（Veresov, N.） 30
ヴィゴツキー，ダヴィッド（Vygotsky, D. I.） 1, 13, 16, 66
ウヴェデンスキー（Vvedensky, A. I.） 223
ウフトムスキー（Ukhtomsky, A. A.） 46, 165, 224, 226
ヴント（Wundt, W. M.） 19, 157, 176, 180, 218, 226, 238
エイゼンシュテイン（Eisenstein, S. M.） ii, vii, 13, 45, 89, 107, 250
エイヘンバウム（Eikhenbaum, B. M.） 44, 58, 68, 102
エーレンフェルス（Ehrenfels, C.） 237
エンゲストローム（Engeström, Y.） 10
岡花祈一郎 57
小津安二郎 131
小野島右左雄 245, 250
オフシアンキナ（Ovsiankina, M.） 245, 249
オフシャニコ＝クリコフスキー（Ovsianiko-Kulikovsky, D.） 34

■カ行

カッシーラー（Cassirer, E.） 247, 272
神谷栄司 23
亀山郁夫 270
城戸幡太郎 178
木部　敬 160, 165, 211
キュルペ（Külpe, O.） 238
グミリョーフ（Gumilev, N. S.） 14, 49, 51, 53
クリスチャンセン（Christiansen, B.） 41, 60, 226
クルイロフ（Krylov, I. A.） 81, 98, 119
クルトネ（Courtenay, J. B. de） 37, 58
グレチュコ（Grecko, V.） 43
ゲイ（Gay, P.） 263
ケーラー（Köhler, W.） 20, 221, 226, 232, 244, 249, 262
ゲルプ（Gelb, A.） 242
コズリン（Kozulin, A.） 8, 31, 57
コフカ（Koffka, K.） 20, 217, 221, 232, 238, 249
コール（Cole, M.） 2, 4, 7, 117, 179

■サ行

■タ行

■ナ行

■ハ行

■マ行

■ヤ行

■ラ行

■ワ行

事項索引

■タ行

■ナ行

■ハ行

■マ行

■ヤ行

文　献

第1章　ヴィゴツキー、その研究と生涯

Bruner, J. (1962). Introduction. In E. Hanfmann & G. Vakar (ed. & translated), *Thought and language*. pp.v-x. Cambridge: MIT Press.

ブルーナー，J.，オルヴァー，R. R. & グリーンフィールド，P. M. (1967). 認識能力の成長 .（上・下）岡本夏木・奥野茂夫・村山紀子・清水美智子・訳 (1968). 明治図書 .

ブルーナー，J. (1983). 心を探して . 田中一彦・訳 (1993). みすず書房 .

ブルーナー，J. (1986). 可能世界の心理 . 田中一彦・訳 (1998). みすず書房 .

Bruner, J. (1987). Prologue to the English edition. In R. W. Rieber & A. S. Carto (eds.), N. Minick (Translated & Introduction) *The collected works of L. S. Vygotsky Vol.1: Problems of general psychology*. New York: Plenum Press.

コール，M. & スクリブナー，S. (1974). 文化と思考 ―― 認知心理学的考察 . 若井邦夫・訳 (1982). サイエンス社 .

コール，M. (1996). 文化心理学 . 天野清・訳 (2002). 新曜社 .

Joravsky, D. (1989). *Russian Psychology: A crtical history*. Cambridge: Basil Blackwell.

Karumidze, Z. & Wertsch, J. V. (eds.) (2005). *"Enough !" : The rose revolution in the Republic of Georgia 2003*. New York: Nova Science Publishers.

レオンチェフ，A. A. (1990). ヴィゴツキーの生涯 . 菅田洋一郎・監訳　広瀬信雄・訳 (2003). 新読書社 .

レヴィチン，K. (1983). ヴィゴツキー学派 ―― ソビエト心理学の成立と発展（現代ソビエト教育学大系第2巻）. 柴田義松・訳 (1983). プログレス出版 .

Lloyd, P. & Fernyhough, C. (eds.) (1999). *Lev Vygotsky: Critical assessment*. Vol.1-4. London, New York: Routledge.

Luria, A. R. (1976). *Cognitive development: Its cultural and social foundations*. M. Cole (ed.), M. Lopez-Morillas & L. Solotaroff (translated), Cambridge, Mass.: Harvard University Press.

Luria, A. R. (1979). *The making of mind: A personal account of Soviet*

psychology. M. Cole S. Cole (eds.), Cambridge, Mass.: Harvard University Press.

ナイサー，U. (1967). 認知心理学 . 大羽　蓁・訳 (1981). 誠信書房 .

ペトロフスキー，A. V. (1967). ソビエト心理学史 —— 心理科学の基礎の形成 . 木村正一・訳 (1969). 三一書房.

Scribner, S. & Cole, M. (1981). *The psychology of literacy*. Cambridge, MA: Harvard University Press.

柴田義松・森岡修一 (1975). ヴィゴツキーの著作文献目録 . ヴィゴツキー，L. S. 1935 教授・学習過程における子どもの発達 . 柴田義松・森岡修一・訳　子どもの知的発達と教授・巻末 . 明治図書 .

柴田義松・宮坂琇子 (2008). ヴィゴツキー文献目録 . ヴィゴツキー，L. S. 1924-34 心理システムについて、その他の論文 . 柴田義松·宮坂琇子·訳　ヴィゴツキー心理学論集・巻末 . 学文社 .

所　伸一 (1994). ソビエト児童学はなぜスターリンに弾圧されたのか . 教育史・比較教育論考（北海道大学教育学部）. 第 17 号，56-68.

van der Veer, R. & Valsiner, J. (1991). *Understanding Vygotsky: A quest for synthesis*. Cambridge, Mass.: Blackwell.

ヴィゴツキー，L. S. (1925/1968). 芸術心理学 . 柴田義松・訳 (2006). 学文社 .

ヴィゴツキー，L. S. (1926a). 反射学的研究と心理学的研究の方法論 . 中村和夫・訳 (1985). 心理科学，第 8 巻第 2 号，30-44.

Vygotsky, L. S. (1926a). The methods of reflexological and psychological investigation. In R. van der Veer & J. Valsiner (1994). *The Vygotsky reader*. Oxford: Blackwell. 27-45.

ヴィゴツキー，L. S. (1926b). 心理学の危機の歴史的意味 . 柴田義松・藤本卓・森岡修一・訳 (1987). 心理学の危機 —— 歴史的意味と方法論の研究・所収 . 明治図書 .

ヴィゴツキー，L. S. (1927). 教育心理学講義 . 柴田義松・宮坂琇子・訳 (2005). 新読書社 .

ヴィゴツキー，L. S. (1930a). 行動の歴史についての試論 —— 猿・原始人・子ども . 大井清吉・渡辺健治・監訳 (1987). 明治図書 .

ヴィゴツキー，L. S. (1930b). 子どもの想像力と創造 . 広瀬信雄・訳 (2002). 新読

書社.
ヴィゴツキー, L. S. (1924-34). ヴィゴツキー心理学論集. 柴田義松・宮坂琇子・訳 (2008). 学文社.
ヴィゴツキー, L. S. (1930-31a). 高次精神機能の発達史. 柴田義松・監訳 (2005). 文化・歴史的精神発達の理論. 学文社.
ヴィゴツキー, L. S. (1930-31b). 思春期の児童学. 柴田義松・森岡修一・中村和夫・訳 (2004). 新読書社.
ヴィゴツキー, L. S. (1932a). 児童学講義. 柴田義松他・訳 (2002). 新児童心理学講義. 新読書社. および、土井捷三・神谷栄司・監訳 (2012).「人格発達」の理論. 三学出版.
ヴィゴツキー, L. S. (1932b). 子どもの心はつくられる・ヴィゴツキー心理学講義. 菅田洋一郎・監訳　広瀬信雄・訳 (2000). 新読書社.
Vygotsky, L. S. (1934). *Thought and language*. E. Hanfmann & G. Vakar (ed. & translated) (1962). Cambridge: MIT Press.
Vygotsky, L. S. (1934). *Thought and language*. A. Kozulin (translated & edited) (1986). Cambridge: MIT Press.
Vygotsky, L. S. (1934). *Thinking and speech*. N. Minick (translated & introduction) (1987). In R. W. Rieber & A. S. Carton (eds.), *The collected works of L. S. Vygotsky Vol.1: Problems of general psychology*. New York: Plenum Press.
ヴィゴツキー, L. S. (1935). 教授・学習過程における子どもの発達. 土井捷三・神谷栄司・訳 (2003).「発達の最近接領域」の理論――教授・学習過程における子どもの発達. 三学出版.
Vygotsky, L. S. (1978). *Mind in society: The development of higher psychological processes*. M. Cole, V. John-Steiner, S. Scribner & E. Souberman (eds.), Cambridge, Mass.: Harvard University Press.
ヴィゴツキー, L. S. (1984). 情動にかんする学説――歴史的・心理学的研究. 神谷栄司他・訳 (2006). 情動の理論. 三学出版.
Wertsch, J. V. (1985a). *Vygotsky and the social formation of mind*. Cambridge, Mass.: Harvard University Press.
Wertsch, J. V. (ed.) (1985b). *Culture, communication and cognition: Vygotskian*

perspectives. Cambridge, Mass.: Cambridge University Press.
ワーチ, J. V. (1991). 心の声 . 田島信元他・訳 (1995). 福村出版 .
ワーチ, J. V. (1998). 行為としての心 . 佐藤公治他・訳 (2002). 北大路書房 .
Wertsch, J. V. (2002). *Voices of collective remembering*. Cambridge, Mass.: Cambridge University Press.
山崎史郎 (2005). ヴィゴツキーの生涯と精神形成 . 児童青年期カウンセリング――ヴィゴツキー発達理論の視点から・所収 . ミネルヴァ書房 .
Yasnitsky, A. (2009). Vygotsky circle during the decade of 1931-1941: Toward an integrative science of mind, brain, and education. A thesis submitted in conformity with the requirements for the degree of Doctor of Philosophy Department of Curriculum, Teaching and Learning, Ontario Institute for Studies in Education, University of Toronto, 1-147.
Yasnitsky, A. (2011). Vygotsky circle as a personal network of scholars: Restoring connections between people and ideas. *Integrative Psychological & Behavioral Science, 45*, 422-457.
Yasnitsky, A. (2012). Lev Vygotsky: Philologist and defectologist, a sociointellectual biography. In W. E. Pickren, D. A. Dewsbury & M. Wertheimer (eds.), *Portraits of pioneers in developmental psychology*. New York: Psychology Press. 109-133.
百合草禎二 (2005). エリ・エス・ヴィゴツキーと「児童学批判」. 心理科学, 第 25 巻第 2 号, 63-81.

第2章　ヴィゴツキーの『芸術心理学』

嵐田浩吉 (1996). Д . Н . オフシャニコ=クリコフスキーの生涯 . 新潟産業大学人文学部紀要, 第 5 号, 11-31.
新谷敬三郎・磯谷 孝・編訳 (1971). ロシア・フォルマリズム論集 ―― 詩的言語の分析 . 現代思潮社.
オクチュリエ, M. (1996). ロシア・フォルマリズム . 桑野 隆・赤塚若樹・訳 白水社 (クセジュ文庫).
Christiansen, B. (1912). Philosophie der Kunst. Berlin: B. Behar's Verlag.
The collected works of L. S. Vygotsky 6 volumes 1987-1999. New York, N. Y. :

Plenum Press.
エイヘンバウム，B. (1924).「フォルマリスト」問題をめぐって．桑野　隆・大石雅彦・編 (1988). ロシア・アヴァンギャルド第6巻：フォルマリズム・所収．国書刊行会，246-259.
エイゼンシュテイン，S. M. (1923). アトラクションのモンタージュ．田中ひろし・訳 (1980). 星のかなたに (エイゼンシュテイン全集第6巻：第2部・映画　芸術と科学)・所収．キネマ旬報社，13-110.
グレチュコ，V. (2012). 回帰する周縁 —— ロシア・フォルマリズムと「ドミナント」の変容．貝澤　哉・野中　進・中村唯史・編著　再考　ロシア・フォルマリズム —— 言語・メディア・知覚・所収．せりか書房，97-109.
グミリョーフ，N. (1921). 言葉、詩集・炎の柱．鈴木正美・訳 (1995). 亀山郁夫・大石雅彦・編　ロシア・アヴァンギャルド第5巻：ポエジア —— 言葉の復活・所収．国書刊行会，297-298.
伊藤美和子 (2010). ヴィゴツキーによるポテブニャの批判と受容 ——「内的形式」の解釈を中心に．ヴィゴツキー学別巻第1号，17-27.
伊藤　崇 (2011).「他者」の条件 —— ヴィゴツキーの美的反応理論から．茂呂雄二・田島充士・城間祥子・編　社会と文化の心理学－ヴィゴツキーに学ぶ　世界思想社，15-31.
ヤコブソン，R. (1921). 最新ロシア詩．桑野　隆・大石雅彦・編 (1988). ロシア・アヴァンギャルド第6巻：フォルマリズム・所収．国書刊行会，42-48.
ヤコブソン，R. (1935). ドミナント．桑野　隆・大石雅彦・編 (1988). ロシア・アヴァンギャルド第6巻：フォルマリズム・所収．国書刊行会，222-226.
ヤコブソン，R. (1980). 詩学から言語学へ —— 妻ポモルスカとの対話．伊藤　晃・訳 (1983). 国文社.
貝澤　哉・野中　進・中村唯史・編著 (2012).　再考　ロシア・フォルマリズム —— 言語・メディア・知覚．せりか書房.
木村　浩 (1980). 解説　マンデリシュターム，N．1970. 木村　浩・川崎隆史・訳　流刑の詩人・マンデリシュターム・所収．新潮社，432.
国分　充・牛山道雄 (2006). ロシア精神分析運動とヴィゴツキー学派 —— ルリヤの Zeitschrift 誌の活動報告．東京学芸大学紀要 (総合教育科学系) 第57集，199-215.

Kozulin, A. (1990). *Vygotsky's psychology: a biography of ideas*. London: Harvester Wheatsheaf.

桑野　隆 (1975). ボードアン・ド・クルトネについて . エネルゲイア刊行会・編　言語における思想性と技術性・所収 . 朝日出版社，27-35.

桑野　隆 (1979). ソ連言語理論小史 ── ボードアン・ド・クルトネからロシア・フォルマリズムへ . 三一書房.

桑野　隆 (1988). 解説・解題　桑野隆・大石雅彦・編　ロシア・アヴァンギャルド第 6 巻：フォルマリズム・詩的言語論 . 国書刊行会，419-428.

桑野　隆 (1993). ロシア・フォルマリズム．岩波現代思想 4：言語論的転回・所収 . 岩波書店，211-238.

桑野　隆 (1996). 夢見る権利 ── ロシア・アヴァンギャルド再考 . 東京大学出版会.

レオンチェフ，A. A. (1990). ヴィゴツキーの生涯 . 菅田洋一郎・監訳　広瀬信雄・訳 (2003). 新読書社，38.

マンデリシュターム，N. (1970). 流刑の詩人・マンデリシュターム . 木村　浩・川崎隆司・訳 (1989). 新潮社.

マンデリシュターム，O. (1913). 石 . 早川眞理・訳 (1998). 群像社.

マンデリシュターム，O. (1922). トリスチア . 早川眞理・訳 (2003). 群像社.

マンデリシュターム，O. (1928). 言葉と文化 ── ポエジーをめぐって . 斉藤　毅・訳 (1999). 水声社.

水野忠夫・編 (1982). ロシア・フォルマリズム文学論集 1・2. せりか書房.

水野忠夫 (1985). ロシア・アヴァンギャルド ── 未完の芸術革命 . パルコ出版.

岡花祈一郎 (2007). 心理的道具としての芸術作品 ── 初期ヴィゴツキーと文化・歴史的理論との連関をめぐって . 心理科学，第 27 巻第 1 号，61-71.

斉藤　毅 (1999). 訳者あとがき . マンデリシュターム，O. (1928). 斉藤　毅・訳　言葉と文化・所収 . 水声社，281-302.

Seifrid, T. (2005). *The word made self: Russian writings on language, 1860-1930*. Ithaca: Cornell University Press.

シクロフスキイ，V. (1917). 方法としての芸術 . 水野忠夫・訳 (1971). 散文の理論・所収 . せりか書房，3-38.

シクロフスキイ，V. (1919). 主題構成の方法と文体の一般的方法との関係 . 水野

忠夫・訳 (1971). 散文の理論・所収 . せりか書房，39-112.
シクロフスキイ，V. (1925a). 序文 . 水野忠夫・訳 (1971). 散文の理論・所収 . せりか書房.
スタイナー，P. (1984). ロシア・フォルマリズム ―― ひとつのメタ言語学 . 山中桂一・訳 (1986). 勁草書房.
鈴木正美 (2001). 言葉の建築術 ―― マンデリシュターム研究 1 . 群像社 .
田村充正 (1995). 解説・アクメイズム . 亀山郁夫・大石雅彦・編　ロシア・アヴァンギャルド第 5 巻：ポエジア ―― 言葉の復活・所収 . 国書刊行会，264.
トゥイニャーノフ，Y. (1924). 詩的言語とはなにか . 水野忠夫・大西祥子・訳 (1985). せりか書房.
van der Veer, R. & Valsiner, J. (1991). *Understanding Vygotsky: A quest for synthesis*. Cambridge, Mass.: Blackwell.
van der Veer, R. & Valsiner, J. (1994). *The Vygotsky reader*. Oxford: Blackwell.
Veresov, N. (1999). *Undiscoverd Vygotsky : Etudes on the pre-history of cultural-historical psychology*. Frankfurt am Main : Peter Lang.
ヴィゴツキー，L. S. (1925). 行動の心理学の問題としての意識 . 柴田義松・藤本卓・森岡修一・訳 (1987). 心理学の危機・所収 . 明治図書，61-92.
ヴィゴツキー，L. S. (1916). デンマークの王子ハムレットについての悲劇 . 峯俊夫・訳 (1970). ハムレット ―― その言葉と沈黙 . 国文社.
ヴィゴツキー，L. S. 1925(1968). 芸術心理学 . 柴田義松・根津真幸・訳 (1971). 明治図書出版.
ヴィゴツキー，L. S. 1925(1968). 芸術心理学 (新訳版). 柴田義松・訳 (2006). 学文社.
ヴィゴツキー，L. S. 1925(1968). 芸術心理学・第 2 部 (第 2 章－第 4 章). 柳町裕子・高柳聡子・訳 (2006). 記号としての文化・所収 . 水声社，181-300.
ヴィゴツキー，L. S. 1925(1968). 芸術心理学・第 3 部 (第 5 章－第 8 章). 峯　俊夫・訳 (1982). 寓話・小説・ドラマ ―― その心理学 . 国文社.
Vygotsky, L. S. (1932). On the problem of the psychology of the actor's creative work. M. J. Hall (translated.) (1999). In R. W. Rieber(ed.) *The collected works of L. S. Vygotsky Vol. 6*. Scientific Legacy. New York : Plenum Publishers, 237-244.
ヴィゴツキー，L. S. (1934). 思考と言語 (新訳版). 柴田義松・訳 (2001). 新読書社.

ヤクビンスキイ，L. P. (1919). 詩語の音について . 新谷敬三郎・磯谷　孝・編訳 (1971). ロシア・フォルマリズム論集 ── 詩的言語の分析・所収 . 現代思潮社, 59-64.

山口　巌 (2013). 人とことば ── その関わりと研究のあゆみ . ブックワークス響 (京都大学学術情報リポジトリ、http://hdl.net/2433/65019).

ジルムンスキイ，V. (1923). ＜形式的方法＞の問題に寄せて . 桑野　隆・大石雅彦・編 (1988). ロシア・アヴァンギャルド第 6 巻：フォルマリズム . 国書刊行会, 237-246.

第3章　ヴィゴツキーがみた文学の世界

ブーニン，I. (1930). アルセーニエフの青春 . 高山　旭・訳 (1975). 河出書房新社.

ドゥルーズ，G. (1964). プルーストとシーニュ . 宇波　彰・訳 (197). 法政大学出版局.

ドゥルーズ，G. (1968). 差異と反復 . 財津　理・訳 (1992). 河出書房新社.

ドゥルーズ，G. (1988). 襞 . 宇野邦一・訳 (1998). 河出書房新社.

グラマティクス，S. (1931). デンマーク人の事績 . 谷口幸男・訳 (1993). 東海大学出版会.

グレンベック，V. (1927). 北欧神話と伝説 . 山室　静・訳 (2009). 講談社 (講談社学術文庫).

井筒俊彦 1951(2011). 露西亜文学 . 慶應義塾大学出版会.

井筒俊彦 1953(1989). ロシア的人間 . 中央公論社 (中公文庫).

クルイロフ，I. A. (1956). 寓話 . 峯　俊夫・訳 (1988). 国文社.

クルイロフ，I. A. (1984). 完訳・クルイロフ寓話集 . 内海周平・訳 (1993). 岩波書店 (岩波文庫).

ラ・フォンテーヌ，J. (1934). 寓話 (上・下). 今野一雄・訳 (1972). 岩波書店 (岩波文庫).

宮川絹代 (2005). ブーニン文学の時間について ── 記憶と知覚の交錯 . ロシア語ロシア文学研究 (日本ロシア文学会), *37*, 51-58.

望月恒子 (2003a). 解説 . ブーニン作品集３・たゆたう春／夜・所収 . 群像社.

望月恒子 (2003b). 解説 . ブーニン作品集５・呪われた日々／チェーホフ・所収 . 群像社.

中村唯史 (2012). 1910 − 20 年代のエイヘンバウム ── フォリマリズムとの接近と離反の過程 . スラヴ研究 (北海道大学スラブ研究センター) 第 59 号, 25-49.
坂庭淳史 (2007). フヨードル・チュッチェフ研究 ── 十九世紀世紀ロシアの「自己意識」. マニュアルハウス.
坂庭淳史 (2013). チュッチェフの詩「白鳥」をめぐって ── 「二重の無底」とは何か? 坂庭淳史・他　ロシア研究の未来 : 井桁貞義教授退職記念論集 .『ロシア研究の未来』刊行委員会, 5-25.
佐藤清郎 (1990). 孤愁の文人 ── ノーベル賞作家ブーニン . 岩波ブックサービスセンター .
シクロフスキイ, V. (1925). パロディの長篇小説 . 水野忠夫・訳 (1971). 散文の理論・所収 . せりか書房.
朱牟田夏雄 (1969). 訳者まえがき . 朱牟田夏雄・訳 . トリストラム・シャンディ・所収 . 岩波書店 (岩波文庫), 3-25.
スタニスラフスキー, K. (1924). 芸術におけるわが生涯（下）. 蔵原惟人・江川卓・訳 (2008). 岩波書店 (岩波文庫).
スターン, L. (1760-67). トリストラム・シャンディ . 朱牟田夏雄・訳 (1969). 岩波書店 (岩波文庫).
van der Veer, R. & Valsiner, J. (1991). *Understanding Vygotsky: A quest for synthesis*. Cambridge, Mass.: Blackwell.
van der Veer, R. & Valsiner, J. (1994). *The Vygotsky reader*. Oxford: Blackwell Publishers.
Veresov, N. (1999). *Undiscoverd Vygotsky: Etudes on the pre-history of cultural-historical psychology*. Frankfurt am Main : Peter Lang.
ヴィゴツキー, L. S. (1916). デンマークの王子ハムレットについての悲劇 . 峯俊夫・訳 (1970). ハムレット ── その言葉と沈黙 . 国文社.
ヴィゴツキー, L. S. (1925/1968). 芸術心理学 (新訳版). 柴田義松・訳 (2006). 学文社.
ヴィゴツキー, L. S. (1925/1968). 寓話・小説・ドラマ ── その心理学 . 峯　俊夫・訳 (1982). 芸術心理学・所収 . 国文社.
ヴィゴツキー, L. S. (1934). 思考と言語 (新訳版). 柴田義松・訳 (2001). 新読書社.

第4章　ヴィゴツキーとエイゼンシュテイン

浅沼圭司 (1986). 映画のためにⅠ. 書肆風の薔薇.
浅沼圭司 (1990). 映画のためにⅡ. 書肆風の薔薇.
バフチン, M. M. (1929). 言語と文化の記号論 (ミハイル・バフチン著作集 4). 北岡誠司・訳 (1980). 新時代社.
バフチン, M. M. (1930). 芸術のことばの文体論 1 (言語とはなにか). 桑野　隆・小林潔・編訳 (2002). バフチン言語論入門・所収. せりか書房, 99-136.
Cole, M. (1979). A portrait of Luria. In M. Cole & S. Cole (eds.) *The making of mind A. R. Luria*. Cambridge, Massachusetts: Harvard University Press.
ドゥルーズ, G. (1968). 差異と反復. 財津　理・訳 (1992). 河出書房新社.
ドゥルーズ, G. (1983). シネマ 1 ＊運動イメージ. 財津　理・斎藤　範・訳 (2008). 法政大学出版局.
ドゥルーズ, G. (1985). シネマ 2 ＊時間イメージ. 宇野邦一・石原陽一郎・江澤健一郎・大原理志・岡村民夫・訳 (2006). 法政大学出版局.
エイヘンバウム, B. (1921). ロシア抒情詩のメロディカ. 新谷敬三郎・磯谷　孝・編訳 (1971). ロシア・フォルマリズム論集 ―― 詩的言語の分析・所収. 現代思潮社, 193-221.
エイゼンシュテイン, S. M. (1923). アトラクションのモンタージュ. 田中ひろし・訳 (1980). エイゼンシュテイン全集刊行委員会・編　エイゼンシュテイン全集第 6 巻：映画 ―― 芸術と科学・所収. キネマ旬報社, 13-20.
エイゼンシュテイン, S. M. (1927). 資本論 ―― 映画化のためのノート. 田中ひろし・訳 (1976). エイゼンシュテイン全集刊行委員会・編　エイゼンシュテイン全集第 4 巻：映画における歴史と現代・所収. キネマ旬報社, 227-244.
エイゼンシュテイン, S. M. (1928). 思いがけない出会い. 田中ひろし・訳 (1980). エイゼンシュテイン全集刊行委員会・編　エイゼンシュテイン全集第 6 巻：映画 ―― 芸術と科学・所収. キネマ旬報社, 81-91.
エイゼンシュテイン, S. M. (1929a). 映画形式への弁証法的アプローチ. 山田和夫・久米雅子・訳 (1980). エイゼンシュテイン全集刊行委員会・編　エイゼンシュテイン全集第 6 巻：映画 ―― 芸術と科学・所収. キネマ旬報社, 111-126.
エイゼンシュテイン, S. M. (1929b). 映画における第四次元. 沼野充義・訳 (1986). 岩本憲児・編　エイゼンシュテイン解読・所収. フィルムアート社, 102-125.

エイゼンシュテイン，S. M. (1929c). 枠を超えて――モンタージュと日本文化．鴻　英良・訳 (1986). 岩本憲児・編　エイゼンシュテイン解読・所収．フィルムアート社，66-85.
エイゼンシュテイン，S. M. (1929d). 展望――“知的映画”論．鴻　英良・訳 (1986). 岩本憲児・編　エイゼンシュテイン解読・所収．フィルムアート社，86-101.
エイゼンシュテイン，S. M. (1932). どうぞ！ 浦　雅春・訳 (1986). 岩本憲児・編　エイゼンシュテイン解読・所収．フィルムアート社，136-163.
エイゼンシュテイン，S. M. (1935). 映画形式――イメージの冒険．桑野　隆・訳 (1986). 岩本憲児・編　エイゼンシュテイン解説・所収．フィルムアート社，164-215.
エイゼンシュテイン，S. M. (1936). “E!”（えっ）－映画言語の純粋性について．田中ひろし・訳 (1980). エイゼンシュテイン全集刊行委員会・編　エイゼンシュテイン全集第6巻：映画――芸術と科学・所収．キネマ旬報社，151-162.
エイゼンシュテイン，S. M. (1937). トーキー映画のモンタージュ．田中ひろし・訳 (1993). エイゼンシュテイン全集刊行委員会・編　エイゼンシュテイン全集第7巻：モンタージュ・所収．キネマ旬報社，147-254.
エイゼンシュテイン，S. M. (1938). 文学シナリオ「アレクサンドル・ネフスキー」．田中ひろし・訳 (1976). エイゼンシュテイン全集刊行委員会・編　エイゼンシュテイン全集第4巻：映画における歴史と現代．キネマ旬報社，107-143.
エイゼンシュテイン，S. M. (1940a). 垂直のモンタージュ．田中ひろし・訳 (1981). エイゼンシュテイン全集刊行委員会・編　エイゼンシュテイン全集第7巻：モンタージュ・所収．キネマ旬報社，289-371.
エイゼンシュテイン，S. M. (1940b). 垂直のモンタージュ〔1〕．――『アレクサンドル・ネフスキー』の音楽．伊藤一郎・訳 (1986). 岩本憲児・編　エイゼンシュテイン解説・所収．フィルムアート社，232-279.
エイゼンシュテイン，S. M. (1940c). 色つきではなく、色彩で．山田和夫・久米雅子・訳 (1980). エイゼンシュテイン全集刊行委員会・編　エイゼンシュテイン全集第6巻：映画――芸術と科学・所収．キネマ旬報社，233-237.
エイゼンシュテイン，S. M. (1944). わたしはなぜ映画監督にならなければならなかったか？ 島崎芙美子・訳 (1973). エイゼンシュテイン全集刊行委員会・編　エイゼンシュテイン全集第1巻：『自伝のための回想録』・所収．キネマ旬報社，

22-36.
エイゼンシュテイン, S. M. (1945). 無関心な自然ではなく. 田中ひろし・訳 (1993). エイゼンシュテイン全集刊行委員会・編　エイゼンシュテイン全集第9巻：方法・所収.　キネマ旬報社, 9-188.
エイゼンシュテイン, S. M. (1946). 方法の探究Ⅱ ―― 分析的仕事の歩み(未発表タイプ原稿). 望月恒子・訳 (1993). エイゼンシュテイン全集刊行委員会・編　エイゼンシュテイン全集第9巻：方法・所収. キネマ旬報社, 205-216.
エイゼンシュテイン, S. M. (1946-47). パトス. 田中ひろし・訳 (1984). エイゼンシュテイン全集刊行委員会・編　エイゼンシュテイン全集第8巻：作品の構造について・所収. キネマ旬報社, 43-213.
エイゼンシュテイン全集刊行委員会 (1976). エイゼンシュテイン全集第4巻：映画における歴史と現代. キネマ旬報社.
エイゼンシュテイン全集刊行委員会 (1977). エイゼンシュテイン全集第5巻:「イワン雷帝」成立と運命. キネマ旬報社.
畠山宗明 (2007).「動くもの」の世界 ―― セルゲイ・エイゼンシュテインの理論と映画. 北海道大学スラブ研究センター・21世紀ＣＯＥプログラム「スラブ・ユーラシア学の構築」研究報告書, No.19・所収, 86-121.
波多野完治 (1957). 映画の心理学. 新潮社.
イワーノフ, V. V. (1975). 映画言語の機能とカテゴリー. 桑野　隆・訳 (1984). イワーノフ・ロートマン他・桑野　隆・編訳　ロシア・アヴァンギャルドを読む ―― ソ連芸術記号論・所収. 勁草書房, 60-107.
イワーノフ, V. V. (1978). エイゼンシュテインにおける視聴覚的対位法の美学的構想. 桑野　隆・訳 (1984). イワーノフ・ロートマン他・桑野　隆・編訳　ロシア・アヴァンギャルドを読む ―― ソ連芸術記号論・所収. 勁草書房, 108-130.
岩本憲児 (1998). エイゼンシュテインと心理学. ロシア・アヴァンギャルドの映画と演劇・所収. 水声社, 198-203.
北岡誠司 (1998). バフチン ―― 対話とカーニヴァル(現代思想の冒険者たち10). 講談社.
ルリヤ, A. R. (1968). 偉大な記憶力の物語 ―― ある記憶術者の精神生活. 天野清・訳 (2010). 岩波書店(岩波現代文庫).

森（山下）徳治 (1962). ヴィゴツキーの想い出 (随想). ソビエト教育科学，第 *5* 号，131-134.
大石雅彦 (1994). 解説 . 大石雅彦・田中　陽・編　ロシア・アヴァンギャルド３：キノ ―― 映像言語の創造・所収 . 国書刊行会，510-516.
佐藤公治 (2011). 表現行為としての精神と身体、その社会・歴史的意味 ―― 行為から表現行為へ . 北海道大学大学院教育学研究院紀要，第 *113* 号，109-147.
田中ひろし (1984). エイゼンシュテインと心理学 . エイゼンシュテイン全集刊行委員会・編　エイゼンシュテイン全集第８巻：作品の構造について・所収 . キネマ旬報社，1-4.
田中克彦 (2000). スターリン言語学精読 . 岩波書店 (岩波現代文庫).
ヴィゴツキー，L. S. (1930-31). 精神発達の理論 (新訳版：文化的・歴史的精神発達の理論). 柴田義松・監訳 (2005). 学文社.
ヴィゴツキー，L. S. 1925(1968). 芸術心理学 (新訳版). 柴田義松・訳 (2006). 学文社.
ヴィゴツキー，L. S. 1925(1968). 寓話・小説・ドラマ ―― その心理学 . 峯　俊夫・訳 (1982). 芸術心理学・所収 . 国文社.
ヴィゴツキー，L. S. (1934). 思考と言語 (新訳版). 柴田義松・訳 (2001). 新読書社.
山田和夫 (1994). エイゼンシュテイン (精選復刻・紀伊國屋新書). 紀伊國屋書店.
山口昌男 (1973). エイゼンシュタインの知的小宇宙 . 今福龍太・編 (2013). 山口昌男コレクション・所収 . 筑摩書房 (ちくま学芸文庫), 541-578.

第５章　ヴィゴツキーとシペート

アウグスティヌス (389). 教師論 . 茂泉昭男・訳 (1979). アウグスティヌス著作集２・初期哲学論集 (２)・所収 . 教文館，199-278.
アウグスティヌス (397). キリスト教の教え . 加藤　武・訳 (1988). アウグスティヌス著作集６：キリスト教の教え . 教文館，19-318.
バフチン，M. M. (1929). マルクス主義と言語哲学 (改訳版). 桑野　隆・訳 (1989). 未來社.　および、北岡誠司・訳 (1980). 言語と文化の記号論 . 新時代社.
Bird, R. (2009). The hermeneutic triangle: Gutav shpet's aesthetics in context. In G. Tihanov (ed.) *Gustav Shpet's contribution to philosophy and cultural theory*. West Lafayette: Indiana, Purdue University Press, 28-44.
Cole, M. (1990). Cultural psychology: A once and future discipline ? In J. J.

Berman (ed.) *Cross-cultual perspectives*. Nebraska symposium on motivation. Lincohn: University of Nebraska Press, 279-335.

コール，M. (1996). 文化心理学 ── 発達・認知・活動への文化－歴史的アプローチ . 天野　清・訳 (2002). 新曜社.

ディルタイ，W. (1910). 精神科学における歴史的世界の構成 (ドイツ語版ディルタイ全集第 7 巻). 西谷　敬・訳 (2010). 精神科学における歴史的世界の構成 . 長井和雄・竹田純郎・西谷　敬・編集／校閲　ディルタイ全集第 4 巻・世界観と歴史理論・所収 . 法政大学出版局，85-208.

フロレンスキイ，P. A. (1918-1922). 逆遠近法の詩学－芸術・言語論集 . 桑野隆・西中村浩・高橋健一郎・訳 (1998). 水声社.

福田幸夫 (1994). 訳者あとがき . ヴァイスゲルバー・著　福田幸夫・訳　母語の言語学・所収 . 三元社，267-270.

合田正人 (2014). 思想史の名脇役たち ── 知られざる知識人群像 . 河出ブックス (河出書房新社).

Humboldt, W. v. (1820). Über das vergleichende Sprachstudium in Beziehung auf die verschoedenen Epochen der Sprachentwicklung. Wilhelm von Humboldts Werke. Herausgegeben von Albert Leitzmann. *Band Ⅳ*. Berlin: B. Behr's Verlag. 1968, 1-34.

フンボルト，W. v. (1827). 双数について . 村岡晋一・訳 (2006). 双数について・所収 . 新書館，8-43.

フンボルト，W. v. (1827-29). 人間の言語構造の相違について . 村岡晋一・訳 (2006). 双数について・所収 . 新書館，82-178.

フンボルト，W. v. (1836). ジャワ島におけるカヴィ語について・序説 (邦題：言語と精神 ── カヴィ語研究序説). 亀山健吉・訳 (1984). 法政大学出版局.

泉井久之助 (1976). 言語研究とフンボルト . 弘文堂.

井筒俊彦 (1968). 言語哲学としての真言 . 若松英輔・編 (2009). 読むと書く－井筒俊彦エッセイ集・所収 . 慶應義塾大学出版会，251-286.

井筒俊彦 (1984). 単数・複数意識 . 井筒俊彦エッセイ集・所収 . (2009). 慶応大学義塾出版会，426-430.　初出：文学 (岩波書店)1984 年 1 月号 (52 巻 4 号).

Joravsky, D. (1989). *Russian Psychology: a crtical history*. Cambridge: Basil Blackwell.

木部　敬 (2005). グスタフ・シペートにおける言語と文化の哲学の構想. 東京外国語大学・博士学位論文.

木部　敬 (2010). G. G. シュペートの哲学におけるフッサール主義とヘーゲル主義 . ロシア思想史研究 (日本ロシア思想史学会), 第 1 号 (通算第 5 号), 3-18.

城戸幡太郎 (1968). 心理学問題史 . 岩波書店.

レオンチェフ，A. A. (1990). ヴィゴツキーの生涯 . 菅田洋一郎・監訳・広瀬信雄・訳 (2003). 新読書社.

三浦しをん (2011). 舟を編む . 光文社.

村井則夫 (2003). 起源と歴史 ── フンボルトにおける媒体としての言語 . 思想 (岩波書店) 2003 年 5 月号，97-124.

村岡晋一 (2003). 対話の哲学 ── ドイツ・ユダヤ思想の隠れた系譜 . 講談社.

野中　進 (2011). 書評・Gustav Shpet's contribution to philosophy and cultural theory. ロシア語ロシア文学研究，第 43 号，66-72.

ペトロフスキー，A. V. (1967). ソビエト心理学史 ── 心理科学の基礎の形成 . 木村正一・訳 (1969). 三一書房.

佐々木健一 (2014). 辞書になった男 ── ケンボー先生と山田先生 . 文藝春秋.

Seifrid, T. (2005). *The word made self: Russian writings on language, 1860-1930*. Ithaca: Cornell University Press.

Shpet, G. G. (1914). *Appearance and sense: Phenomenology as the fundamental science and its problems*. translated by Thomas Nemeth 1991, Dordrecht: The Netherlands.

Shpet, G. G. (1918a). On Wilhelm Dilthey's concept of the Human Sciences (Excerpts from Hermeneutics and Its Problems, 1918). *Russian Studies in Philosophy, 2000, 37, 4*, 53-61.

Shpet, G. G. (1918b). Augustine (Excerpts from Hermeneutics and Its Problems, 1918). translated by E. Freiberger-Sheikolesami. In G. Tihanov (ed.) *Gustav Shpet's contribution to philosophy and cultural theory*. West Lafayette: Indiana, Purdue University Press, 223-228.

シペート，G. G. (1922-23). 美学断章 . 加藤　敏・訳 (2004). 水声社 .

Shpet, G. G. (1927). *Vnutrenniaia forma solva*. Etiudy I variatsii na temy Gumbol' ta. Moscow: Gosudarstavennaia Akademiia Khundozhestvennykh

Nauk.

Shpet, G. G. (1933). Problemy sovrennemmoi estetiki. *Iskusstvo, 1,* 43-78.

Tihanov, G. (2009a). Gustav Shpet's life and works:Introduction to the volume. In G. Tihanov (ed.) *Gustav Shpet's contribution to philosophy and cultural theory*. West Lafayette: Indiana, Purdue University Press, 1-10.

Tihanov, G. (2009b). Gustav Shpet's literary and theater affiliations. In G. Tihanov (ed.) *Gustav Shpet's contribution to philosophy and cultural theory*. West Lafayette: Indiana, Purdue University Press, 56-80.

トラバント，J. (1986). フンボルトの言語思想 . 村井則夫・訳 (2001). 平凡社.

van der Veer, R. & Valsiner, J. (1991). *Understanding Vygotsky: A quest for synthesis*. Cambridge, Mass.: Blackwell.

ヴィゴツキー，L. S. (1925/1968). 芸術心理学 . 柴田義松・訳 (2006). 学文社.

ヴィゴツキー，L. S. (1927). 心理学の危機の歴史的意味 . 柴田義松・藤本卓・森岡修一・訳 (1987). 心理学の危機・所収 . 明治図書.

ヴィゴツキー，L. S. (1930-31a). 精神発達の理論 (新訳版：文化的・歴史的精神発達の理論). 柴田義松・監訳 (2005). 学文社.

ヴィゴツキー，L. S. (1930-31b). 思考の発達と概念の形成 . 柴田義松・森岡修一・中村和夫・訳 (2004). 思春期の心理学・所収 . 新読書社，55-142.

ヴィゴツキー，L. S. (1933a). 意識の問題 . 柴田義松・宮坂琇子・訳 (2008). ヴィゴツキー心理学論集・所収 . 学文社，38-54.

ヴィゴツキー，L. S. (1933b). 三歳と七歳の危機 . 土井捷三・神谷栄司・他訳 (2012). 「人格発達」の理論 —— 子どもの具体心理学・所収 . 三学出版，70-108.

Vygotsky, L. S. (1934). The crisis at age seven. In. R. W. Rieber & A. S. Carton (eds.) *The collected works of L. S. Vygotsky Vol.5: Child Psychology*. New York : Plenum Press, 289-296.

ヴィゴツキー，L. S. (1934). 思考と言語 . 柴田義松・訳 (2001). 新読書社.

Vygotsky, L. S. (1934). Thinking and speech. Minick, N. (translated) 1987 In. R. W. Rieber & A. S. Carton(eds.) *The collected works of L. S. Vygotsky Vol.1: Problems of General Psychology*. New York : Plenum Press, 43-243.

若松英輔 (2011). 井筒俊彦－叡智の哲学 . 慶應義塾大学出版会.

ヴァイスゲルバー，L. (1964). 母語の言語学 . 福田幸夫・訳 (1994). 三元社.

Zinchenko, V. P. (2000a). The thought and word of Gustav Shpet (Return from exile) Part 1. *Journal of Russian and East European Psychology, 38-4*, 11-68.
Zinchenko, V. P. (2000b). The thought and word of Gustav Shpet (Return from exile) Part 2. *Journal of Russian and East European Psychology, 38-5*, 6-71.
Zinchenko, V. P. (2007). Thought and word: The approaches of L. S. Vygotsky and G. G. Shpet. In H. Daniels, M, Cole & J. V. Wertsch (eds.) *The Cambridge Companion to Vygotsky*. New York, Cambridge University Press, 212-245.
Zinchenko, V. P. & Wertsch, J. V. (2009). Shpet's influence on psychology. In G. Tihanov (ed.) *Gustav Shpet's contribution to philosophy and cultural theory*. West Lafayette: Indiana, Purdue University Press, 45-55.

第6章　ヴィゴツキーとゲシュタルト心理学

カッシーラー，E. (1910). 実体概念と関数概念 ── 認識批判の基本的諸問題の研究 . 山本義隆・訳 (1979). みすず書房 .
コーザー，L .A. (1984). 亡命知識人とアメリカ ── その影響とその経験 . 荒川幾男・訳 (1988). 岩波書店.
ドゥルーズ，G. (1968). 差異と反復 . 財津　理・訳 (1992). 河出書房新社.
ドゥルーズ，G. (1988). 襞 . 宇野邦一・訳 (1998). 河出書房新社.
ゲイ，P. (1968). ワイマール文化 . 亀嶋庸一・訳 (1987). みすず書房 .
ケーラー，W. (1917). 類人猿の知恵試験 (第二版・1924). 宮　孝一・訳 (1962). 岩波書店,
コフカ，K. (1921). *Der grundlagen der psychischen entwicklung*. Verlag von Zickfeldt, Osterwieck am Harz. 縣　巻太郎・訳 (1935). 児童精神発達の原理 . 東京モナス.
コフカ，K. (1925). Der grundlagen der psychischen entwicklung (2., verbeserte auflage). Verlag von Zickfeldt. Osterwieck am Harz. R. M. Ogden (trans.) 1928 *The growth of the mind*. Kegan Paul, Trench, Trubner & Co., Ltd.
コフカ，K. (1935). ゲシュタルト心理学の原理 . 鈴木正彌・監訳 (1988). 福村出版 .
Lewin, K. (1926). *Vorsatz, Wille und Bedurfnis* (mit Vorbemerkungen über die psychischer Krafte und Energien und die Struktur der Seele). Berlin: Springer.

Lewin, K. (1930). Der übergang von der aristotelischen zur galileischen Denkweise in Biologie und Psychologie. Erkenntnis. Heft 6. S. 422-466.

レヴィン，K. (1935). パーソナリティの力学説 . 相良守次・小川　隆・訳 (1957). 岩波書店 .

ルリヤ，A. R. (1974). 認識の史的発達 . 森岡修一・訳 (1976). 明治図書 .

マンドラー，J. M. & マンドラー，G. (1969). 実験心理学におけるディアスポラ ── ゲシュタルト心理学者を中心に . 近藤邦夫・訳 (1973). フレミング，D.・バイリン，B. 編　亡命の現代史 4 ：社会科学者・心理学者・所収 . みすず書房, 79-141.

マロー，A. (1969). クルト・レヴィン ── その生涯と業績 . 望月　衛・宇津木　保・訳 (1972). 誠信書房.

松野　豊 (2004). クルト・レヴィンとソビエト心理学 . 心理科学，第 24 巻，第 2 号，70-89.

メルロ=ポンティ，M. (1942). 行動の構造 . 滝浦静雄・木田　元・訳 (1964). みすず書房 .

メルロ=ポンティ，M. (1945). 知覚の現象学・ 1 . 竹内芳郎・小木貞孝・訳 (1967). みすず書房 .

メルロ=ポンティ，M. (1959). 野生の知覚 − 直接的なもの − 文化的知覚 − learning〔学習〕(研究ノート). 滝浦静雄・木田　元・訳 (1989). 見えるものと見えないもの・所収 . みすず書房，305-307.

長橋　聡・新井　翔・佐藤公治 (2011). ヴィゴツキーのゲシュタルト発達論批判 . 北海道大学大学院教育学研究院紀要，第 113 号，81-108.

ペトロフスキー，A. B. (1967). ソビエト心理学史 ── 心理科学の基礎の形成 . 木村正一・訳 (1969). 三一書房 .

ポランニー，M. (1966). 暗黙知の次元 . 高橋勇夫・訳 (2003). ちくま学芸文庫 (筑摩書房).

Rieber, R. W. & Carton, A. S. (eds.) (1993). *The collected works of L. S. Vygotsky vol.2.: The fundamentals of defectology*. New York: Plenum Press.

佐久間　章 (2000). 成立期の九州大学心理学研究室 ── ゲシュタルト心理学を中心に . 苧阪直行・編著　実験心理学の誕生と展開・所収 . 京都大学学術出版会, 215-243.

Tapp, J. L. (1984). Kurt Lewin memorial address: B. V. Zeigarnik. *Journal of Social Issues, 40-2*, 177-179.

van der Veer, R. & Valsiner, J. (1991). *Understanding Vygotsky: A quest for synthesis*. Cambridge, Mass.: Blackwell.

van der Veer, R. & Zavershneva, E. (2011). To Moscow with love: Partial reconstruction of Vygotsky's trip to London. *Integrative Psychological & Behavioral Science, 45*, 458-474.

ヴィゴツキー，L. S. (1924-1933). ヴィゴツキー心理学論集 . 柴田義松・宮坂琇子・訳 (2008). 学文社.

Vygotsky, L. S. (1924-35). The fundamentals of defectology. Translated and with an introduction by J. E. Knox & C. B. Stevens. (1993). In R. W. Rieber & A. S. Carton (eds.) *The collected works of L. S. Vygotsky vol.2*. New York: Plenum Press. 29-301.

ヴィゴツキー，L. S. (1925). 行動の心理学の問題としての意識 . 柴田義松・藤本　卓・森岡修一・訳 (1987). 心理学の危機・所収 . 明治図書，61-92. Consciousness as a problem for the psychology of behavior. Translated and with an introduction by R. van der Veer 1997 In R. W. Rieber & J. Wollock (eds.) *The collected works of L. S. Vygotsky vol.3*. New York: Plenum Press, 63-79.

ヴィゴツキー，L. S. (1926). The methods of reflexological and psychological investigation. Translated by R. van der Veer & J. Valsiner 1994 in *The Vygotsky reader*. Oxford: Blackwell. 27-45. 反射学的研究と心理学的研究の方法論 . 中村和夫・訳 (1985). 心理科学，第 8 巻第 2 号，30-44.

ヴィゴツキー，L. S. (1927). 心理学の危機の歴史的意味 . 柴田義松・藤本 卓・森岡修一・訳 (1987). 心理学の危機・所収 . 明治図書，93-288.

ヴィゴツキー，L. S. (1928). 子どもの文化的発達の問題 . 柴田義松・宮坂琇子・訳 (2008). ヴィゴツキー心理学論集・所収 . 学文社，143-161.

ヴィゴツキー，L. S. (1930a). 類人猿の行動 . 大井清吉・渡辺健治・監訳 (1987). 人間行動の発達過程 ―― 猿・原始人・子ども・所収 . 明治図書，11-56.

ヴィゴツキー, L. S. (1930b). 動物心理学と児童心理学における実際的知能の問題 . 柴田義松他・訳 (2002). 新・児童心理学講義・所収 . 新読書社，168-205.

Vygotsky, L. S. (1930c). Preface to Bühler. Translated and with an introduction by R. van der Veer 1997 In R. W. Rieber & J. Wollock (eds.) *The collected works of L. S. Vygotsky vol.3*. New York: Plenum Press, 163-173.

Vygotsky, L. S. (1930d). Preface to Köhler. Translated and with an introduction by R. van der Veer 1997 In R. W. Rieber & J. Wollock (eds.) *The collected works of L. S. Vygotsky vol.3*. New York: Plenum Press, 175-194.

ヴィゴツキー，L. S. (1930e). 心理システムについて . 柴田義松・宮坂琇子・訳 (2008). ヴィゴツキー心理学論集・所収 . 学文社，77-142.

ヴィゴツキー，L. S. (1930-31). 文化的－歴史的精神発達の理論 . 柴田義松・監訳 (2005). 学文社，122-127. The history of the development of higher mental functions. Translated by M. J. Hall 1997 In R. W. Rieber (ed.) *The collected works of L. S. Vygotsky vol.4*. New York: Plenum Press, 68-72.

ヴィゴツキー，L. S. (1934a). ゲシュタルト心理学における発達の問題－批判的検討 . 柴田義松・宮坂琇子・訳 (2008). ヴィゴツキー心理学論集・所収 . 学文社, 77-142.

Vygotsky, L. S. (1934b). Preface to Koffka. Translated and with an introduction by R. van der Veer 1997 In R. W. Rieber & J. Wollock (eds.) *The collected works of L. S. Vygotsky vol.3*. New York: Plenum Press, 195-232.

ヴィゴツキー，L. S. (1934c). 思考と言語 (新訳版). 柴田義松・訳 (2001). 新読書社.

ヴィゴツキー，L. S. (1935). 知的障害の問題 . 柴田義松・宮坂琇子・訳 (2006). 障害児発達・教育論集・所収 . 学文社，102-134.

ヴィゴツキー，L. S. (1968). 芸術心理学 (新訳版). 柴田義松・訳 (2006). 学文社.

ヴィゴツキー，L. S. (1984). 情動にかんする学説 ―― 歴史的・心理学的研究 . 神谷栄司他・訳 (2006). 情動の理論 . 三学出版.

ヴェルトハイマー，M. (1970). 心理学史入門 . 船津孝行・訳 (1971). 誠信書房 .

Yasnitsky, A. (2009). *Vygotsky circle during the decade of 1931-1941: Toward an integrative science of mind, brain, and education*. A thesis submitted in conformity with the requirements for the degree of Doctor of Philosophy Department of Curriculum, Teaching and Learning, Ontario Institute for Studies in Education, University of Toronto, 1-147.

Yasnitsky, A. (2011). Vygotsky circle as a personal network of scholars:

Restoring connections between people and ideas. *Integrative Psychological & Behavioral Science, 45*, 422-457.
Yasnitsky, A. (2012). A history of cultural-historical Gestalt psychology: Vygotsky, Luria, Koffka, Lewin, and others. *Dubna Psychological Journal, 1,* 98-101.
Zeigarnik, B. V. (1984). Kurt Lewin and Soviet psychology. *Journal of Social Issues, 40-2*, 181-192.

おわりに

デリダ, J.・ルディネスコ, E. (2001). 来るべき世界のために . 藤本一勇・金澤忠信・訳 (2003). 岩波書店 .
亀山郁夫 (2002). 磔のロシア —— スターリンと芸術家たち . 岩波書店 .
武藤洋二 (2011). 天職の運命 —— スターリンの夜を生きた芸術家たち . みすず書房 .
リッヒェベッヒャー, S. (2005). ザビーナ・シュピールラインの悲劇 —— ユングとフロイト、スターリンとヒトラーのはざまで . 田中ひかる・訳 (2009). 岩波書店 .
山口昌男 (1987). 山口昌男対談集 —— 身体の想像力 . 岩波書店 .
Yasnitsky, A., van der Veer, R. & Ferrari, M. (eds.) (2014). *The Cambridge handbook of cultural-historical psychology*. Cambridge, Mass.: Cambridge University Press.